Collection **marabout service**

W0204627

Afin de vous informer de toutes ses publications, **marabout** édite des catalogues où sont annoncés, régulièrement, les nombreux ouvrages qui vous intéressent. Vous pouvez les obtenir gracieusement auprès de votre libraire habituel.

A Lucie et à notre famille… évidemment.

Dr Stanley TURECKI
Leslie TONNER

Comprendre l'enfant difficile

Traduit de l'américain par
Béatrice Vierne

MARABOUT

Titre original: THE DIFFICULT CHILD
(Bantam Book, New York).

© 1985, Stanley Turecki MD et Leslie Tonner.
© 1987, Éditions Stock pour la traduction française.

Toute reproduction d'un extrait quelconque de ce livre par quelque procédé que ce soit, et notamment par photocopie ou microfilm est interdite sans autorisation écrite de l'éditeur.

Test

VOTRE ENFANT EST-IL DIFFICILE?

QUESTIONS SUR LA FAMILLE Répondre par OUI ou NON

1. Trouvez-vous votre enfant difficile à élever?
2. Trouvez-vous son comportement difficile à comprendre?
3. Êtes-vous souvent en conflit avec lui?
4. En tant que parent, vous sentez-vous incompétent ou culpabilisé?
5. L'enfant trouble-t-il votre vie conjugale ou familiale?

QUESTIONS SUR L'ENFANT

Les rubriques ci-dessous définissent le caractère de votre enfant, c'est-à-dire sa nature fondamentale. Pour chaque rubrique, évaluez globalement le comportement de votre enfant selon le barème suivant :

Parfois : 1 point
Souvent : 2 points
Presque toujours ou toujours : 3 points

Niveau d'activité élevé
Toujours au plus fort de la mêlée. Il vous fatigue. Il « a couru avant de marcher ». Il devient surexcité ou « déchaîné ». Il perd tout contrôle. Il déteste être confiné.

Étourdi
Il a du mal à se concentrer et à faire attention, surtout s'il n'est pas vraiment intéressé. Il « n'écoute pas ».

Difficilement adaptable
Il a du mal à accepter les changements d'activités ou d'habitudes. Il n'arrête pas de vous « asticoter » ou de pleurnicher quand il veut quelque chose. Il est entêté, très accrocheur s'il aime vraiment une activité. Il semble « se bloquer ». Ses colères sont longues et difficiles à calmer; une fois habitué à ses jouets, il refuse de s'en séparer. Il marque des préférences pour les aliments et les vêtements inhabituels.

Très timide
Il n'aime pas les nouvelles situations, les endroits, les gens, les aliments ou les vêtements qu'il ne connaît pas. Il bat en retraite ou proteste en pleurant et en se cramponnant à vous. Il peut faire une colère si vous l'obligez à se lancer quand même.

Excessif
C'est un enfant *bruyant*, qu'il soit malheureux, furieux ou content.

Irrégulier
Il est imprévisible. Impossible de dire quand il aura faim ou sommeil, d'où les conflits à propos des repas ou du coucher. Sujet à de brusques sautes d'humeur, il se réveille la nuit.

Seuil de tolérance bas
Il est hypersensible aux bruits, aux lumières, aux couleurs, aux textures, à la température, à la douleur, aux saveurs et aux odeurs. Il a besoin de « se sentir bien » dans ses vêtements, ce qui pose des problèmes lorsque vous tentez de l'habiller. Il n'aime pas le goût de nombreux aliments. Il réagit de façon excessive lorsqu'il se fait un petit bobo. Il a chaud quand tout le

monde a froid. Il est très facilement surexcité. Il peut faire des colères.

Négatif
Il est fondamentalement sérieux ou maussade. Il pleurniche et se plaint beaucoup. Il n'est pas un enfant « heureux de vivre ».

QUE SIGNIFIE VOTRE CLASSEMENT?

Additionnez les OUI du premier test sur la famille et les points du second test sur l'enfant.

FAMILLE	ENFANT	CONCLUSION
0-1	+2 -5 points	Enfant fondamentalement facile avec quelques traits difficiles
1-2	+ 6 -12 points	Enfant difficile
3 ou plus	+ 13 points ou plus	Enfant très difficile

Préface

Les chercheurs qui s'intéressent au développement de l'enfant ont exploré de façon approfondie l'importance du caractère dans les processus d'interaction au cours desquels l'enfant découvre le monde tandis que la société apprend à le connaître. L'application pratique des résultats de cette recherche sur le caractère entreprise par les spécialistes de la psychologie de l'enfant n'a pas encore été tentée sur une grande échelle. Ce livre se propose de combler cette lacune.

Le Dr Stanley Turecki ne faisait pas partie de ceux qui, les premiers, se sont intéressés au caractère et à ses nombreuses manifestations, dans le cadre de la « New York Longitudinal Study » (NYLS). Le concept de l'enfant « difficile », tel qu'il apparaît dans ce livre respecte l'esprit de ces recherches. Le Dr Turecki a suivi de très près nos définitions des traits du caractère individuel.

La New York Longitudinal Study est née voici une trentaine d'années; elle avait pour père le Dr Alexander Thomas et pour mère l'auteur de ces lignes, deux psychiatres qui trouvaient les théories de l'époque incomplètes et inexactes. En notre qualité de cliniciens, le Dr Thomas, qui travaillait avec des adultes, et moi-même, qui avais affaire à des enfants et adolescents, étions troublés par les concepts qui imputaient aux attitudes des parents – et particulièrement à celles de la mère – la responsabilité des troubles du comportement chez les enfants. Qu'il pût y avoir des difficultés entre parents et enfant, professeurs et leur élève, enfants et camarades, c'était l'évidence même. Certains enfants n'avaient des problèmes que dans des situations précises, alors que pour d'autres les difficultés semblaient générales. Quant à en déduire que le rôle de la mère en était le plus souvent la cause, c'est-à-dire que la mère était coupable, c'était une conclusion qui semblait contredire de nombreux faits. Outre qu'elles étaient inexactes, les explications de ce genre chargeaient d'innombrables mères d'angoisses et de culpabilité, sans leur donner de directives pour évoluer. Ces considérations nous ont incités, en 1956, à entreprendre une étude à long terme. Il fallait commencer par des bébés très jeunes, avant que quiconque fût en mesure de prédire s'ils poseraient plus tard des problèmes. C'est ce que nous avons fait. Nous suivons toujours à l'heure actuelle le groupe de la NYLS, composé aujourd'hui de jeunes adultes.

Nous avons pu constater qu'il était possible de reconnaître des traits spécifiques dès la toute petite enfance. Les caractéristiques exerçaient leurs propres effets sur les parents et le reste de la famille. Le caractère de l'enfant agissait sur l'attitude de ses parents, comme les parents influençaient leur enfant. Il s'agissait d'une voie à double sens et non d'une voie à sens unique de parent à enfant. Nous avons découvert qu'un certain comportement des parents, même animés des meilleures intentions, fonctionnait avec certains enfants, mais pas avec d'autres. Les résultats dépendaient aussi du caractère de l'enfant. Il fallait que le comportement des parents tînt compte des caractéristiques du caractère de l'enfant. Nous avons identifié un ensemble de traits de caractère qui paraissaient rendre difficiles les relations avec l'enfant. Nous l'avons appelé le « syndrome de l'enfant difficile ».

Le Dr Turecki a élargi la signification de ce terme, tout en conservant l'esprit selon lequel il avait été formulé. Il a découvert que pour certains parents, certains traits particuliers du caractère étaient éprouvants. Ceux-ci peuvent ou non appartenir au « syndrome de l'enfant difficile ». Par exemple, un enfant étourdi peut exaspérer ses parents, ou un enfant dont le seuil de tolérance est très bas, qui se plaint du goût des aliments ou du contact de ses vêtements, risque de transformer repas et toilette en affrontements pénibles. Pour les parents, les enfants de ce type sont « difficiles », même si d'autres traits que nous avons baptisés « difficiles » dans nos recherches les caractérisent moins bien. C'est pourquoi, en clinicien, le Dr Turecki a défini pour les parents et leurs enfants les traits de caractère susceptibles de créer des difficultés. Il s'est efforcé de mettre au point des techniques de contrôle capables de réduire au minimum les conséquences néfastes du comportement de l'enfant, tout en préservant pour ce dernier la possibilité d'évoluer, d'apprendre et de s'adapter. A mesure que des relations orageuses sont remplacées par des relations harmonieuses, parents et enfants peuvent apprendre à mieux s'aimer et se respecter.

Le livre du Dr Turecki étudie des cas variés d'enfants difficiles avec leurs parents. Ils n'ont pas tous des problèmes psychiatriques. Pour ces petits, ce que propose le Dr Turecki, c'est une « prévention primaire », comparable à la surveillance du régime alimentaire et des habitudes de vie pour prévenir les maladies de cœur.

Les parents et les enfants cités vivent dans la société occidentale urbaine. Il ne sera peut-être pas possible d'étendre leurs situations et leurs solutions au-delà de ce cadre. En tout cas, il est indispensable que la manière dont les parents traitent leur enfant soit adaptée au caractère de ce dernier, s'ils veulent l'aider à s'intégrer à la société dans laquelle il évolue.

Le Dr Turecki a expliqué ces idées sous une forme que les parents n'auront aucune peine à comprendre. Ses conseils sont sensés et faciles à suivre, mais ils tiennent scrupuleusement compte des vastes recherches entreprises dans ce domaine au cours des trente dernières années. Je les recommande vivement.

Dr Stella CHESS
Professeur de psychiatrie
New York University School of Medicine

[illegible] pour [illegible]
[illegible]
[illegible]
[illegible] les enfants de ce type sont [illegible]
les [illegible] et d'autres traits que nous avons [illegible]
[illegible]
[illegible]
à [illegible] et [illegible]
[illegible]

[illegible]

[illegible]

[illegible]

Introduction

Psychiatre de l'enfant et de la famille je suis aussi le père d'une ex-enfant difficile. Jillian, aujourd'hui âgée de treize ans, est devenue charmante, ce qui était loin d'être le cas lorsqu'elle était petite.

L'année qui a précédé sa naissance nous avait été bénéfique. Nous étions installés à New York. Nos deux filles allaient à l'école et Lucille, ma femme, était enceinte. Ayant terminé mes études de psychiatrie pour adultes et enfants, je travaillais dans un bon hôpital et j'avais en outre une clientèle privée. Comme d'autres jeunes psychiatres, j'étais à la recherche d'un style.

Deux hommes exerçaient sur moi une influence considérable. Le Dr Harry Weinstock, éminent psychanalyste qui m'avait servi de garant lors de mon immigration. Il alliait une théorie sans faille à une pensée audacieuse. J'ai beaucoup appris au contact de cet homme courtois, non seulement sur ma profession, mais sur la vie en général. Le Dr Sol Nichtern m'a guidé au long de mes études. Peu après avoir ouvert mon cabinet, je suis devenu son associé. Pédiatre, puis psychiatre de l'enfant, c'est un homme que notre profession respecte infiniment. Doué d'une grande bonté et d'une extrême perspicacité, il comprend les enfants et leur développement. Il m'a donné de précieux conseils, en particulier de reconnaître ce que les gens ont d'unique et de ne jamais sous-estimer leurs forces.

Jillian est venue au monde par un matin d'hiver, début 1974. Vingt-quatre heures ne s'étaient pas écoulées que l'infirmière en chef de la maternité déclarait : « Celle-là ne sera pas commode. » C'était un bébé agité, irritable, imprévisible lorsqu'il s'agissait de manger ou de dormir. On avait l'impression qu'elle n'arrêtait pas de pleurer. Ni Lucille, mère expérimentée, ni la puéricultrice ne parvenaient à la calmer. Les nuits blanches devinrent la règle chez nous, si bien que, lorsque Jillian atteignit l'âge de six mois, Lucille était épuisée et moi-même très nerveux, ce qui n'était pas l'idéal pour nos filles aînées. Le pédiatre nous assurait que le bébé était normal. Pourtant, à certains moments, son comportement fantasque nous permettait d'en douter. Sur les conseils du pédiatre, Lucille est parvenue à imposer à notre bébé quelques habitudes. Malgré les tensions qu'elle provoquait, nous sommes arrivés à passer le cap de sa petite enfance.

A l'âge de deux ans, grâce aux efforts de sa mère, Jillian s'était faite à un horaire à peu près régulier. Dès qu'une contrariété surgissait, on pouvait s'attendre à une colère prolongée. Il était presque impossible de comprendre la violence de ses réactions. L'habiller, la coucher, l'emmener se promener était susceptible de poser des problèmes. Ma formation et mon expérience de psychiatre pour enfants étaient assez utiles, mais je me retrouvais souvent en train de réagir comme n'importe quel père dépassé par les événements. Nous avions de plus en plus de mal à la discipliner, mais nous apprenions à accepter son comportement. Vers cette époque, j'ai relu *Le Caractère et les problèmes du comportement chez les enfants*, un livre des Drs Stella Chess et Alexander Thomas, concernant le caractère. J'ai retrouvé ce que je connaissais si bien : les heures de repas et de sommeil irrégulières, les « gros chagrins », les réactions négatives à ce qui était nouveau, les difficultés face aux changements, le tapage, tout y était. J'ai relu cet ouvrage de très près, pour essayer de comprendre le comportement de Jillian.

Les trois années suivantes, jusqu'à l'inscription de Jillian à l'école maternelle, ont été meilleures. Nous parvenions à mieux cerner en quoi le comportement de notre fille était l'expression de son caractère. Nous avons appris à établir des habitudes régulières chaque fois que cela était possible, ce qui réussissait à Jillian. Nous nous sommes efforcés d'éviter les situations insolites. Sinon, Lucille préparait soigneusement la petite au changement. Jillian était parfois d'une grande drôlerie. Elle était douée d'une imagination fertile. Elle adorait se déguiser et inventer des jeux avec ses poupées. Elle fréquentait un jardin d'enfants sélectionné, où les monitrices chaleureuses et tolérantes lui manifestaient beaucoup d'intérêt. Ma femme disposait enfin d'un peu de liberté.

C'est avec sa mère que Jillian se montrait le plus difficile. Il lui arrivait encore, au square ou dans d'autres lieux publics, de piquer des colères gênantes pour Lucille. Aux périodes de sagesse à l'école succédaient des conflits à la maison. Après de nombreux progrès dans un domaine, nous remarquions un recul dans un autre. Notre fille pouvait être charmante, délicieuse l'après-midi, puis maussade et mal dans sa peau le soir même. Elle pouvait se réjouir à l'idée d'aller à un goûter d'anniversaire, puis refuser de quitter les jupes de sa mère à son arrivée. Jillian nous causait plus de souci que nos deux aînées réunies, mais c'était une enfant si curieuse qu'on ne s'ennuyait jamais avec elle.

Sur le plan professionnel, mon intérêt s'orientait vers de nouvelles préoccupations. Je posais de plus en plus de questions concernant le caractère de l'enfant. « Votre fille, à quoi ressemble-t-elle vraiment? Quel genre de personne est-elle? Est-elle difficile à élever? Quel effet produit-elle sur sa famille? » Je commençais à comprendre que de nombreux problèmes entre parents et enfant n'étaient pas dus aux seuls parents. La personnalité des parents exerçait un impact sur les enfants, mais dans de nombreux cas, la part qu'y prenait l'enfant méritait davantage d'attention.

Quand l'année 1981 est arrivée, Jillian réussissait bien à l'école primaire et je m'étais aperçu que mon expérience de père, à laquelle s'ajoutait mon expérience professionnelle, me permettait de mieux travailler avec les familles d'enfants difficiles.

A la fin de l'année, mon ami, le Dr Herbert Porter, a

organisé une conférence où je devais parler de mon travail aux pédiatres du Lenox Hill Hospital de New York. J'ai demandé à ma femme d'y participer et de faire partager aux médecins son expérience de mère d'une enfant difficile. Un an plus tard, le directeur du service de pédiatrie au Beth Israel Hospital, où j'avais une consultation en qualité de psychiatre pour enfants, m'a invité à participer à une table ronde sur la pédiatrie. Lucille m'y accompagna. Le président de l'hôpital, le Dr Robert Newman, assistait aux débats. Il a demandé si les mères de tels enfants bénéficieraient d'une participation à des groupes de soutien. Un projet a commencé alors à prendre forme : il s'agissait d'un programme pour les familles d'enfants difficiles.

J'étais en mesure de fournir des conseils aux parents et ma femme se sentait de taille à animer les groupes de soutien. Mon expérience professionnelle me permettait de venir au secours d'un membre de la famille, du couple, voire de la famille entière. J'ai préparé un projet dans ce sens.

C'est ainsi qu'est né le « Programme pour enfant difficile », au Beth Israel Hospital, sous l'égide des services de psychiatrie et de pédiatrie, et dans ma clientèle privée, où j'ai aussi engagé Lucille pour animer des groupes de parents. Ce programme a pris une rapide extension. À la mi-1984, j'ai formé une assistante, Carole Sands. Elle a joué un grand rôle dans la réussite de notre programme auquel les groupes de soutien de ma femme ajoutaient une dimension supplémentaire. A d'innombrables reprises, les parents qui participaient activement au programme nous ont fait savoir à quel point ils l'appréciaient. Ils m'ont aidé à parachever mes théories et à mettre au point de nouvelles techniques.

Mon vœu le plus sincère est que ce livre puisse permettre aux parents d'aider leur enfant difficile à réaliser ses virtualités positives, avec le même plaisir anticipé, la même confiance que nous éprouvons désormais, Lucille et moi, pour l'avenir de notre Jillian.

Dr Stanley TURECKI

Première Partie

Certains enfants naissent difficiles

1

Connaissez-vous cet enfant?

Simon

Simon a du mal à s'endormir le soir et à rester endormi. Même avec une lampe de chevet, un appareil à cassettes pour lui jouer des chansons apaisantes et une collection d'animaux en peluche, il finit souvent par aller dans la chambre de ses parents plusieurs fois par nuit. S'il est très tard, sa mère le laisse monter dans leur lit. Son mari proteste, mais il n'y a pas moyen de faire perdre cette habitude à Simon qui a des difficultés de sommeil depuis qu'il est tout petit. Il a aussi des problèmes d'alimentation. Sa mère s'ingénie à lui offrir d'excellents aliments sur le plan nutritif, qu'il repousse en déclarant qu'il n'aime pas ça. Il n'aime que les boissons gazeuses et les gâteaux secs. Sa mère finit par lui en donner parce qu'il lui « fait de la peine ». C'est un enfant sérieux et souvent grognon. Jamais on ne le voit heureux ou plein d'entrain. Il est désireux de plaire, cependant, et sa mère s'occupe beaucoup de lui. Si elle ou son mari tentent de l'empêcher d'entrer dans leur chambre ou de l'obliger à s'asseoir à table pour manger comme il faut, le petit garçon de quatre ans pique la plus fantastique colère qu'il ait jamais été donné à ses parents de voir ou d'entendre. Ils sont prêts à accepter n'importe quoi pour l'éviter, fût-ce de renoncer à être tranquilles au lit. La famille commence à être très éprouvée. Les parents ont l'impression d'être manipulés par leur enfant et leur mariage en pâtit. Danny, le frère aîné de Simon, se plaint que personne ne s'occupe jamais de lui et que son petit frère fait la loi.

Benjamin

« Je n'arrive pas à croire que ce gosse soit mon fils », s'écrie souvent la mère de Benjamin. Elle est précise et ordonnée. Son fils de cinq ans est d'une activité débordante depuis l'âge où il a su marcher à quatre pattes. La maison est en fouillis malgré les efforts qu'elle déploie. Bien que Benjamin soit capable de rester tranquille devant la télévision ou ses puzzles, il papillonne le plus souvent d'une chose à l'autre et semble incapable de rester en place. Qu'il rie ou qu'il pleure, il fait beaucoup de bruit. Il est facilement surexcité, surtout dans une pièce bruyante, ou dans des boutiques ou des hypermarchés aux éclairages violents. Son comportement en public gêne sa mère qui a l'impression de ne pas le contrôler parce qu'il « n'écoute rien ». Il n'a guère besoin de sommeil et il est très difficile de le coucher le soir, si bien que ses parents n'ont presque pas le temps de se retrouver en tête à tête. Au jardin d'enfants, les maîtresses voient en lui un fauteur de troubles. Elles ont fait allusion à une « hyperactivité », parce qu'il est sur le qui-vive et perd le contrôle de lui-même. Le pédiatre de Benjamin qui reçoit le petit garçon dans son cabinet plein de monde et d'agitation est de leur avis. Il a émis l'idée d'un traitement sous médicaments. Un psychologue de l'école ne constate en revanche aucune hyperactivité en voyant le petit seul à seul, mais il mentionne une possible « carence d'attention » et conseille de surveiller l'apparition chez Benjamin de « difficultés de l'apprentissage ». Ses parents, et en particulier sa mère, se font du souci. Brian commence à dire : « Je suis vilain. » Une attitude coléreuse et maussade est en train de remplacer son caractère jusque-là plutôt heureux.

Isabelle

Isabelle est une adorable poupée de quatre ans, avec des boucles blondes, de grands yeux verts et un teint de lis et de rose. C'est une enfant facile qui s'amuse toute seule et va se coucher sans histoires. Elle a une bande de petits amis et tout se passe très bien à la maternelle. On a l'impression de se trouver en face d'une petite fille modèle, mais, si l'on en parle à sa mère, on entend un autre son de cloche. « Je ne sais pas ce qu'elle a. Elle est adorable, mais, quand elle décide qu'elle ne veut pas porter un certain vêtement ou manger un aliment, il n'y a pas moyen de la faire changer d'avis. Elle devient l'enfant la plus entêtée et la plus capricieuse. Si j'insiste, elle pique une colère épouvantable. » Qu'est-ce qui déclenche ce genre de conduite? « Elle refuse de porter autre chose que du mauve ou du rose, explique la mère exaspérée. Elle ne veut ni cols roulés, ni tabliers, ni chaussettes. » Pourquoi Isabelle refuse-t-elle ces vêtements? Parce que, dit sa mère, elle prétend qu'elle ne s'y sent pas bien. Résultat : Isabelle n'a dans son placard que quelques tenues choisies; pas de chaussettes, mais des collants, des chemisettes vagues et des pantalons qui se nouent à la taille. Elle ne supporte pas les élastiques. Sa mère ne peut pas lui acheter de vêtements si la petite ne les a pas vus ou essayés d'abord. Autrement, elle risque de ne pas vouloir les mettre. C'est ainsi que sa mère, élégante et toujours à la mode, s'est retrouvée avec des centaines de dollars de vêtements d'enfant neufs inutilisés. Isabelle refuse de manger de nombreux aliments et s'en tient aux rares qui lui plaisent. Il est donc impossible de l'emmener à l'extérieur, à moins qu'il ne s'agisse d'un restaurant où l'on peut avoir du poulet frit, de la pâte d'arachide ou de la gelée aux fruits. Isabelle n'arrête pas de se plaindre à sa mère de l'aspect, du contact et de l'odeur de toutes sortes de choses. Cette dernière est obligée de passer beaucoup de temps à aider la petite à trouver des vêtements, des aliments et des jouets qui ne risquent pas de lui déplaire. La fillette se montre de plus en plus susceptible et butée avec sa mère.

Carole

Le père de Carole l'appelle « Sa Majesté » parce qu'elle n'en fait qu'à sa tête. Il ne comprend pas pourquoi sa femme finit toujours par céder. « Elle cherche à se rendre intéressante », assure-t-il. En réalité, Carole est une enfant qui a peur des situations nouvelles et des gens qu'elle ne connaît pas. Elle pleure, geint et se cramponne à sa mère. Son père a le sentiment que sa femme encourage cette conduite. « Donne-lui donc une bonne claque. » Carole ne se contente pas de pleurer et de se cramponner à sa mère. Elle n'hésite pas à piquer une crise de rage en public. Sa mère ne sait comment réagir. Elle regarde, impuissante, sa fille faire une scène. Le passage d'une activité à une autre peut causer des affrontements prolongés. Par exemple, abandonner la télévision pour se mettre à table, enfiler son manteau, quitter le square. C'est à qui sera la plus forte. Dès le milieu de l'après-midi, la mère de Carole, épuisée par ces luttes, alterne démission et punitions, selon qu'elle est plus ou moins à bout. Elle a l'impression de négliger sa fille. Il faut renouer plusieurs fois par jour les lacets de Carole, qui ne sait jamais quels vêtements elle veut choisir. Elle rejette les aliments qui ne lui sont pas familiers. Ses parents la trouvent entêtée et capricieuse. Si elle désire quelque chose, elle les harcèlera pendant des heures par ses réclamations. Elle ne supporte pas de s'entendre dire non. Quand elle se bat contre sa mère, elle s'accroche à elle et paraît avoir peur de tout. Le médecin assure que Carole traverse la passe difficile des deux ans, mais, à trois ans et demi, aucune amélioration n'est en vue. Le père ne comprend pas comment une enfant de trois ans peut causer de tels problèmes. Il pense que tout est la faute de sa femme. Cette dernière se sent furieuse, incompétente et victime d'une injustice.

Si vous reconnaissez votre enfant dans l'un de ces tableaux ou si vous avez l'impression que votre bébé ou votre petit enfant est « difficile », il vous faut connaître les données que voici :

• *Les enfants difficiles sont normaux.* Ils ne souffrent pas de troubles émotionnels, de maladies mentales ni de malformations congénitales du cerveau. Peut-être des membres bien intentionnés de votre famille ou certaines de vos connaissances auront-ils suggéré qu' « il doit avoir quelque chose qui ne va pas ». Peut-être êtes-vous angoissé à ce sujet. Il est temps de voir les choses plus sereinement. « Difficile » n'a rien à voir avec « anormal ».

• *Les enfants difficiles le sont en raison de leur nature.* Cette nature, fait partie de leur caractère constitutif. Ils n'ont pas un tel comportement par votre faute. Vous n'avez rien à vous reprocher. L'enfant n'en est pas responsable. Il n'a pas demandé à naître difficile.

• *Les enfants difficiles sont pénibles à élever.* Vous le savez déjà. Votre enfant est ainsi, mais, si vous apprenez à mieux le comprendre et à connaître son caractère, vous serez en mesure de mieux vous y prendre. Il deviendra alors moins pénible à élever.

• *Les enfants difficiles ne sont pas identiques.* Le tableau diffère selon les traits du caractère qui entrent en jeu. Les enfants difficiles vont de l'enfant fondamentalement facile avec quelques traits difficiles, à l'extrême que représente l'enfant très difficile, voire impossible.

• *Les parents des enfants difficiles se sentent humiliés, incompétents ou coupables.* Ces sentiments peuvent provoquer l'un des plus graves problèmes que posent les enfants difficiles, celui de la discipline inefficace. Les parents ont l'impression d'avoir perdu toute autorité. Ils pensent que leur enfant ne les « écoute » plus, ce qui les incite à redoubler de sévérité, souvent en pure perte.

• *Les enfants difficiles peuvent créer des problèmes conjugaux, des mésententes familiales, des difficultés avec leurs frères et sœurs et finir par être eux-mêmes perturbés sur le plan émotionnel.*

• *Les enfants difficiles peuvent devenir des êtres positifs, enthousiastes, peut-être même particulièrement créatifs si l'on parvient à bien les comprendre dès leur enfance.*

Le premier point qu'il faut comprendre, et le plus fondamental, c'est la question du caractère : comment ces traits de caractère façonnent le comportement de votre enfant dès son plus jeune âge.

QU'EST-CE QUE LE CARACTÈRE?

Le caractère est le style de comportement, naturel et inné, de chaque être. C'est le *comment* du comportement et non son pourquoi. Il ne faut pas le confondre avec la motivation. La question n'est pas : « *Pourquoi* se comporte-t-il d'une certaine façon si on ne lui donne pas un biscuit? », mais plutôt : « Quand on ne lui donne pas de biscuit, *comment* exprime-t-il son mécontentement? Fait-il une grimace? Pleurniche-t-il ou geint-il? Trépigne-t-il en hurlant? » Ce style de comportement inné n'est pas le résultat de l'environnement. Celui-ci – et votre comportement de parent – peut agir sur le caractère et entraîner des interactions, mais ils ne sont pas cause des traits inhérents du caractère.

Chaque enfant possède son propre caractère, qui est formé d'une constellation de neuf caractéristiques. Les Drs Alexander Thomas, Stella Chess et Herbert Birch, de l'Université de New York, les premiers, ont défini ces caractéristiques. Cette étude, commencée en 1956, se poursuit, encore aujourd'hui et a permis de suivre cent trente-trois personnes de la petite enfance à l'âge adulte. Elle avait pour objectifs l'identification des traits du caractère de chaque enfant et leur étude à mesure que les enfants grandissaient et engageaient des relations avec leur environnement. Ces neuf traits du caractère sont les suivants :

1. *Le niveau d'activité*. D'une manière générale, l'enfant se montre-t-il actif dès son plus jeune âge?

2. *L'étourderie.* Avec quelle facilité l'enfant se laisse-t-il distraire? Est-il capable de se montrer attentif?
3. *La persévérance.* L'enfant s'accroche-t-il aux choses qui lui plaisent? Peut-il se montrer persévérant ou obstiné quand il veut quelque chose [1]?
4. *L'adaptabilité.* Comment l'enfant accepte-t-il les changements?
5. *L'approche/le recul.* Quelle est la réaction initiale de l'enfant à la nouveauté : lieux, personnes, aliments, vêtements inconnus?
6. *La turbulence.* L'enfant est-il généralement bruyant, qu'il soit heureux ou malheureux?
7. *La régularité.* Dans quelle mesure l'enfant est-il prévisible en ce qui concerne ses habitudes de sommeil, d'alimentation, de transit intestinal?
8. *Le seuil de tolérance.* Comment l'enfant réagit-il aux excitations sensorielles : bruits, éclairages violents, couleurs, odeurs, douleur, temps chaud, saveurs, texture et contact des vêtements? Se laisse-t-il troubler? Est-il facilement surexcité?
9. *L'humeur.* Quelle est l'humeur fondamentale de l'enfant? Quelles sont les réactions qui prédominent : positives ou négatives?

Si l'on tient compte de ces neuf caractéristiques, il est possible de classer dans chaque rubrique le caractère de l'enfant selon un barème qui va de « très facile » à « très difficile ».

Prenons le niveau d'activité inné d'un enfant. En règle générale, plus il est actif, plus il sera difficile à contrôler. Il s'ensuit que plus nombreux est le nombre de traits qualifiés de difficiles, plus l'enfant est pénible à élever.

1. Par souci de simplifier, j'inclus le comportement de ce genre sous la rubrique *mauvaise adaptabilité ;* la liste des traits du caractère utilisée au cours de ce livre ne comporte pas la persévérance.

L'ENFANT AU CARACTÈRE DIFFICILE

D'une manière générale, on peut évaluer tout enfant de la façon suivante :

Trait du caractère	*Facile*	*Difficile*
Niveau d'activité	Faible	Élevé
Étourderie	Faible	Élevée
Adaptabilité	Bonne	Mauvaise
Approche/recul	Approche	Recul
Turbulence	Faible	Élevée
Régularité	Régulier	Irrégulier
Seuil de tolérance	Élevé	Bas
Humeur	Positive	Négative

En fonction du nombre de traits de caractère classés dans la rubrique « difficile » et en fonction des problèmes posés par le comportement de l'enfant, on pourra estimer que la famille a affaire à un enfant :

• *Fondamentalement facile mais avec quelques traits difficiles :* les parents font face, mais ils auront peut-être besoin d'apprendre quelques techniques de contrôle et principes disciplinaires.

• *Difficile :* cet enfant est pénible à élever. La mère est soumise à une rude tension, ainsi que l'ensemble de la famille.

• *Très difficile :* l'enfant et sa famille connaissent de graves problèmes.

• *Impossible, un « tueur de mère » :* ce terme extrêmement imagé en dit long.

POURQUOI RACONTER QU'IL EST NORMAL?

Si vous avez un enfant vraiment difficile, peut-être vous êtes-vous demandé, en fonction de son comportement, s'il pouvait être considéré comme « normal ».

Je suis convaincu qu'on n'est pas obligé d'être « dans la moyenne » pour être normal. On n'est pas anormal parce qu'on est difficile. En ce qui me concerne, l'anormalité sous-entend la présence d'un trouble pathologique évident et susceptible d'être diagnostiqué. Tous les êtres humains sont différents les uns des autres et une grande variété de caractéristiques et de comportements reste tout à fait dans les limites de la normalité. Il ne viendrait à l'idée de personne de dire que les enfants roux sont anormaux parce qu'ils sont moins nombreux que les châtains ou parce qu'ils ont des taches de rousseur et sont sensibles au soleil.

Il y a beaucoup plus d'enfants difficiles qu'on ne l'imagine. La New York Longitudinal Study a permis de constater que 10 pour cent des enfants normaux analysés étaient difficiles. En outre, les auteurs n'ont pas inclus le niveau d'activité élevé, l'étourderie, ni le seuil de tolérance bas dans leur définition de l'enfant difficile. On peut estimer que 5 pour cent d'enfants supplémentaires, au bas mot, passeraient dans la catégorie « difficile » en raison de ces caractéristiques. Nous arrivons à la conclusion que 15 pour cent environ de tous les enfants de moins de six ans sont d'un caractère difficile et pénibles à élever. En nous fondant sur les plus récents chiffres de recensement, cela signifie que deux à trois millions de jeunes Américains sont difficiles. Si nous introduisons le concept de l'enfant fondamentalement facile avec quelques traits difficiles, nous parvenons à un nombre beaucoup plus élevé.

QUELLES SONT LES CAUSES D'UN CARACTÈRE DIFFICILE?

Nul ne les connaît avec certitude. Il existe incontestablement un facteur génétique, comme pour la transmission de la couleur des yeux et des cheveux. Je prie souvent les parents du « Programme des enfants difficiles » de demander à leurs propres parents : « Comment étais-je quand j'étais petit? » Ils ont souvent été surpris d'entendre leurs père et mère signaler chez eux des traits analogues à ceux qu'ils ont remarqués chez leur enfant. Cela semblerait indiquer que l'hérédité joue un rôle. Les recherches sur les jumeaux monozygotes attestent cette conclusion, même si l'on ne saurait prétendre qu'il y a une transmission directe de chacune des caractéristiques du parent à son enfant.

Le rôle des facteurs intervenus durant la grossesse n'est pas clair. Parmi les enfants dont le niveau d'activité est très élevé, surtout chez ceux qui témoignent de « troubles de l'attention » ou d' « hyperactivité », on trouve une assez forte proportion de complications lors de la grossesse ou de l'accouchement. Un pourcentage élevé de ces enfants sont des garçons.

Il n'existe aucune corrélation entre le caractère et l'intelligence. Les enfants difficiles peuvent avoir un niveau intellectuel faible, moyen, élevé ou supérieur.

Un lien qui intrigue et qui n'a pas donné lieu à des recherches approfondies semble exister entre le caractère difficile et les allergies, particulièrement les allergies alimentaires. Un certain nombre de bébés difficiles sont allergiques au lait. Par la suite, ils ont tendance à souffrir d'affections de la gorge et des oreilles. Certains parents ont remarqué un rapport entre des accès de comportement particulièrement difficile et l'ingestion de certains aliments, qui contiennent beaucoup de sucre ou d'additifs artificiels. Bien que des recherches indiquent une corrélation possible entre le régime alimentaire et le comportement de certains enfants, les revendications des partisans confirmés de la thèse diététique sont considérées comme exagérées par le corps médical.

Je recommande aux parents de ne pas se laisser obséder par la recherche des causes. Le plus important est de se rappeler que rien ne permet d'affirmer que la façon dont ils remplissent leur rôle de parents est responsable du caractère difficile de leur enfant. Quels que soient les facteurs qui y contribuent, tous les enfants, y compris les plus difficiles, se différencient sur le plan individuel, non seulement par leurs caractéristiques physiques et leurs capacités, mais également par leur caractère.

MON ENFANT NE FAIT PAS EXPRÈS?

Votre enfant n'est pas « vilain » dans l'intention de vous faire enrager. Il est malheureusement très courant chez les parents de prêter des mobiles à leurs enfants, surtout s'ils sont dépassés par leur comportement. Tous les soirs en préparant le dîner, Lois, une jeune maman, s'énervait parce qu'elle ne savait jamais si sa fille Betty consentirait ou non à manger. Elle a commencé à avoir l'impression que plus elle se donnait de mal pour préparer les plats que la petite fille aimait, plus celle-ci s'empressait de les refuser exprès, Lois n'avait pas saisi qu'à la fin de chaque journée, sa fille avait faim à une heure différente. Un soir, c'était à 7 heures, le lendemain à 9 heures, le jour suivant dès 4 h 30 de l'après-midi. L'*appétit irrégulier* de Betty l'empêchait de se mettre tous les soirs à table, prête à avaler ce que sa mère lui servirait. Elle ne cherchait nullement à tourmenter Lois. Elle n'avait pas faim tous les jours à l'heure du dîner. Constatant que sa mère se mettait en colère pour qu'elle mange à l'heure dite, ce qui donnait lieu à un véritable conflit, Betty n'a pas été longue à comprendre qu'elle pouvait profiter de la situation pour n'en faire qu'à sa tête. Assez vite, cette notion est entrée en jeu. Les enfants difficiles ont tendance à se cantonner dans certains schémas de comportement. Leurs parents en font autant lorsqu'ils réagissent à ce comportement difficile. Cela ne fait qu'aggraver les choses.

Henry avait exprimé son envie de posséder une paire de patins à roulettes et d'apprendre à s'en servir. Son père, désireux de lui faire plaisir parce qu'il était rare de le voir exprimer le moindre intérêt ou la moindre satisfaction pour quoi que ce soit, a pris la peine de courir plusieurs magasins pour acheter les patins les plus coûteux et les plus spectaculaires qu'il ait pu trouver. Quand il a offert son cadeau à son fils, Henry a emporté les patins dans sa chambre sans manifester la moindre reconnaissance. Le père a explosé : « Comment ose-t-il me traiter de cette manière! J'ai couru quatre magasins. Je lui ai acheté les plus beaux patins de la ville. » En réponse à cette semonce le petit garçon a jeté les patins par terre et s'est mis à hurler. Le père n'avait pas su comprendre que la réaction de son fils était due à son *humeur négative.* Chez cet enfant une faible expression de plaisir équivalait à des clameurs d'allégresse de la part d'un autre. Henry n'a pas réagi ainsi exprès parce que son père s'était donné beaucoup de mal. C'est sa nature, voilà tout. Si son père continue à se fâcher, l'humeur négative de l'enfant finira par s'aggraver.

LE CERCLE VICIEUX

Par leur comportement, les enfants difficiles perturbent considérablement leur environnement. Comme un pavé lancé dans une mare, l'influence de l'enfant s'étend en cercles concentriques de plus en plus larges, affectant d'abord la mère, puis le reste de la famille, les voisins, les condisciples et les enseignants, bien que ces effets deviennent moins intenses à mesure que les cercles vont s'élargissant.

Les enfants difficiles ne se contentent pas d'influencer leur environnement. Ils sont à leur tour affectés par les réactions de ceux qui jouent un rôle auprès d'eux. Incapables de comprendre leur difficile rejeton, les parents ne parviennent pas à appliquer les méthodes courantes pour élever des enfants et leur imposer une discipline. Les mères cèdent à la colère et à la culpabilité. Les parents perdent toute autorité. Une discipline inefficace accentue le comportement difficile de l'enfant, ce qui multiplie les conflits. Toute la famille finit par être happée dans un cercle vicieux, ainsi, dans une certaine mesure, que les autres personnes ayant affaire à l'enfant difficile.

L'USURE

C'est ici qu'intervient le concept de l' « usure ». Le résultat direct des frictions constantes entre l'enfant difficile et ses parents, c'est que l'enfant risque d'avoir certains problèmes secondaires. Un enfant difficile devient plus craintif et plus dépendant que la plupart des enfants de son âge. Il aura des cauchemars ou se comportera comme un écorché vif. Il peut être aussi perpétuellement en colère.

Certains de ces enfants éprouvent des difficultés à croire en eux-mêmes. Ils ont l'air de ne pas s'aimer. On les entendra même dire : « Je suis vilain(e). » Certains d'entre eux attachent trop d'importance au fait de gagner ou d' « avoir le dessus ». Souvent, ils n'hésitent pas à tricher. Ce sont des perfectionnistes que guette le dépit. Il leur arrive de s'en vouloir démesurément pour une erreur ou bien de manifester une énorme déception pour des contretemps sans importance.

Ce genre de comportement n'est pas dû au caractère, mais on le retrouve souvent chez les enfants difficiles que leurs parents ne savent pas comprendre. Dès que les parents changent de méthode et que l'atmosphère familiale s'apaise, ce comportement s'améliore. Il survient par *réaction* au cercle vicieux et n'est pas le symptôme de problèmes émotionnels.

Si la situation se prolonge, l'enfant finira par être affecté à un niveau plus profond. Ce sont ces problèmes plus tardifs sur le plan des émotions et du comportement que l'on cherche à éviter. Ce type de *prévention primaire* de problèmes à venir, tant pour l'enfant que pour les autres membres de sa famille, est l'objectif fondamental de ce livre.

COMMENT SE COMPORTENT LES ENFANTS DIFFICILES À DIFFÉRENTS ÂGES

L'expression du caractère de l'enfant difficile varie selon les âges. Certains traits ne s'appliquent pas aux bébés. D'autres croissent à mesure que l'enfant grandit ainsi que le cercle vicieux et le phénomène d'usure sur l'enfant et sa famille.

Voici quelques exemples de caractéristiques difficiles à différents âges. Votre enfant ne présentera pas tous ces traits à la fois. Chaque trait ne domine pas au cours de toutes les situations.

Bébés (jusqu'à douze mois)

Le moment n'est pas venu des conflits de volonté entre la maman et son enfant, mais cette période peut être marquée par l'épuisement, la tension conjugale et une certaine pression au sein de la famille. La plupart des parents de bébés très difficiles ont l'impression que quelque chose ne fonctionne pas chez leur enfant. Dans leur désir de trouver une réponse, certains parents changent de pédiatre.

- *Niveau d'activité élevé.* Il s'agit d'un bébé extrêmement agité, vigoureux, qui n'arrête pas de gigoter.
- *Mauvaise adaptabilité.* Il réagit mal à tout changement de sa routine.
- *Recul initial.* Il proteste quand on lui présente pour la première fois de nouveaux aliments, de nouveaux lieux, de nouvelles personnes.
- *Turbulence.* Heureux ou malheureux, il hurle. C'est un bébé très bruyant.
- *Irrégularité.* Il est difficile de programmer ses

heures de repas et de sommeil. C'est un bébé imprévisible.

- *Seuil de tolérance bas.* Il est facilement perturbé par les bruits, les lumières et le contact des vêtements. Il s'agit d'un bébé sensible et nerveux.
- *Humeur négative.* Il grogne, pleurniche ou pleure beaucoup. Il a l'air d'un bébé malheureux [1].

Enfants de douze à trente-six mois

L'enfant devient plus difficile à contrôler. On entre dans la période des « deux ans diaboliques ». Tous les enfants de cet âge passent par une phase négative, due en grande partie au sens qu'a l'enfant de sa propre identité, qui s'affirme, et à ses premières tentatives de se définir en tant que personne distincte de sa mère. Tous les enfants traversent une crise de ce genre, mais pour les enfants difficiles, il ne s'agit pas d'une simple crise passagère : c'est le caractère initial qui continue à s'exprimer. Les réactions négatives des parents, la tension conjugale et les problèmes familiaux s'accentuent.

- *Niveau d'activité élevé.* Cela se remarque à mesure que l'enfant devient plus mobile. Les parents diront souvent : « Il a couru avant de marcher. » L'enfant extrêmement actif est constamment en mouvement. Il dépense beaucoup d'énergie. Il faut équiper la maison de dispositifs de sécurité, parce qu'il n'arrête pas de faire des bêtises. Il finit par être surexcité, peut se laisser emporter et perdre le contrôle de lui-même. Cet impulsif déteste se retrouver confiné dans un espace restreint. On remarquera son comportement à l'école maternelle, avec ses petits amis et dans les lieux publics.

1. On trouvera au chapitre 10 une description plus complète des bébés difficiles.

- *L'étourderie.* L'enfant a du mal à se concentrer et n'écoute pas. Phénomène assez courant chez les enfants de deux ans, mais c'est une question de degré. L'enfant ne pourra peut-être pas se concentrer du tout, fût-ce pendant une brève période.
- *Mauvaise adaptabilité.* L'enfant s'habitue à ses objets et refuse de les abandonner. Il est obstiné. Le refus de changement peut englober les vêtements, les aliments et certains jouets préférés. L'enfant semble se raidir et se buter. Il a du mal à changer d'activités (il refuse par exemple de partir de chez lui pour aller au square, mais, ensuite, il fera une autre scène quand il s'agira de rentrer à la maison). Quand il a envie de quelque chose, il continuera à réclamer et à pleurnicher s'il n'obtient pas gain de cause.

  On pourrait qualifier ce refus d'abandonner ses habitudes et cette incapacité d'aller de l'avant de « persévérance négative ». Par souci de simplicité, j'inclus ce type de comportement dans la rubrique de la « mauvaise adaptabilité ». Un enfant très persévérant est capable de se tenir à une activité qui lui plaît, de jouer par exemple avec ses Lego ou ses puzzles pendant longtemps, ce qui soulage ses parents. Une forte propension à se laisser distraire (quand une activité ne lui plaît pas) coexiste avec une grande persévérance, tantôt positive, tantôt négative (quand il aime ou désire vraiment quelque chose).
- *Recul initial.* La première réaction de l'enfant face aux inconnus, aux nouveaux endroits, aux nouveaux baby-sitters – à toute expérience nouvelle – est le recul. Son comportement caractéristique sera de refuser de parler. Il peut se montrer très perturbé, voire piquer une colère. Il risque de rejeter les nouveaux aliments ou les nouveaux vêtements.
- *Turbulence.* Elle se manifeste sous forme de hurlements lorsque l'enfant rit ou pleure ou lorsqu'il est surexcité. La maison n'est jamais silencieuse.

- *Irrégularité.* Les problèmes d'alimentation et de sommeil présents dans la petite enfance continuent. Désormais les batailles concernant l'heure d'aller au lit passent au premier plan. Il est impossible d'imposer à l'enfant un horaire régulier. Il n'a pas tous les jours sommeil à la même heure. Il peut montrer une propension à se réveiller au milieu de la nuit. On le retrouvera souvent dans le lit de ses parents. Son appétit irrégulier présente les apparences du caprice. L'apprentissage de la propreté risque d'être pénible, car son transit intestinal est irrégulier. Son humeur change de façon imprévisible.
- *Seuil de tolérance bas.* Des conflits de volonté ou des colères éclatent à propos de vêtements où l'enfant « ne se sent pas bien », de lacets qu'il faut sans cesse renouer, d'étiquettes à l'intérieur des habits qu'il faut enlever. Une sensibilité exacerbée se manifestera par rapport aux bruits, aux lumières ou aux odeurs. L'enfant remarque des modifications imperceptibles dans la saveur de ses aliments. Il fera une crise de nerfs à propos d'un bobo. Il refusera de mettre son manteau en hiver, sous prétexte qu'il a trop chaud. Lorsqu'il reste chez lui, il passera sa journée en sous-vêtements. Dans les endroits où il y a beaucoup de monde, il sera surexcité.
- *Humeur négative.* L'enfant est d'humeur sérieuse, maussade ou grognon. Il n'exprime pas ouvertement son plaisir. Il donne l'impression d'être un enfant malheureux.

En général, les mères de jeunes enfants difficiles disent qu'ils sont entêtés et qu'ils ont l'esprit de contradiction. Les conflits de volonté sont fréquents et violents. De longues colères explosent souvent. A d'innombrables reprises les parents ont honte de leur rejeton en public.

Les enfants de trois à six ans

Les parents s'attendent qu'un enfant de trois ans soit un peu plus facile. L'enfant difficile devient, au contraire, de plus en plus pénible à contrôler. Le phénomène du cercle vicieux se manifeste au sein de la famille. L'enfant très difficile souffre du phénomène d'usure. Il risque de devenir pleurnichard, de se plaindre et de réclamer, d'exiger de plus en plus d'attention. On commence à voir apparaître des problèmes avec l'image qu'il se fait de lui-même. Son comportement tranche avec celui de ses camarades. Un enfant de quatre ans qui éclate de colère en public se remarque plus qu'un enfant de deux ans.

L'entrée à la maternelle offre une nouvelle source d'inquiétude pour les parents de certains types d'enfants difficiles. L'enfant très actif, étourdi, a du mal à rester assis sagement, à faire attention et à se mettre en rang. Son impulsivité et son manque de contrôle de soi provoquent des problèmes avec les enseignants et les autres enfants. Les enfants qui ont du mal à s'adapter éprouvent des difficultés à partager leurs activités et à en changer, alors que ceux dont la première réaction est le recul se tiennent à l'écart et refusent de se joindre à l'activité générale. L'enfant dont le seuil de tolérance est bas voudra porter les mêmes vêtements jour après jour, ou mettre des tenues inappropriées qui souligneront qu'il est différent des autres. Il arrive souvent que certains de ces enfants soient plus faciles à contrôler à l'école que chez eux.

COMMENT CES TRAITS DE CARACTÈRE AGISSENT-ILS LES UNS SUR LES AUTRES?

Les enfants difficiles le sont dans plus d'un domaine et les difficultés s'imbriquent. Considérons un exemple de la façon dont trois traits de caractère peuvent jouer à propos d'un vêtement neuf.

La mère est contente : elle vient d'acheter un jean d'un coloris lavande, le préféré de sa fille. Elle rentre avec son cadeau qu'elle offre à la petite, en se disant qu'elle a enfin trouvé quelque chose qui va lui faire plaisir. La première réaction de l'enfant est de s'écrier : « Je n'aime pas ça! » *(Recul initial.)* La mère est surprise et désolée. Elle décide de ne pas obliger sa fille à accepter le cadeau. Elle préfère le laisser dans la chambre de l'enfant et part dans la cuisine. Au bout d'une heure la fillette sort de sa chambre et annonce à sa mère que le nouveau jean est très joli, mais qu'elle ne veut pas enlever ce qu'elle porte pour l'essayer. « Tu sais, maman, il me plaît vraiment, ce nouveau jean. – Alors pourquoi ne veux-tu pas l'essayer? – Parce que j'aime mieux celui que je porte. Je n'ai pas l'habitude du nouveau », répond l'enfant. *(Mauvaise adaptabilité.)* A la fin de la journée, la petite s'est finalement décidée à retirer son vieux pantalon pour essayer le neuf. Sa mère est enchantée. Le cadeau plaît à sa fille. Elle aide l'enfant à l'enfiler et remonte la fermeture à glissière. Sa petite fait la grimace. « Je ne m'y sens pas bien. Je le déteste. Il est trop raide. Je veux l'enlever. » *(Seuil de tolérance très bas.)*

Cette petite fille a une réaction de recul devant les situations nouvelles. Elle s'adapte mal et elle a un seuil sensoriel très bas, ce qui la rend très sensible au contact des choses. Le premier problème est que le jean est *nouveau*. Lorsqu'elle finit par s'y habituer, elle est incapable de se faire à l'idée de changer de pantalon. Quand elle se décide enfin, le pantalon neuf est *raide, fraîchement repassé* et *plein d'apprêt*, contrairement aux vêtements agréablement mous et usagés qu'elle porte. Cette petite fille pourrait avoir des réactions analogues si on lui offrait des aliments auxquels elle n'est pas habituée ou si on l'emmenait dans un endroit qu'elle ne connaît pas. Cette interaction de divers traits du caractère peut être à l'origine de nombreuses situations tendues, dans lesquelles l'enfant est de plus en plus perturbée par les effets de ses réactions les unes sur les autres. Sa mère, de plus en plus fâchée, est en proie à un sentiment d'incompétence parce qu'elle se sent impuissante. Il est bon de savoir que ces comportements ont une *explication.*

D'autres exemples de comportement permettent de saisir quelles pourraient en être les causes sous-jacentes.

Par un jour de grosse chaleur, une mère achète à son enfant un cornet de glace. C'est une glace au chocolat, le parfum préféré de la petite qui s'en saisit avec avidité. La maman paie la glace et emmène l'enfant déguster son cornet sur un banc qui se trouve devant le magasin. La fillette commence à lécher sa glace avec gourmandise, mais elle remarque tout à coup qu'elle est en train de fondre, qu'elle coule le long du cornet et lui dégouline sur la main. L'enfant pousse un cri, jette sa glace par terre et se met à hurler et à pleurer, en proie à une véritable crise de colère.

Une autre petite fille se coupe un doigt qui commence à saigner très légèrement. Sa réaction immédiate est de sangloter de façon hystérique. Alors que son doigt ne lui fait plus mal, elle continue à pleurer et à trépigner pendant une bonne heure.

Un petit garçon a demandé pour son anniversaire une voiture miniature dont les portières et le coffre s'ouvrent. Ses parents lui en offrent une autre plus chère, mais dont seules les portières s'ouvrent, pas le coffre. L'enfant essaie de le soulever en force, n'y parvient pas et se met en rage.

Dans ces trois cas, ces enfants sont facilement perturbés et sensibles (l'*humeur négative* et le *seuil de tolérance bas* jouent un rôle). Le trait que l'on peut lier à leurs colères est la *mauvaise adaptabilité*. Ces enfants sont incapables de s'adapter à une situation différente de celle à laquelle ils s'attendaient. La glace qui fond, le doigt coupé et la petite voiture dont le coffre ne s'ouvre pas les déséquilibrent. Parce qu'ils sont braqués sur une certaine idée – la glace qui ne fond pas, le doigt intact ou la voiture dont le coffre s'ouvre – ils ne parviennent pas à modifier leur désir antérieur. Les crises de rage qui en résultent se prolongent parce que, de même qu'ils peuvent rester « bloqués » sur une activité agréable, ils demeurent prisonniers de leurs réactions déplaisantes. Résultat? Leur colère risque de paraître interminable.

MON ENFANT EST-IL VRAIMENT « DIFFICILE » ?

Le meilleur moyen de savoir si votre enfant est difficile sur le plan du *caractère* est de vous demander si ses comportements existaient dès son plus jeune âge. Le caractère se manifeste très tôt et *fait partie* de l'enfant au lieu de représenter une réaction à un phénomène extérieur. Votre enfant n'est pas difficile de caractère si :

- Il *devient* difficile entre dix-huit et vingt-quatre mois. Peut-être entre-t-il simplement dans la phase des « deux ans diaboliques ».
- Ses problèmes de comportement sont survenus récemment, à la suite d'événements tels qu'une séparation ou un divorce, la naissance d'un frère ou d'une sœur, un déménagement vers une autre ville ou une autre région, le début d'une maladie ou le comportement de camarades de jeux.
- Son comportement provient d'un trouble pathologique évident que pourra diagnostiquer un professionnel. Il peut s'agir d'autisme, à cause duquel l'enfant ne parvient pas à établir de rapports avec autrui et souffre de graves retards dans l'évolution de la parole, de malformations cérébrales évidentes depuis la naissance ou résultant d'un traumatisme ou d'une maladie; ou bien de tout autre grave trouble physique ou mental qui, non seulement sautera aux yeux de la plupart des parents, mais qui sera décelé très tôt par un pédiatre.

Un enfant handicapé tombe au-dessous d'un certain niveau lors de contrôles de l'intelligence. Même handicapé, l'enfant reste un être doué d'un caractère qui lui est propre. S'il est difficile, il lui sera aussi nécessaire qu'à n'importe quel autre enfant d'avoir un parent qui sait le manier.

L'« HYPERACTIVITÉ »

Le terme « hyperactif » est devenu un mot passe-partout, en grande partie dénué de signification. En ce qui concerne le niveau d'activité, il existe, comme pour tous les autres traits du caratère, des comportements qui vont du facile au difficile. A une extrémité on trouve l'enfant passif et, à l'autre, l'enfant extrêmement actif. Il arrive, selon la personne qui donne son opinion, que l'on prononce pour un enfant un diagnostic d'« hyperactivité ». Tous les enfants prétendument hyperactifs sont aussi difficiles par d'autres traits de leur caractère. Le niveau d'activité n'est jamais uniquement en cause.

Qu'on les considère comme des enfants difficiles avec un niveau d'activité très élevé ou comme des « hyperactifs », les principes et techniques nécessaires pour les contrôler sont les mêmes que pour tous les enfants difficiles. Certains de ces enfants ont d'autres problèmes : retards de la parole, problèmes moteurs ou symptômes précoces d'éventuels troubles de l'apprentissage. Ici, une évaluation plus poussée est justifiée. Il sera peut-être nécessaire de se pencher sur ces déficiences. Les principes qui sous-tendent la compréhension et le contrôle de leur *comportement* sont les mêmes que pour les autres enfants difficiles.

LES PARENTS DE L'ENFANT DIFFICILE

Les parents d'un enfant qui ne présente que quelques traits difficiles sont souvent quelque peu dépassés. Même si, dans l'ensemble, ils font face, ils ont le sentiment de ne pas être à la hauteur. Les parents d'enfants plus difficiles ou ceux des insupportables « tueurs de mère » sont souvent épuisés, déprimés, sur la défensive et en proie à de graves problèmes conjugaux.

En quoi la présence de cet enfant a-t-elle changé votre vie? Quels sont vos sentiments? Plus il est difficile, plus vous risquez de vous trouver exposés aux effets du cercle vicieux et au phénomène du pavé dans la mare. Le comportement de votre enfant aura un impact sur votre existence, aussi bien chez vous qu'au-dehors. Combien de fois vous êtes-vous senti coupable ou incompétent en tant que parent? Combien de fois avez-vous eu honte de votre enfant? Combien de fois, si vous avez affaire à un enfant vraiment difficile, vous êtes-vous senti seul au monde?

Vous ne l'êtes pas. Il existe aux États-Unis deux à trois millions d'enfants « difficiles » et bien plus de petits Américains possédant des traits de caractère difficiles. Leurs parents ont besoin de savoir ce qu'ils peuvent faire pour leur enfant et pour eux-mêmes. Ce livre devrait les aider et les réconforter. Leur enfant ne souffrira pas de problèmes émotionnels s'ils s'y prennent d'une certaine manière. Ils parviendront ainsi à protéger leur mariage et la famille tout entière. On y arrive en apprenant à comprendre son enfant et à modifier l'approche qu'il convient d'adopter à son égard. Bon nombre d'adolescents charmants, créatifs et amusants ont été, eux aussi, des enfants difficiles.

2

Les mères en état de siège

L'impression la plus vive que donnent les mères d'enfants vraiment difficiles, c'est celle de parents qui ne parviennent pas à faire face. Ces femmes, en première ligne jour après jour, souffrent le plus. Elles ont l'impression de n'exercer pas plus de contrôle sur leur enfant que sur leur existence. Quiconque observe la mère en période de crise aura l'impression de voir deux enfants qu'oppose un conflit de volontés.

« Il n'y a pas moyen de me faire entendre, dira la mère. – Je ne sais pas comment la prendre. – Cet enfant me dépasse. – Nous ne savons plus quoi faire. – Je n'arrête pas de me fâcher. – Elle me rend folle! »

J'ai connu le cas extrême d'une mère qui a décidé de suivre le « Programme de l'enfant difficile » à la veille d'abandonner son enfant pour le laisser adopter. Elle avait le sentiment qu'elle ne pouvait plus supporter la tension qui gâchait sa vie, son mariage et ses rapports avec son autre enfant. On a du mal à imaginer que quelqu'un puisse souffrir à ce point, mais il ne fait aucun doute que l'incapacité d'imposer une discipline et les incessants conflits de volontés qui en résultent peuvent saper le moral de mères d'enfants moins difficiles que celui-là. Pour apprendre à se sortir de telles situations, il faut d'abord comprendre ce qui les crée.

LE CONCEPT DE LA CONFORMITÉ

Les spécialistes de la santé mentale des enfants parlent souvent de « conformité » lorsqu'ils évoquent les rapports entre parents et enfant. Il s'agit de préciser si l'enfant et son environnement ont une heureuse influence mutuelle, notamment l'enfant et sa famille, et particulièrement l'enfant et la personne qui s'en occupe au premier chef, le plus souvent la mère. Avec un enfant relativement facile et une famille normale, la conformité s'établit naturellement. C'est un facteur qui affecte considérablement le développement de l'enfant.

Il y a deux types de conformité : celle des émotions et celle du comportement. La conformité des *émotions* indique que l'enfant plaît à sa mère et qu'elle se sent à l'aise avec lui. On peut observer cette conformité entre une mère d'un naturel paisible et un enfant très nerveux mais dont elle apprécie la personnalité. C'est le cas par exemple pour la mère d'une petite fille très difficile. Cette femme est exaspérée, épuisée par le comportement presque impossible de la petite, mais, par ailleurs, cette dernière adore les vêtements et la mode. Cela, la mère peut le comprendre et l'apprécier. La personnalité de l'enfant, à ne pas confondre avec son caractère, plaît à la mère qui est, elle aussi, très coquette.

On comprendra mieux la conformité des émotions en songeant à la différence qu'il y a entre la sympathie et l'amour que l'on éprouve pour un enfant. Presque tous les parents ont de l'amour pour leurs enfants, mais il arrive qu'ils n'éprouvent pas de sympathie envers eux. Si un enfant difficile est sympathique, il y aura conformité entre sa mère et lui. Si vous trouvez votre enfant difficile antipathique, votre tâche de parent devient plus pénible.

Il existe une conformité du *comportement :* dans quelle mesure les parents trouvent-ils le comportement de leur enfant acceptable? Un enfant trop actif s'intégrera plus facilement à un foyer bohème qu'à un foyer où les parents ont fixé des limites strictes. Si les parents tiennent à disposer partout leurs précieux objets et bibelots et entendent apprendre à leur enfant actif à ne pas y toucher, il risque d'y avoir de fréquents conflits qui pourraient être évités si les parents se résignaient à mettre leurs bibelots hors de portée ou acceptaient les dégâts. Un enfant débordant d'énergie et d'enthousiasme sera plus à l'aise dans une famille où l'atmosphère est détendue et le style de vie beaucoup plus souple. Lorsque l'environnement dans lequel évolue l'enfant lui est bien adapté, on observe une conformité du comportement.

L'un des principaux problèmes avec les enfants difficiles, c'est que la conformité fait défaut. Il est rare d'éprouver de la sympathie envers un enfant d'humeur négative ou qui a du mal à s'adapter. Le comportement le plus pénible peut devenir relativement acceptable si l'enfant est extraverti et positif. Avec un enfant difficile, on se trouve souvent devant une situation où le caractère même de l'enfant crée des conflits. C'est là que tout se gâte.

Il faut se demander quel type de personne est la mère, car cela aussi affectera la relation. Une mère calme et flegmatique, qui ne s'énerve pas, a des chances d'être plus objective lorsqu'elle doit faire face au comportement de son enfant. Lorsqu'il s'agit d'un enfant vraiment difficile, si calme que soit la mère, sa patience risque d'être poussée à bout.

LES PARENTS ACCEPTABLES

Les psychologues parlent du parent acceptable. Cela signifie qu'il n'est pas indispensable d'être un « superparent » pour fournir à un enfant l'environnement dont il a besoin pour se développer. Vous devenez un parent acceptable grâce aux rapports que vous avez avec votre enfant, dans lesquels vous êtes tous deux associés à part entière. L'enfant procure à sa mère l'expérience dont elle a besoin pour apprendre à tenir son rôle. A mesure que vous emmagasinez des connaissances, vous prenez confiance en vous et devenez plus compétent, votre enfant vous apprend à devenir un parent acceptable.

Dans le cas d'un enfant difficile, le processus est inversé. A mesure que les jours passent, vous vous sentez moins sûr de vous et moins compétent. Vous n'arrivez pas à percevoir de signes positifs. Lorsqu'il s'agit d'un enfant difficile, un parent acceptable ne suffira peut-être pas à la tâche. Il faudra qu'il s'efforce d'être un parent *plus* qu'acceptable. Cela ne signifie pas qu'il faut aimer davantage son enfant ou s'en occuper sans arrêt, mais on doit faire preuve d'une plus grande compréhension afin d'avoir *conscience* des besoins uniques de cet enfant. Son comportement sera souvent déroutant. Une plus grande compréhension aidera à le prendre comme il faut. L'une des erreurs le plus souvent commises par les parents est de combler un enfant difficile de cadeaux pour le rendre heureux. Un surcroît d'amour ne suffit pas. Il faut du savoir-faire.

LES CONFLITS DE VOLONTÉ ET LE PHÉNOMÈNE DU CERCLE VICIEUX

Tous les parents nourrissent certains fantasmes quant au genre de bébé qu'ils espèrent avoir. Ces fantasmes sont façonnés par les expériences d'autres parents, par les films et la télévision, par la publicité et par les livres écrits pour venir en aide aux jeunes parents. Personne ne s'attend à se voir déçu dans ses espérances. Lorsqu'il en est ainsi dès le départ, les parents commencent à se mettre sur la défensive.

L'enfant difficile crée un cercle vicieux de relations parents-enfant, qui aggrave les choses. Chez les jeunes enfants, un caractère difficile donne naissance à un comportement à problèmes. Les parents s'efforcent d'y faire face de façon conventionnelle, mais n'obtiennent que de piètres résultats. Parents et enfant se livrent des luttes constantes qui dégénèrent en conflits de volonté quand les parents s'abaissent, comme il arrive souvent, au niveau de leur petit et se mettent à hurler quand il hurle et à offrir des versions parentales de ses crises de rage. L'enfant, aux yeux de qui le parent ne représente plus le symbole d'autorité qu'il devrait être, se montre rebelle à ses exigences et se bute dans son comportement difficile. Arrivé à ce stade, le parent varie les mesures disciplinaires, car il ne sait plus ce qu'il faut faire. Les craintes, la culpabilité et l'inquiétude commencent à détériorer ses rapports avec son enfant.

Le parent et l'enfant sont tombés dans un cercle vicieux. L'enfant risque de se montrer plus craintif, d'avoir davantage de difficultés pour dormir, de paraître trop sensible et de déclarer : « Je suis vilain », ce qui accroît l'anxiété et la culpabilité de sa mère et la pousse à trop s'occuper de lui. A mesure qu'elle devient de plus en plus irritée et déçue, le petit se sent coupable et le problème que lui pose l'image qu'il a de lui-même s'aggrave. Si cet état de choses se prolonge plusieurs années, il peut en résulter des troubles psychiques pour l'enfant et pour ses parents. Leur mariage subit une tension, une angoisse et des problèmes insoupçonnés.

Le phénomène du cercle vicieux peut surgir très tôt. Dans la petite enfance, le gros problème est celui que pose l'irrégularité. La mère ne parvient pas à « capter les signaux » de son enfant, pour la bonne raison que ce dernier ne manifeste pas clairement ce qu'il veut. Les signaux qu'il émet sont trop anarchiques pour être perçus par la mère. Ce n'est pas parce qu'elle est mauvaise mère. Personne ne saurait capter de tels signaux. Le bébé pleure quand on vient de le changer, car il n'aime pas se sentir au sec et bien talqué. Il pleure après sa sieste, quand il est reposé, et après sa tétée, quand il a le ventre plein. Qu'a-t-il donc ? Il est impossible de savoir s'il a faim ou non, impossible d'établir des schémas avec un bébé pareil.

Le bébé crie beaucoup et n'a pas de périodes régulières de sommeil. La mère essaie de l'apaiser, sans succès. Le pédiatre lui dit qu'il s'agit de « coliques », mais au bout de plusieurs mois les coliques demeurent. Le comportement ne varie pas. La fatigue et l'irritation de la mère empirent. Le père, s'il partage avec sa femme les soins à donner au bébé, est sous tension et de cette exaspération et de cette fatigue vont surgir des schémas de culpabilité.

A mesure que l'enfant grandit, les parents et les mères en particulier se demandent : « Pourquoi? Pourquoi? Pourquoi? Comment avons-nous provoqué un tel conflit? En quoi sommes-nous responsables? » Le pédiatre assure que rien ne cloche chez l'enfant, ce qui semble sous-entendre : c'est chez *vous* que quelque chose ne va pas. Si vous consultez d'autres parents, personne ne comprend ce que vous évoquez parce que l'on classe ces comportements dans un système de référence conventionnel. L'enfant pleure? C'est parce que ses couches sont mouillées, qu'il a faim, sommeil ou qu'il est malade. Cet enfant-là n'est pas facile à décrypter. Les réponses confirment que c'est sûrement vous qui vous y prenez mal. Vous avez un enfant normal. Les autres parents parviennent à élever leurs enfants. Il n'y a que vous qui n'y arrivez pas. C'est donc votre faute.

La vie est *vraiment* beaucoup plus dure avec un enfant difficile.

POURQUOI ME TORTURE-T-IL AINSI?

Lorsque l'enfant est un peu plus grand, les parents lui prêtent des mobiles pour expliquer son comportement. J'entends souvent dire : « Il le fait exprès », ce qui sous-entend que le parent a le sentiment que son enfant cherche à l'exaspérer. Le petit garçon qui ne sourit pas quand son père lui offre un cadeau, la petite fille qui n'a pas faim quand sa mère, fatiguée, lui sert son plat favori qu'elle s'est donné la peine de confectionner spécialement, le petit qui hurle et pleure quand on l'emmène au cirque pour la première fois : voilà autant d'enfants qui se comportent peut-être de cette façon parce que leur caractère leur dicte leurs actes. Leurs parents épuisés, furieux et désolés, qui ont essayé de leur faire plaisir et de les rendre heureux, ont l'impression que leur enfant fait *exprès* de les contrarier. Il est impossible d'établir la conformité nécessaire avec un enfant si l'on a le sentiment qu'il cherche à vous embêter. Vous n'aurez aucune sympathie pour lui. Les parents expérimentés sont moins susceptibles de blâmer l'enfant, car, tout s'étant bien passé avec leur premier enfant, ils ne se sentiront pas aussi coupables.

UNE DISCIPLINE INEFFICACE

En prêtant des mobiles à leur enfant, les parents risquent d'avoir tendance à sévir pour des raisons de motivation plutôt que de comportement. Il est injuste de punir l'enfant dont les rythmes sont irréguliers parce qu'il ne mange pas son dîner. Peut-être n'a-t-il pas faim à l'heure du dîner. Seulement, la maman qui reçoit son refus comme une gifle – « il le fait pour me contrarier, alors que j'ai passé deux heures à me décarcasser dans la cuisine » – va se fâcher et l'expédier dans sa chambre.

La mère d'un enfant très actif peut se sentir dépassée par ses courses interminables. Peut-être a-t-il cassé quelque chose en se ruant comme un fou à travers la maison? L'obliger à rester assis dans un coin, c'est le punir d'être tel qu'il est. C'est un type de comportement qu'il faut calmer et canaliser, au lieu de sanctionner l'enfant.

Le problème, c'est que les enfants difficiles *provoquent* des réactions de discipline inefficaces. Leur comportement déconcerte leurs parents qui deviennent hésitants. Que faut-il faire? Les messages que leur adresse leur enfant sont ambigus. Son comportement n'a ni rime ni raison. Dans leur effort désespéré pour comprendre ce qui se passe, les parents se mettent en quête de mobiles. Cela les mène à se mettre au niveau de l'enfant, à engager un conflit de volontés d'où personne ne sort vainqueur. A la fin de leurs querelles, le parent se sent bafoué, épuisé et incapable de faire face avant de repartir pour le round suivant.

Ce qui va à l'inverse des composantes d'une bonne discipline – parmi lesquelles figurent la cohérence, la compréhension de ce que vous faites, des réactions claires et brèves – exercée avec la conviction de votre autorité et administrée avec calme.

J'AI L'IMPRESSION D'ÊTRE CONSTAMMENT EN LUTTE AVEC MON ENFANT

Cette discipline inefficace est épuisante pour la mère comme pour l'enfant et peut se révéler destructrice à long terme. La vie sous son aspect le plus quotidien commence à ne plus former qu'une succession de conflits de volontés entre la mère et l'enfant. Il risque d'y avoir lutte du matin au soir à propos du comportement de l'enfant, englobant tout ce qui le concerne, de ce qu'il porte à ce qu'il mange, en passant par ses jeux et sa conduite à l'école. On a l'impression que plus rien ne sera simple.

L'effet de cet affrontement sur les parents, et surtout sur la mère, peut être désastreux. Les réactions de la mère sont conditionnées par le degré de difficulté de son enfant. L'expérience des parents compte car ceux qui en ont moins ont plus de mal à aborder ce problème. Entrent en jeu la personnalité et le caractère des parents, ainsi que certaines conditions familiales, la stabilité de l'emploi, la bonne santé et l'équilibre du mariage, la sécurité financière. Ces facteurs contribuent à aggraver les difficultés que pose l'enfant.

Les conflits incessants sont pour la plupart issus d'une autorité parentale défectueuse. Le parent veut que l'enfant fasse quelque chose que ce dernier ne veut pas faire : Il se fâche tout rouge : « Il n'a pas le moindre respect pour moi. – Il veut me faire enrager. – Il sait bien que j'ai horreur de ça quand il ne répond pas. » Le parent et l'enfant se butent tous les deux. C'est l'escalade. Il s'ensuit une guerre permanente.

Un petit garçon de six ans a l'habitude de traiter sa mère de tous les noms. « Tu es une andouille, lui dit-il. Tu es bête! » Cela a le don de la mettre hors d'elle. Dès qu'elle s'entend insulter ainsi, elle ne se contient plus. Elle hurle : « Comment oses-tu me dire des choses pareilles? » Elle envoie son fils dans sa chambre et claque la porte derrière lui. Chaque fois qu'il recommence, elle réagit de la même manière. Chaque fois qu'elle le met au défi de lui dire un mot de plus, il s'empresse de le faire.

La mère d'une enfant difficile de trois ans redoute de l'emmener faire des courses. Un jour, elle doit aller chercher un gâteau pour le dîner d'anniversaire de son mari. Dès que la fillette entre dans la boutique avec sa mère, elle se met à pleurnicher. Pendant qu'elles attendent qu'on ait emballé le gâteau, les jérémiades de la petite empirent. Sa mère lui dit : « Je t'achète un petit gâteau. Choisis! » La fillette montre un gigantesque ours en biscuit. La mère demande à la vendeuse de le sortir de la vitrine. Sa fille montre un autre gâteau en forme de train. « Je veux aussi celui-là », annonce-t-elle. Sa mère refuse. Elle n'a droit qu'à un seul. Mais la fillette se bute sur cette envie d'avoir les deux gâteaux à la fois. « Le train, le train, le train! » crie-t-elle. « Non! » crie la mère. La petite se met à pleurer. La mère déclare : « Eh bien, choisis, mais tu n'en aura qu'un seul! » Pour finir, elle est obligée de traîner son enfant hurlante hors de la boulangerie, en oubliant le gâteau qu'elle était venue acheter.

Quand les parents annoncent qu'il est l'heure d'aller se coucher à un enfant dont les rythmes sont irréguliers, c'est la scène garantie. Un parent qui insiste pour éteindre la lumière à la même heure tous les soirs s'apercevra que la bagarre se déclenche dès qu'il aborde le sujet. Si l'enfant n'a pas sommeil vers la même heure, il refuse de se coucher. On le voit reparaître sur le seuil de la porte pour réclamer à boire, une histoire, sa maman ou un jouet favori. Ces apparitions se font de plus en plus fréquentes et, à mesure que le parent tente d'obliger l'enfant à fermer les yeux et à dormir, ce dernier va devenir de plus en plus angoissé à l'idée qu'il est l'heure d'aller au lit, parce qu'il sait qu'il y aura une scène. Il va se cramponner d'autant plus à sa résistance contre le sommeil. Pour finir, tout s'achève dans les larmes et la culpabilité. Le parent, qui se sent inefficace, commence à s'apitoyer sur son enfant désespéré et un petit malin saura profiter de cet apitoiement.

Les problèmes peuvent être nombreux avec un enfant difficile : ils vont de l'alimentation à l'habillement, en passant par les jouets, l'école, les jeux, mais, lorsqu'ils sont liés les uns aux autres par ces conflits incessants, l'effet qu'ils ont sur les parents est identique. Un manque de conformité, une autorité et une discipline inefficaces, les mobiles que l'on prête à l'enfant, le manque de contrôle, les conflits de volontés quotidiens contribuent à créer un cercle vicieux. L'impression d'être en état de siège définit le mieux la gamme des réactions liées aux rapports des parents avec cet enfant.

QU'ARRIVE-T-IL À LA MÈRE?

La personne qui s'occupe le plus de l'enfant, généralement la mère, s'aperçoit qu'elle réagit différemment devant cet état de guerre. Toutes les mères n'auront pas les mêmes réactions. Il existe de nombreuses circonstances atténuantes, à commencer par l'enfant qui peut être intéressant et même amusant. Dans l'ensemble, parmi les réactions les plus courantes chez les mères, on trouve :

• *La perplexité*. La mère dit : « Je ne sais pas de qui il tient. » Elle ne comprend pas ce que désire son enfant et elle est incapable d'avoir des réactions cohérentes. Celles-ci changent selon le comportement de l'enfant. L'enfant attend avec impatience un goûter d'anniversaire. Le grand moment arrive et il se met en route, enchanté. La semaine suivante, nouveau goûter dans des conditions semble-t-il analogues. Cette fois-ci l'enfant pique une colère. La mère ne sait pas pourquoi et cela la perturbe. La perplexité des parents est aggravée par ce qu'ils attendent de leur enfant. Une maman coquette aura beaucoup de mal à comprendre une fillette qui veut remettre les mêmes vêtements jour après jour. Un parent timide sera plus gêné qu'un autre par un enfant bruyant et actif.

• *L'épuisement.* Certains enfants difficiles ont besoin d'être constamment contrôlés et les élever donne beaucoup de travail. Il est possible que, dès le départ, vous vous sentiez épuisée, surtout si vous avez dû régulièrement vous lever la nuit pour nourrir ou calmer votre bébé. De plus le parent en guerre que vous êtes devenu peut tenter de contrôler son enfant de façon négative : vous n'arrêtez pas de courir derrière lui, de nettoyer ses saletés, de préparer des repas spéciaux, de lui accorder une constante attention sans obtenir le moindre changement dans son comportement. J'ai connu une mère qui préparait un dîner spécial pour sa petite fille difficile, qu'elle lui servait à 4 heures de l'après-midi, parce que, disait-elle, c'était l'heure à laquelle la petite aimait manger. « Elle a l'habitude de manger à cette heure-là, expliquait-elle. Je ne peux pas changer. » Après quoi, à 6 h 30 du soir, elle servait à dîner au reste de la famille, c'est-à-dire ses deux autres enfants, son mari et elle-même. Ce genre de fantaisie ne fait qu'alourdir le fardeau qui pèse sur une mère surmenée.

• *La colère.* Les mères qui ne savent pas s'y prendre avec leurs enfants difficiles sont d'habitude en colère. Une grande partie de leur irritation provient de l'inefficacité de leur discipline, caractérisée par force hurlements, parfois accompagnés de coups, qui ne servent pas à grand-chose. La mère a des fantasmes au cours desquels elle se débarrasse de son enfant, s'enfuit de chez elle ou le confie à d'autres personnes. La colère est dirigée non seulement contre l'enfant, mais aussi contre son mari et contre ses autres enfants. Durant l'un des innombrables conflits de volontés qui opposent la mère et l'enfant, ce sentiment peut déboucher sur une perte de contrôle de soi, suivie, hélas, de châtiments corporels excessifs.

• *La culpabilité.* Le résultat du sentiment d'incompétence qui envahit la mère, c'est un sentiment de culpabilité. Elle a l'impression qu'elle cause les problèmes de son enfant. Cela s'ajoute à ce que peuvent lui dire les médecins, les autres mères, son mari, sa famille, sa belle-famille et à toutes les questions qu'elle se pose. La mère estime souvent, à tort ou à raison, que tout le monde trouve qu'elle est une mère ratée. Son enfant est un enfant raté dans une famille ratée. Cela lui donne le sentiment d'être sans défense. Au jardin public, la mère *part du principe* que c'est elle que tout le monde blâme quand son enfant surexcité boxe ses petits camarades. Une mère qui réprimande sévèrement son fils devant sa propre mère s'entendra dire : « Mais pourquoi lui parles-tu comme ça? Tu ne sais pas mieux t'y prendre? Est-ce que je te grondais aussi durement quand tu étais petite? » Elle *sait* que sa mère estime que tout est sa faute.

• *La gêne*. Pour le parent d'un enfant difficile, ce sentiment est multiplié par mille. C'est un sentiment extérieur – alors que la culpabilité est intérieure –, qui surgit le plus souvent dans des endroits publics, lorsque la mère remarque que les autres mères, les vendeurs, les clients, les serveurs, les bibliothécaires, les conducteurs d'autobus et les autres témoins de l'esclandre que fait son enfant – et de sa propre incapacité à le contrôler – ont les yeux fixés sur elle.

• *L'incompétence*. La mère se sent inefficace et impuissante parce qu'elle ne parvient pas à maîtriser son enfant. Lorsqu'elle se compare aux autres mères ou à sa propre mère, ça ne fait qu'aggraver les choses. Ainsi, une maman qui amène son enfant à des séances de jeux organisées par une bonne œuvre locale se retrouve dans un groupe composé d'une douzaine d'autres mères avec leurs enfants. Dans ces cas-là, les mères s'observent et comparent le comportement de leurs rejetons. Un enfant difficile qui a du mal à changer d'activité va attirer comme un aimant l'attention du groupe. Quand l'animateur demande aux enfants de retirer leur tablier et de poser leur pinceau, l'enfant difficile risque de protester bruyamment. Il peut avoir beaucoup de mal à se résigner à un changement si précipité et il risque de se tenir mal, voire de se livrer à une colère. Le temps que l'infortunée mère réussisse à le débarrasser de son tablier et à l'éloigner de son chevalet, les autres enfants ont déjà ôté leurs chaussures et leurs chaussettes et font des mouvements de gymnastique sur les tapis en caoutchouc. La mère doit se battre avec son enfant pour lui faire retirer ses chaussures. Lorsque tous les regards convergent vers le petit récalcitrant, comment pourrait-elle se sentir à l'aise?

• *La dépression.* La plupart des mères d'enfants difficiles se sentent déprimées après une journée ou une semaine pénibles. S'il y a une prédisposition à la dépression ou si les autres aspects de son environnement la soumettent à un grand stress, la dépression peut devenir pathologique. Il ne s'agit pas d'un cafard passager, mais d'un syndrome auquel sont associés d'autres symptômes : inappétence et insomnie, pertes de concentration, faible niveau d'énergie, pensées autocritiques, vision pessimiste de l'avenir. La dépression pathologique peut être soignée et quiconque ressent les symptômes en question devrait consulter un médecin.

• *L'isolement.* Beaucoup de mères se sentent tenues à l'écart par les autres parents qui ne veulent pas que leurs enfants jouent avec le petit « difficile ». Cela arrive si cet enfant est très actif, ce qui lui fait souvent perdre le contrôle de lui-même et agresser ses camarades. La mère de l'enfant difficile essaiera peut-être de définir ce qui ne va pas chez son enfant, mais après avoir consulté les gens qu'elle connaît et tenté de découvrir une description de ce problème dans un ouvrage de référence, elle n'a trouvé aucune réponse. Elle se sent isolée. Elle pense que personne ne sait ce qui lui arrive, que personne ne comprend son problème. Pis encore, elle a l'impression d'être la seule mère qui ait jamais dû faire face à un tel dilemme.

• *La manie de la persécution.* C'est peut-être la réaction la plus répandue chez les mères. « Pourquoi me fait-il ça? – Il me déteste. – Il le fait exprès. – Il cherche à me faire enrager. » A mesure que la mère perd son sentiment d'efficacité, l'enfant paraît brusquement devenir l'élément fort du tandem. C'est lui qui contrôle vos émotions. C'est lui qui conditionne votre journée, qui la rend bonne ou mauvaise. C'est lui qui dirige votre vie. Vous voilà devenue sa victime.

• *L'insatisfaction.* Vous avez l'impression de porter un énorme fardeau. Il vous semble qu'être mère est mille fois plus difficile pour vous que pour quiconque. Pourtant vous n'êtes guère récompensée des efforts que vous faites. Vous vous donnez plus de mal qu'une autre pour exécuter les choses les plus simples, par exemple habiller votre enfant ou lui préparer son dîner. Il vous faut des heures pour faire ce que les autres mères expédient en quelques minutes. Votre présence est indispensable vingt-quatre heures sur vingt-quatre. Une majeure partie des petites (et même des grandes) satisfactions réservées aux parents vous échappent. Quand on se donne autant de peine, on devrait être payé de retour, mais ce n'est pas le cas.

• *Le sentiment d'être prise au piège.* Impossible de le contourner : les mères d'enfants difficiles ont l'impression d'être incapables de modifier leur sort. Les voilà nanties d'un enfant indifférent et pénible à élever. Elles croient que personne ne comprend l'épreuve qu'elles subissent et que c'est sur elles, les mères, que pèse le fardeau. Beaucoup de ces femmes – un nombre plus élevé qu'on ne pourrait le croire – ont des fantasmes dans lesquels elles s'enfuient de chez elles, loin de leur enfant difficile.

• *Le dévouement.* C'est un phénomène très courant chez de nombreuses mères. Il s'agit d'un mélange de nombreux sentiments. Compte tenu des autres émotions qui vous animent, vous êtes très accaparée par les difficultés qu'éprouve votre enfant et vous avez tendance à le couver. Cela provient du sentiment que vous seule, sa mère, êtes capable de comprendre ce qu'il endure. Votre perception de ses souffrances stimule votre besoin d'être prête à le protéger. Cet excès de sollicitude peut être lié aux conflits intérieurs de la mère concernant sa maternité. De tels sentiments seront exagérément vifs chez une femme à qui ses parents ont demandé à tort de se montrer très indépendante et mûre quand elle était petite. Chez elle, le besoin de protéger son propre enfant sera exacerbé.

Tout cela, auquel s'ajoute le comportement quotidien de votre enfant, contribue à créer le sentiment que vous, parent, êtes en état de siège et que l'ennemi est votre propre enfant. Le moyen de régler cette situation et d'interrompre la réaction en chaîne des événements à l'intérieur de ce cercle vicieux, c'est d'apprendre ce que vous pourrez sur les raisons du comportement de votre enfant, avant de mettre en pratique les techniques de contrôle et d'autorité nécessaires à l'adulte. Ce n'est qu'en apprenant à être un parent efficace pour cet enfant que vous parviendrez à vous soustraire à certaines des réactions douloureuses et potentiellement nuisibles que peuvent éprouver les mères à l'égard d'enfants difficiles. Le mal que leur cause une telle situation, lorsqu'elles ne disposent pas du soutien et des informations convenables peut leur coûter aussi cher qu'à l'enfant.

3

Le pavé dans la mare

L'impact de l'enfant difficile sur son univers rappelle ce qui se passe quand on jette un pavé dans une mare. Le choc initial qui provoque les premières éclaboussures, c'est la relation entre l'enfant et sa mère. Ce pavé crée des remous concentriques qui s'étendent de plus en plus loin jusqu'à ce que la surface de la mare tout entière en soit troublée. Le caractère et le comportement de l'enfant affectent ses rapports avec chacun des membres de sa famille, avec ses camarades, ses maîtresses de classe et ceux qui s'occupent de lui, voire avec des inconnus dans les lieux publics.

Le monde extérieur agit sur votre enfant. Le développement est un processus continu d'interaction entre l'enfant et son environnement. A mesure que votre enfant grandit, le caractère joue un rôle de moins en moins déterminant sur son comportement. Il reçoit le message du monde extérieur directement, mais aussi à travers vos sentiments envers les réactions qu'il provoque. Son comportement devient de plus en plus le produit de son caractère combiné à sa personnalité, ses attitudes et ses motivations, qui évoluent, et à l'influence qu'ont sur lui les gens, les endroits et les choses qu'il voit et apprend à connaître.

Il ne s'agit jamais de l'enfant pris isolément, mais plutôt de l'enfant dans sa famille et dans la société.

LE PÈRE ET LE MARIAGE

On comprend comment la mère et l'enfant difficile peuvent se retrouver bloqués au sein d'un conflit de volontés sans fin. Le rôle du père, à moins que ce ne soit lui qui s'occupe essentiellement de l'enfant, est différent. Du fait qu'il est moins présent, ses rapports avec l'enfant sont moins intenses et plus faciles. Cependant, le mariage est souvent affecté, dans une plus ou moins grande mesure, selon que l'enfant est difficile et qu'il y a d'autres problèmes conjugaux.

J'ai observé quatre types de réactions courantes :

• *Le père peut se sentir tenu à l'écart.* La complexité et l'intensité que revêtent parfois certains de ces rapports mère-enfant donnent au père l'impression que personne ne fait attention à lui et qu'il n'est pas un membre à part entière de la famille. Lorsque le père reste à la maison pendant le week-end, il sera témoin de certaines des incessantes bagarres qui opposent sa femme et son enfant, par exemple lorsqu'elle veut l'habiller le matin. Les interminables tractations que nécessite cette opération exigent beaucoup de temps et la participation de la mère. Le père qui reste spectateur s'aperçoit qu'il ne peut ni interrompre ni prendre part à ce rite. Il en va de même pour de nombreux autres domaines dans lesquels le comportement de l'enfant a donné lieu à une réaction aussi compliquée de la part de la mère. « Et moi, qu'est-ce que je deviens, là-dedans? » se demande le père.

• *Le père conteste les méthodes de la mère.* Il n'est pas difficile de s'imaginer qu'un père pourrait aussi demander : « Tout cela est-il nécessaire? Tu ne peux donc pas l'*obliger* à s'habiller sans faire d'histoire? » Parce qu'il n'était pas là pour assister à l'entière évolution de ces schémas ayant la mère et l'enfant pour protagonistes, le père va peut-être contester leur raison d'être. Un père qui ne comprenait pas pourquoi sa femme passait autant de temps à vêtir et à coiffer leur fille, le matin, a proposé un jour de s'en charger, persuadé qu'il irait beaucoup plus vite. Au bout de deux heures de cajoleries, de hurlements et d'hystérie (l'enfant et le père s'étant mis dans une rage noire), il s'en est allé, honteux et confus, retrouver sa femme pour lui avouer qu'il ne s'était pas rendu compte, jusque-là, de l'épreuve qu'elle devait subir. A présent, il savait. Cela dit, la contestation peut prendre un ton plus direct et plus blessant : ainsi ce père accueilli le soir par un enfant hurlant, un dîner brûlé, des aînés boudeurs, une femme furieuse et éreintée, et qui s'exclame : « Mais enfin, ça ne va pas chez toi? Tu es donc incapable de venir à bout de ce gosse? Mais qu'est-ce que tu fabriques pour que ce soit si difficile? » De telles situations provoquent un cycle de récriminations, finissent par détruire tout sentiment de soutien entre mari et femme et peuvent entraîner une grave discorde conjugale.

• *La mère n'a plus d'énergie pour son époux.* Au bout d'une journée durant laquelle elle aura passé quatre heures ou plus à calmer des colères, des gros chagrins, des accès de mauvaise humeur, des caprices concernant les aliments, les jouets ou les vêtements (ou tout cela à la fois), quatre autres heures à essayer de faire le ménage, les courses, le lavage et le repassage, sans perdre de vue son enfant épuisant, et terminé la journée par un dîner ponctué de crises et un drame au moment du coucher, elle a besoin de quelques minutes de tranquillité avant d'aller au lit. Elle n'a plus de force pour se consacrer à son mari, si bien que leurs rapports sexuels s'espacent. Ils se sentent moins proches et ils n'ont presque plus un moment à partager en tant que couple.

• *La mère jalouse les rapports à peu près libres de tout conflit qu'entretient le père avec son enfant.* La mère passant souvent le plus clair de sa journée auprès de l'enfant, ils ont tout le temps d'établir des schémas de réactions sur lesquels ils se butent : à mesure que les jours passent, les conflits de volontés s'intensifient. « C'est ce qui explique pourquoi c'est toujours la personne qui s'occupe *principalement* de l'enfant qui a *le plus de mal* avec un petit enfant difficile, un état de choses qui est à la source d'un sentiment de culpabilité chez de nombreuses mères. » Le père, en revanche, qui est beaucoup moins à la maison, n'assiste pas à une grande partie de ces démêlés, si bien que ses rapports avec l'enfant sont plus détendus. Après une de ses habituelles journées d'enfer avec l'enfant, la mère ne sera sans doute pas enchantée d'entendre son mari lui déclarer : « Écoute, ma chérie, il est adorable avec moi. Je ne comprends pas pourquoi tu as eu tant de problèmes aujourd'hui. » L'enfant sera souvent plus docile avec son père. Cela ne plaît guère à la mère et peut engendrer chez elle des intincts jaloux qui nuiront à ses rapports avec son mari et son enfant.

Le principal résultat de ces problèmes semble être le sentiment, commun à beaucoup de femmes, qu'elles n'ont pas le soutien de leur mari et qu'il ne partage pas leurs épreuves.

De nombreuses mères nourrissent à l'égard de leur enfant difficile un curieux mélange de sentiments, à la fois indignés et protecteurs. D'une part, elles se sentent épuisées par l'enfant et ont l'impression de ne plus rien avoir en réserve pour leur vie conjugale; de l'autre, quand leur mari se fâche et s'en prend à l'enfant, l'accusant d'être la cause d'une grande partie de leurs problèmes matrimoniaux, elles se mettent sur la défensive et s'empressent de protéger leur petit. Si le mariage était chancelant avant la naissance de l'enfant, la situation ne peut que se détériorer. Un enfant de ce type peut faire voler en éclats un mariage fragile mais qui tenait jusque-là.

LES FRÈRES ET SŒURS

Que l'on s'imagine les difficultés que peuvent connaître les frères et sœurs d'un enfant difficile. Ils sont souvent ulcérés de l'attention que l'on prête à ce dernier et peuvent aussi se sentir négligés ou « tenus à l'écart » de la vie familiale. Beaucoup d'entre eux se font un souci considérable pour l'enfant à problèmes et semblent préoccupés par ses pleurs constants et son comportement négatif. Pour obtenir leur part d'attention, certains frères et sœurs se mettent à faire des bêtises, alors que d'autres deviennent au contraire des enfants modèles. Chez ces enfants « sages », les problèmes pourront remonter à la surface plus tard.

Les parents d'un enfant difficile auront souvent tendance à attendre plus de ses frères et sœurs et à exiger davantage d'un aîné sur le plan de l'indépendance et de la maturité. J'ai souvent entendu des mères parler d'un enfant qui ne leur posait pas de problèmes disant « mon grand garçon » ou l' « élément vraiment raisonnable de la famille » pour m'apercevoir peu après que l'enfant en question n'avait que cinq ou six ans. Réciproquement, les parents parlent de l'enfant difficile comme s'il s'agissait d'un bébé ou d'un petit enfant, alors qu'il peut très bien avoir sept ou huit ans.

L'INTERACTION ENFANT-FAMILLE : A QUOI RESSEMBLE-T-ELLE DANS LA VIE RÉELLE?

L'interaction entre un enfant très difficile et sa famille se produit dans une situation quotidienne, par exemple, le repas du soir.

Il s'agit d'une famille où le dîner est généralement servi à la même heure. Les parents aiment faire un vrai repas, avec entrée, plat de viande et légumes, puis une tasse de café et parfois un dessert. En règle générale, le couvert est mis dans la salle à manger et la mère appelle tout le monde à table.

Comme elle est affligée de *rythmes irréguliers*, la petite fille de quatre ans n'a pas faim tous les soirs à la même heure et c'est le cas ce soir. Elle n'a aucune envie d'abandonner son émission de télévision et de se mettre à table parce que la nourriture ne l'intéresse pas et que son attention est fixée sur la télévision. En raison de sa *mauvaise adaptabilité*, elle ne parvient pas à renoncer à une activité qui lui plaît.

Le père est persuadé que sa femme ne fait pas preuve d'assez de fermeté envers leur cadette, si bien qu'il intervient et que les deux époux échangent des critiques aigres-douces quant à leurs manières respectives de s'y prendre. « Sois ferme, conseille le père en menaçant sa femme du doigt. Montre-lui que tu sais ce que tu veux. On n'a jamais l'impression que tu parles sérieusement », ajoute-t-il tandis que la mère s'efforce d'arracher la petite à la contemplation du poste de télévision. Elle n'y parvient pas et finalement, avec un soupir excédé, le père doit se lever et aller chercher sa fille. Comme ses menaces restent sans effet, il éteint le poste et, lorsque l'enfant émet des hurlements de protestation, il lui donne une fessée pour la faire taire. Après quoi, il la traîne à table et l'assoit de force sur sa chaise. Elle a les yeux rouges, elle fait la tête et elle est prête à pleurer à la moindre provocation, car l'épisode a porté à son comble son *humeur* habituelle qui est *négative*. Sa sœur aînée lui fait une grimace que surprend leur mère et elle est sévèrement réprimandée.

La soupe est servie et tout le monde commence à manger, sauf la cadette qui se tortille sur sa chaise, en tapant ses couverts l'un contre l'autre et en donnant des coups de pied dans la table. Elle a du mal à rester en place car son *niveau d'activité* est *élevé*. Elle ne veut jamais toucher à aucune espèce de soupe, car elle les trouve « trop chaudes » (elle est très sensible à la température des aliments car son *seuil sensoriel* est *bas*). Le plat principal est un pain de viande, qu'elle aime d'ordinaire beaucoup, mais ce soir elle déclare qu'il sent « drôle » et refuse d'en manger (toujours le *seuil sensoriel*). En fait, sa mère s'est trouvée à court de la sauce tomate qu'elle utilise d'habitude et l'a remplacée par un pot de sauce bolognaise. L'enfant refuse de manger parce qu'elle a remarqué la différence de saveur et que sa *mauvaise adaptabilité* ne lui permet pas de l'accepter aussitôt. Lorsque ses parents insistent pour qu'elle mange un peu de pain de viande, elle pique une colère. Son père essaie de la mater. Sa mère s'énerve parce qu'une fois de plus, le repas a mal tourné. La sœur aînée ne supporte pas d'entendre crier son père et l'enfant difficile se bute dans son attitude négative. Chacun reste sur ses positions.

Cette petite fille n'est pas en conformité avec sa famille. Ses parents attachent plus d'importance que d'autres au concept du « repas de famille »; ils essaient de contraindre la petite à s'intégrer à leur schéma, alors que cette dernière possède son caractère et son style propres. Lorsqu'un conflit de ce genre éclate avec un enfant en bas âge, l'interaction négative avec le reste de la famille ne peut conduire qu'à un surcroît de problèmes. Une enfant opiniâtre figée dans un conflit de volontés avec ses parents finira par refuser de manger, même quand elle aura *vraiment* faim.

Un intérêt négatif porté à l'enfant *renforce* son comportement. Les histoires que fait cette petite fille au sujet de l'odeur et de la saveur de sa nourriture proviennent d'une réelle sensibilité, mais le tollé que provoque son refus ne sert qu'à accentuer ses réactions. L'interaction négative entre l'enfant difficile et sa famille est en grande partie issue de cette réaction en chaîne. Cette interaction vient renforcer le comportement. Les parents, qui ne comprennent pas les problèmes sous-jacents, ne sont pas capables de prendre leur enfant de la bonne manière et de rompre ces schémas destructeurs.

LES AUTRES PRESSIONS QUE SUBISSENT LES PARENTS

D'autres facteurs peuvent affecter une famille et peuvent être aggravés par la présence d'un enfant difficile et affecter à leur tour la façon dont les parents traitent ce dernier. Signalons parmi eux :

• *Les tout jeunes couples.* Les pronostics que l'on peut établir pour un mariage entre très jeunes gens sont assez réservés. Les problèmes de ces couples peuvent être aggravés par la naissance d'un enfant difficile. Les problèmes financiers, le sentiment d'être pris au piège, la perte de l'indépendance avant d'avoir eu la possibilité de « vivre sa vie », tout cela est intensifié. Comme les deux partenaires ne sont pas encore mûrs, ils ne sauront pas y faire face aussi efficacement que pourrait le faire un couple plus âgé et expérimenté.

• *Les problèmes personnels.* S'il y avait un problème d'alcoolisme dans la famille avant l'arrivée de l'enfant et qu'il ait été jugulé, il risque de resurgir après la naissance. Si c'était le mari qui buvait trop, ce sont fréquemment le soutien et l'intérêt de sa femme, ainsi que son amour, qui l'ont aidé à venir à bout de ses mauvais penchants. Or il est quasiment impossible à la mère d'un enfant difficile de s'occuper autant qu'avant de son mari. En perdant son soutien, celui-ci risque fort de sombrer de nouveau dans la boisson. Si la femme était en cause, il est évident qu'elle aura envie de se remettre à boire après la naissance d'un tel enfant.

Un parent qui a souffert de crises de dépression ou d'angoisse par le passé, mais qui s'en est remis et a repris une vie normale, peut avoir une rechute à l'arrivée d'un enfant difficile. Il sera peut-être incapable de résister au stress.

• *Les problèmes avec la belle-famille.* Dans certaines familles, l'un ou l'autre époux peut avoir du mal à se faire accepter par sa belle-famille qui peut ne pas le trouver sympathique ou acceptable. Cela provoque souvent des fissures dans le couple. Un enfant difficile risque d'aggraver les blâmes et les critiques adressés au mari ou à la femme déjà mal acceptés par la belle-famille (voire d'ailleurs par leur propre famille). Cela peut créer de réelles difficultés pour le couple, surtout si les deux familles vivent relativement près l'une de l'autre.

• *Les pressions financières et professionnelles.* L'argent est un problème majeur pour tous les couples. Lorsqu'un enfant difficile vient ajouter un stress de plus, la pression se révèle parfois trop forte. Un homme que son métier soumet à des tensions considérables, dont l'horaire de travail est très long et chargé, qui doit fréquemment changer de lieu de résidence avec sa famille ou, tout simplement, un homme qui s'inquiète pour son avenir professionnel doit retrouver chez lui une atmosphère paisible. La chose est impossible pour la famille d'un enfant difficile.

• *Le couple « béni des dieux »*. Les problèmes guettent ceux qui semblent n'avoir aucun problème. Que l'on songe à un couple qui possède tout, à qui la vie a toujours paru passionnante, féconde, épanouissante et facile. Tout leur a été servi sur plateau d'argent, sans effort de leur part ou presque... jusqu'à l'arrivée de cet enfant. Lorsqu'un couple de ce genre donne naissance à un enfant difficile, ce dernier peut, d'une certaine manière, causer encore plus de stress et de discorde que dans une famille où il existe déjà certains problèmes. La culpabilité, les accusations et l'intensité de la réaction familiale risquent toutes d'être décuplées par le sentiment qu'il ne leur est jamais rien arrivé de pareil et qu'à présent leur vie *entière* est gâchée.

• *Les espérances de la mère*. Une mère qui rêve d'être la mère « parfaite », et qui investit dans cette tâche beaucoup d'amour-propre, risque d'avoir du mal à faire face aux problèmes que lui posera un enfant difficile non seulement sur le plan du comportement, mais aussi sur le plan personnel. La vie de couple en souffrira. La mère peu sûre d'elle, qui n'a guère confiance dans ses capacités à être une « bonne » mère risque d'être accablée par son « incompétence ». Son manque de confiance et son sentiment d'insuffisance affecteront son rôle d'épouse.

Ces problèmes pourraient se poser à n'importe quel couple, qu'il ait ou non un enfant difficile, mais la présence de ce dernier va les *aggraver*.

LA FAMILLE AU SENS LARGE

Il arrive que les membres de la famille, au sens large, se montrent exagérément critiques. Un souci normal pour le bien-être du petit enfant finit par être démesurément grossi par rapport à son comportement. « Comment t'arranges-tu donc avec lui pour que ça aille si mal? demandent les grands-parents à leurs enfants. Moi, quand je t'ai élevé, il ne s'est rien passé de pareil. Tu ne sais pas t'y prendre. » Cette impression est compliquée par le fait que certains enfants difficiles ne se conduisent pas aussi mal avec leurs grands-parents qu'avec leurs parents, ce qui ne sert qu'à renforcer les critiques. « Il est si mignon avec moi, assure la grand-mère. Tu cries toujours après lui. Ne sois pas si sévère! » Le parent d'un enfant difficile éprouvera un cuisant sentiment d'impuissance et de culpabilité face aux reproches de ses propres parents. En revanche, les grands-parents trouvent les enfants très actifs particulièrement pénibles parce qu'ils ont du mal à les surveiller. Dans les deux cas, le système normal d'appui fourni par les grands-parents ne fonctionnera pas et cette absence affectera l'équilibre de toute la famille. Il est évident que plus une famille se sent épaulée, plus ce soutien est fort, mieux chacun s'en porte.

Parmi les membres de la famille, au sens large, on aura tendance à imputer à l'autre côté le caractère difficile de l'enfant : « Elle ne tient pas du tout de nous », entendra-t-on répéter. Souvent on fera comprendre au père ou à la mère que c'est sa faute si cette fâcheuse hérédité a surgi. La mère a le sentiment qu'elle doit aller rechercher l'origine de tous ces ennuis dans son propre comportement, son régime alimentaire, sa vie et ses activités en cours de grossesse. Quelle erreur a-t-elle donc commise pour avoir mis au monde un enfant aussi différent, aussi dissemblable du reste de la famille? Sa culpabilité peut être profondément enracinée.

LES MÈRES QUI TRAVAILLENT

Pour la mère qui travaille à l'extérieur, la grande question est de savoir ce que vaut la personne qui s'occupe de son enfant à sa place, qu'il s'agisse d'une employée de maison, d'une baby-sitter, d'une nourrice en ville, d'une maîtresse d'école ou d'une puéricultrice dans une crèche. Si la personne que vous avez choisie pour s'occuper de votre enfant est compréhensive et si vous n'avez aucun mal à communiquer avec elle, il y a de bonnes chances pour que tout aille bien. Une personne compétente aura moins de problèmes avec votre enfant. Ainsi, une nourrice ou une baby-sitter sera moins rigide pour des horaires de repas ou de sommeil irréguliers. Elle s'accommodera mieux d'un enfant bruyant et très intense, alors qu'une mère en souffrira davantage. Il est possible que la personne en question possède davantage d'énergie et d'objectivité pour faire face aux problèmes quotidiens. Vos sentiments envers l'enfant seront peut-être plus positifs lorsque vous rentrerez chez vous après une journée passée à l'extérieur.

Les ennuis commencent s'il naît une jalousie entre la mère et la personne qui s'occupe de l'enfant. La mère a l'impression que l'autre femme cherche à prendre sa place auprès de l'enfant. La remplaçante, quant à elle, n'a aucune envie que quiconque vienne se mêler de la façon dont elle s'organise. Les problèmes de ce genre seront décuplés dans le cas d'un enfant difficile. Parfois, l'employée trouvera une façon de s'y prendre dont la mère sera jalouse, car enfin si elle (la mère) ne parvient pas à venir à bout de son enfant, personne ne devrait y arriver! Pourquoi faut-il que les choses se passent plus facilement avec quelqu'un d'autre? La collaboratrice rémunérée ne sera pas contente si elle a l'impression que la mère cherche à saper son autorité auprès de l'enfant. La mère finit par avoir le sentiment qu'elle rivalise avec la personne qui s'occupe de son enfant, alors que cette dernière risque de communiquer au petit un peu du ressentiment qu'elle éprouve envers sa mère. Si l'enfant ressent cet antagonisme, son comportement pourra en être altéré.

Les nourrices baby-sitters et autres ne sont pas toujours capables de contrôler un enfant difficile sur une période prolongée. Si la personne que vous avez choisie ne fait pas l'affaire, si la seule crèche disponible ne peut accorder à votre jeune enfant l'attention individuelle suivie dont il a besoin, vous serez peut-être dans l'obligation de quitter momentanément votre travail ou de différer la reprise de vos activités professionnelles. Cela pourra causer des problèmes économiques et risque de dresser une maman contre l'enfant « à problèmes ». Dans certains cas, c'est la seule solution.

En règle générale, qu'elles travaillent à l'extérieur ou non, les mères d'enfants difficiles doivent lutter contre un puissant sentiment de culpabilité. Lorsqu'elle reprend son travail, la mère d'un jeune enfant est automatiquement en proie à des sentiments contradictoires. Dans le cas d'un bébé difficile, ceux-ci deviennent très exagérés et la mère peut avoir beaucoup de mal à les maîtriser. Chaque femme se trouve dans une situation particulière. Il faut considérer la sienne en gardant ces réalités présentes à l'esprit.

LES MÈRES CÉLIBATAIRES

Dans leur cas, le plus gros handicap est que la mère est totalement seule avec son enfant. Le soutien généralement disponible au sein d'un couple uni n'existe pas. Et, bien évidemment, la mère célibataire qui travaille n'est pas en mesure de quitter sa situation. Elle *doit*, par conséquent, trouver quelqu'un de bien pour s'occuper de son enfant ou se résigner à accepter les occasions qui se présentent. La fatigue risque de compliquer ses rapports avec son enfant : est-on vraiment en état d'affronter un gosse qui fait une colère quand on vient de passer huit heures au travail et qu'il faut faire les courses et préparer le dîner?

Si l'on préfère envisager la situation sous un angle positif, il faut se dire que, quand on est le seul parent, il n'y a personne pour vous faire des reproches et vous expliquer ce que vous faites de travers. En raison du fait qu'il n'y a personne pour prendre la relève ni pour partager avec lui les corvées et les émotions, le rôle du parent célibataire est nettement plus dur.

Lorsque le divorce a été perturbé par des discordes

et des conflits, cette hostilité devient un facteur supplémentaire du cercle vicieux. Le divorce est cruel pour tous les enfants, mais il stresse particulièrement les enfants difficiles. Leur comportement se détériorera certainement au long de cette période et la culpabilité qu'en éprouvent les parents ajoute une tension de plus. Les droits de visite créeront d'autres problèmes. Si chacun de ses parents pratique une méthode d'éducation différente, l'enfant aura à surmonter une certaine dose d'incohérence. Plus qu'un autre, l'enfant difficile a besoin de cohérence et de routine. Lorsque l'incohérence est, comme cela arrive malheureusement au cours de certains divorces, délibérément utilisée par l'un des parents pour saper les efforts de l'autre, l'enfant difficile paie les pots cassés.

Beaucoup d'enfants de divorcés se sentent responsables de la séparation de leurs parents. Dans le cas de l'enfant très difficile, il y sera peut-être effectivement pour quelque chose.

L'ENFANT DIFFICILE ADOPTÉ

Certains problèmes inhérents à l'adoption peuvent être exacerbés lorsqu'un enfant difficile est en cause, comme dans le cas de la mère qui travaille à l'extérieur ou du parent célibataire. Il peut être plus facile de savoir que cet enfant n'est pas le vôtre sur le plan biologique, si bien qu'une grande partie de la culpabilité concernant l'hérédité, la grossesse et la naissance est atténuée. « Ça ne vient pas de moi, direz-vous. Et ça n'est pas dû à la moindre imprudence de ma part pendant que je l'attendais. » A force de chercher le pourquoi de la nature problématique de leur enfant, les parents s'adonnent parfois à une sorte de jeu malsain, au cours duquel chacun accuse l'autre d'être responsable. Au moins, lorsque l'enfant est adopté, il n'y a pas ce genre d'aberration.

Si l'adoption a suscité dans le couple la moindre

ambivalence, ce sentiment sera renforcé par la présence d'un enfant difficile et risque de se transformer en attitude de rejet plus caractérisée à son égard. Des sentiments plus virulents, du type : « Ce n'est pas vraiment mon fils », peuvent devenir beaucoup plus évidents. Une autre réaction que j'ai eu fréquemment loisir d'observer est la tendance à expliquer tous les comportements, même ceux dont l'origine est clairement caractérielle, en les imputant aux effets psychologiques de l'adoption. Si telle est votre attitude, on risque de ne jamais vraiment comprendre son enfant.

LES LIEUX PUBLICS

Les parents qui ont le sentiment de pouvoir contrôler leurs enfants à la maison se laissent désarçonner par les contacts avec le monde extérieur. Beaucoup de parents possèdent un sens démesuré de leurs responsabilités, si bien que lorsque leur enfant se tient mal, ils ont l'impression que c'est leur faute. Avec un enfant difficile, ce sentiment que tout le monde a les yeux braqués sur vous et vous *juge* vous emplit de gêne et de honte.

- *Boutiques et grandes surfaces.* Ce sont des lieux dangereux pour l'enfant actif, impulsif, étourdi, qui aura envie de courir partout et de toucher à tout. Ce désir, conjugué à la stimulation excessive de ces magasins où règnent le bruit, l'agitation et les lumières violentes, peut faire perdre tout contrôle à un enfant de ce type. Même s'il se trouve dans une poussette ou assis dans votre caddy, les ennuis vous guettent. Il tentera d'attraper ce qui se trouve à sa portée. Il fera savoir à très haute et intelligible voix tous les articles qui lui font envie. La colère n'est pas loin.

Cette attitude forme un contraste frappant avec celle de l'enfant dont la réaction première face à une situation nouvelle est le recul. Si on l'emmène dans un supermarché bourré de monde avant qu'il n'y soit prêt, il pourra piquer une colère pour des raisons différentes. Si cet enfant a, d'une manière générale, du mal à faire face aux situations nouvelles, imaginez un peu à quoi doit ressembler une grande surface à ses yeux. Il y a d'abord l'entrée toujours très animée, les gens qui se précipitent à l'intérieur. Le niveau sonore, généralement élevé, entre le bruit que font les clients et les vendeurs et la musique de fond souvent très rythmée. A cela s'ajoutent les lumières violentes, les longues rangées colorées de produits de toutes sortes et les panneaux publicitaires. Pendant le week-end, l'affluence est plus grande et la foule ne fait qu'ajouter à cet ensemble de stimuli sensoriels. L'intérêt plein de bonnes intentions d'inconnus, qui remarquent que l'enfant a l'air dépassé et malheureux et lui demandent : « Qu'est-ce que tu as? » ou lui offrent un biscuit ou un bonbon, aggrave le cas. Vous vous retrouverez avec un enfant cramponné à vous, pleurant et bientôt hurlant. En voyant ce lieu à travers les yeux de votre enfant, vous comprendrez peut-être son désarroi, mais votre sort n'est pas plus enviable, car il faut bien que votre famille ait de quoi se sustenter. Vous vous efforcez d'apaiser l'enfant avant de plonger avec lui au plus fort de la mêlée.

La scène qui en résultera, soit avec un enfant surexcité qui ne sait plus où donner de la tête et qui attrape tout ce qu'il voit, soit avec un bambin affolé qui arbore une mine de chien battu, sera extrêmement gênante. Il faut reconnaître qu'il s'y trouve un certain nombre d'autres pères et mères, accompagnés d'enfants relativement dociles, alors que le vôtre est en train de se donner en spectacle. Arrivé à ce stade, l'enfant va repousser toutes les tentatives pour le calmer ou les offres de friandises pour le faire taire. Vous aurez l'impression que tous les regards sont braqués sur vous et que chacun tire les conclusions qui s'imposent : « En voilà une mère! Croyez-vous les entendre dire. Elle n'est même pas fichue de se faire obéir. Ces gens-là ne devraient pas avoir le droit d'entrer dans les magasins. » Pis encore, peut-être certaines personnes iront-elles jusqu'à formuler leurs critiques à haute voix ou à vous donner des conseils.

• *Restaurants.* Ici, il n'y a pas d'allées au détour desquelles vous pourrez vous perdre pour vous soustraire aux regards. Vous évoluez en terrain découvert, au milieu d'une grande pièce pleine de gens qui essaient de savourer un repas qu'ils vont devoir payer. Vous avez conscience que votre enfant gâche le plaisir de tout le monde. Les parents d'enfants très actifs, peu adaptables, au seuil sensoriel bas et aux rythmes irréguliers s'aperçoivent vite que les sorties au restaurant deviennent un véritable calvaire. On imagine un repas ponctué par certains épisodes :

- Votre enfant commence par refuser de pénétrer dans le restaurant, alors que vous en avez choisi un qui propose à ses petits clients des voitures miniatures à conduire pendant que leurs parents déjeunent. Lorsque vous essayez de lui faire franchir la porte, il hurle : « Non, non, non ! » Rouge de confusion, vous reculez après avoir aperçu quelques autres enfants en train de déjeuner avec appétit.
- Votre enfant qui attendait cette sortie avec impatience refuse les plats et déclare qu'il n'a pas faim.
- Votre enfant n'arrive pas à décider ce qu'il veut.
- Votre enfant proteste en voyant arriver un morceau de pizza carré : il a l'habitude de parts triangulaires.
- Votre enfant refuse de rester assis sur son siège et se promène à travers la salle. Il houspille les autres enfants en essayant de leur prendre ce qu'ils ont dans leur assiette.
- Votre enfant jette sa nourriture par terre ou renverse son verre.
- Si la situation se gâte, il donne un coup de pied à la serveuse ou pique une colère noire.
- Votre enfant se tient si mal que vous vous mettez à le gronder vertement en plein restaurant. Vous vous rendez compte que la salle entière vous foudroie du regard.

Des réactions analogues risquent de se produire chaque fois que vous essaierez de vous rendre dans un endroit public pour la première fois, et aussi ensuite. Certains enfants ne s'habituent *jamais* aux nouvelles situations et commencent par être perturbés ou surexcités (ou les deux à la fois). Le cirque, le cinéma, un spectacle théâtral pour les enfants, un spectacle de marionnettes peuvent susciter des réactions qu'il n'est pas possible de prévoir. Les situations nouvelles n'engendreront pas *toutes* de telles réactions, mais comment savoir lesquelles? Beaucoup de choses qui passionnent la majorité des enfants peuvent mettre un enfant difficile hors de lui. Comme vous souhaitez que le vôtre trouve une activité à son goût, vous continuez à faire des essais. Ce peut être une quête décourageante.

• *Les voisins.* Beaucoup de parents sont désireux de dissimuler le comportement incompréhensible de leur enfant difficile, mais les voisins remarqueront le curieux vestiaire d'un enfant au seuil sensoriel très bas, qui remettra indéfiniment les mêmes affaires, qui ne portera pas de sous-vêtements ou qui se promènera en vêtements d'été au plus fort de l'hiver. Les voisins entendent les hurlements des enfants excessifs et peuvent être témoins de crises de rage. Ils voient des parents qui semblent flatter les excentricités de leur enfant, ce qui leur laisse penser que la famille entière est « piquée ». Les parents se sentent impuissants parce qu'ils ne parviennent pas à expliquer le comportement de leur enfant en termes raisonnables à ces gens qui l'observent jour après jour. Pour beaucoup de parents d'enfants difficiles, l'attitude des voisins est un point sensible.

• *Les petits camarades.* Que se passe-t-il entre l'enfant difficile et les autres? Avec certains, tout va très bien. Avec d'autres, pleurs et grincements de dents. Les enfants actifs, désorganisés, qu'un rien surexcite, ont des problèmes. Ils ont du mal à contrôler leur envie de s'approprier les jouets de tout le monde et, s'ils ne s'adaptent pas ils ne voudront pas partager. Cela peut engendrer un comportement insupportable et les pousser à frapper et même à mordre. (Avoir un enfant qui mord est l'une des expériences les plus mortifiantes pour une mère, car c'est un acte qui semble particulièrement violent et primitif. Les mères des jeunes mordeurs ont du mal à expliquer pourquoi leur enfant se conduit ainsi. Les autres mamans risquent de le mettre en quarantaine et de lui interdire de prendre part aux jeux.) L'enfant porté au recul initial aura tendance à rester longtemps à la périphérie du groupe. Plus tard, s'il découvre quelque chose qui l'intéresse il pourra s'absorber dans une activité et ne plus s'occuper des autres enfants. Un enfant dont le seuil sensoriel est bas, qui porte toujours la même chemisette ou refuse de mettre de chauds vêtements d'hiver, risque d'être en butte aux taquineries de ses camarades.

Les choses iront peut-être mieux lorsqu'il s'agira de jouer avec un seul petit ami, parce que l'enfant actif ne sera pas aussi vivement stimulé et l'enfant réservé ne se sentira pas aussi menacé. Cependant, il pourra se produire des problèmes quand il faudra partager ou prendre son tour.

Les parents ont une telle envie de voir leur enfant « accepté » et « aimé » par ses camarades, de le voir trouver des amis, que parmi tous les effets de son caractère difficile, l'isolement est celui auquel ils ont le plus de mal à se résigner. Ils se demandent si les autres enfants s'aperçoivent eux aussi que leur enfant est « différent » et « bizarre ».

• *Les aires de jeux.* Quand on emmène un enfant actif dans une aire de jeux aménagée, les résultats sont souvent meilleurs, puisqu'il est admis que les enfants y vont pour se défouler et dépenser un peu d'énergie. S'il se dispute avec un autre enfant à propos d'un point ou d'une activité, il risque de perdre le contrôle de lui-même et de donner des coups de poing, de pied ou de jeter du sable. Un enfant très actif soumis à une stimulation excessive peut s'approprier les jouets des autres enfants et refuser de leur rendre.

Un enfant qui a tendance à se replier sur lui-même ou dont le seuil sensoriel est bas peut se mettre à pleurer ou éclater de colère si on l'emmène dans une aire de jeux. Il finira par s'y habituer, mais il refusera obstinément de rentrer chez lui. Pour les mères, c'est aussi gênant que d'avoir un enfant déchaîné.

LES GARDERIES ET LES MATERNELLES

Les mères de la plupart des enfants difficiles constatent que ceux-ci se tiennent mieux quand elles ne sont pas là. Cela peut être une source de culpabilité pour les parents, mais ce à quoi réagissent les enfants dans une situation de ce genre, c'est à l'absence de conflit et à la présence d'une personne dont l'attitude envers eux est neutre. Si vous avez remarqué que votre enfant *se tient mieux* à l'école, c'en est la raison. Les ennuis recommencent dès qu'il est de retour à la maison.

La façon dont les enfants difficiles s'adaptent à la maternelle dépend de l'impact de leur expérience scolaire sur leur caractère. C'est lié au type de caractère de chaque enfant. Certains enfants n'ont aucune difficulté, d'autres ont différentes sortes de problèmes :

- *L'enfant très actif et étourdi.* Il y a des risques de surexcitation, d'impulsivité, de perte de contrôle et de violences physiques. L'enfant peut avoir du mal à écouter la maîtresse, à rester en rang et à faire ce qu'on lui dit. Ces enfants se sortent très bien des entrevues avec les responsables lorsqu'il s'agit de les admettre à l'école, parce qu'ils sont extravertis et que les tête-à-tête leur réussissent.
- *L'enfant au seuil sensoriel bas.* La sensibilité aux lumières violentes, aux bruits forts et à la surstimulation que l'on rencontre souvent dans une nombreuse classe de petits enfants peut entraîner un comportement indésirable.
- *L'enfant réservé qui s'adapte mal.* Tous les jours, il a du mal à quitter sa mère. Il ne parvient pas à changer d'activité, ni à prendre des habitudes. Il a du mal à partager. Ces enfants font mauvaise impression lors

des entrevues préalables, car ils se cramponnent à leurs parents et paraissent affolés.

• *L'enfant excessif* soumettra la maîtresse à une tension accrue parce les enfants bruyants dérangent les autres.

Le résultat de tels comportements à l'école, c'est que l'enseignant commencera à faire allusion devant les parents à des problèmes psychologiques ou à une possibilité d'« hyperactivité », ce qui déclenche une angoisse chez eux. Les enseignants demandent à s'entretenir avec les parents qui grondent ensuite leur enfant pour sa « mauvaise conduite », laquelle ne fait qu'empirer. C'est ainsi que s'établit un cercle vicieux au sein du cadre scolaire.

Beaucoup d'enfants difficiles se tiennent mieux à l'école sous le contrôle des enseignants. Certaines des questions soulevées devant les parents se posent aussi aux enseignants. Ces derniers passent beaucoup de temps avec les enfants et le concept de la *conformité* s'applique à eux dans leurs rapports avec leurs élèves. L'expérience de l'enseignant et sa personnalité jouent aussi un rôle.

Par exemple, les enseignants peuvent, comme les mères, être plus ou moins stricts ou « coulants ». L'idéal pour l'enfant difficile est un enseignant qui aura su trouver un juste milieu entre la tolérance et la discipline, qui permettra à l'enfant de s'exprimer librement tout en exigeant que certains devoirs soient accomplis conformément au règlement. En revanche, il risque d'y avoir des problèmes avec les enseignants qui se situent aux deux extrêmes. Prenons l'exemple d'une enseignante qui ne cède jamais et qui exige que tous ses élèves respectent intégralement le règlement. Il s'agit d'une situation dans laquelle un enfant extrêmement actif va avoir le plus grand mal à s'entendre avec la maîtresse, de même qu'un enfant qui ne sait pas s'adapter. Lorsque l'enseignante frappera dans ses mains pour signifier la fin d'une activité, les enfants de ce type ne vont pas s'arrêter. Ils sont « coincés ». Si la maîtresse insiste sèchement pour que l'enfant passe immédiatement à autre chose, elle s'expose à de sérieux ennuis, mais l'enfant souffrira lui aussi de cette inflexibilité, de même qu'il souffrirait d'être le fils de parents très stricts. Un enseignant autoritaire aura des problèmes avec un enfant excessif.

Le manque d'autorité n'est pas la solution. Une maîtresse décontractée qui pratique une pédagogie peu directive peut être aussi mauvaise pour un enfant difficile. S'il ne sait pas ce qu'on attend de lui, un enfant trop actif perdra vite son contrôle. Si on ne lui offre pas de routine à suivre, un enfant qui s'adapte mal sera une âme en peine.

Une bonne enseignante donnera à l'enfant peu adaptable davantage de temps pour changer d'activité, car elle aura remarqué que l'enfant a du mal à assurer la transition. Elle ne se braquera pas si son élève refuse de quitter son tablier après le cours de dessin ou s'il porte la même paire de chaussettes, tous les jours pendant quinze jours. Elle devinera quand un enfant actif et étourdi aura besoin d'une période de calme. Cette tolérance bienveillante peut avoir une grande influence sur l'enfant difficile, si bien qu'il se conduira mieux à l'école.

LES PÉDIATRES

Le premier médecin que vous aurez consulté avec votre enfant difficile est le pédiatre. Une fois que son diagnostic de « coliques » ne semblera plus valable (puisque les coliques cessent d'habitude vers trois ou quatre mois), il vous dira peut-être : « Votre enfant est normal. Il va falloir que vous vous habituiez à vivre avec lui. »

Certains médecins ne comprennent pas tout à fait le concept du caractère et, comme ils manquent d'expérience dans ce domaine, ils ne sauront peut-être pas quoi dire d'autre. Ils voient que l'enfant est normal et ils ne discernent pas les raisons de son comportement. Sauf en ce qui concerne l'enfant très actif, le médecin n'aura même pas *conscience* de ce comportement. Les rapports de patient à médecin touchent aussi votre responsabilité. Les mères ont souvent peur d'être jugées par le pédiatre. Elles ne veulent pas faire mauvaise impression si bien qu'elles ne se montrent pas aussi franches et directes que si le comportement de l'enfant n'avait rien de particulier. Or, puisque le médecin ne peut constater *de visu* le comportement, si vous ne le lui décrivez pas en détail, il aura tendance à supposer que le problème vient de *vous*.

Si votre pédiatre s'intéresse à votre description et vous parle du *comportement difficile inné* de votre enfant, c'est qu'il sait qu'il s'agit du caractère et qu'il sera capable de vous donner des conseils constructifs. Si le problème lui échappe, il risque de s'imaginer que l'enfant réagit à une mauvaise situation familiale.

Un autre problème qui se pose au pédiatre très occupé, même s'il a une bonne compréhension des difficultés liées au caractère, c'est le manque de temps. Si la maman ne prend pas la précaution de demander un rendez-vous spécial pour lui faire part de sa préoccupation, peut-être le médecin n'en viendra-t-il jamais à une discussion exhaustive du comportement de l'enfant et des mesures à prendre.

Dans le présent chapitre et dans le précédent, nous avons étudié l'impact que l'enfant difficile peut avoir sur son environnement, de ses père et mère à ses frères et sœurs, puis à la famille au sens large, aux petits camarades, aux enseignants, aux voisins et aux médecins traitants. Les parents d'un enfant très difficile sont bien souvent incapables de le contrôler à la maison et même à l'extérieur. Le comportement de leur enfant semble affecter littéralement tous les aspects de leur existence. Dans leur quête de solutions à ce problème, ils se seront entendu dire qu'il faut « apprendre à vivre avec ». Ou bien encore qu'ils sont « trop angoissés » et que ce sont eux qui perturbent l'enfant. Quand on ne leur aura pas carrément déclaré : « Vous vous y prenez vraiment très mal avec lui, vous faites un vrai gâchis, vous faites tout de travers, vous êtes en train de le complexer pour la vie. » Tant et si bien qu'ils finissent pas avoir peur, par avoir honte et par se sentir coupables et furieux.

Aucun parent au monde n'a envie de se dire qu'il y a quelque chose qui cloche sérieusement chez lui ou chez son enfant. D'ailleurs, dans le cas d'un enfant difficile, ce n'est pas vrai, un point c'est tout.

4

Est-il « hyperactif » ou non?

Quand je demande aux parents ce que signifie dans leur idée le terme « hyperactif », ils répondent par un flot d'expressions négatives. « Destructeur » est un mot qui revient, suivi de « perturbé », « asocial », « angoissé », « inattentif », « incapable d'apprendre », ou simplement « mauvais ».

Cette confusion reflète le désaccord qui règne dans les milieux médicaux quant au diagnostic de l'« hyperactivité ». On trouvera dans la littérature spécialisée plus de soixante-dix termes dont les sens sont voisins ou identiques, parmi lesquels *organicité, dysfonctionnement cérébral a minima, syndrome hypercinétique, troubles de l'apprentissage, lésion cérébrale minimale, carence d'attention pathologique de l'enfant malhabile (avec* ou *sans hyperactivité)* et *dyslexie.*

Que veut dire cela? Que faut-il faire si quelqu'un vous annonce que votre enfant est « hyperactif »?

LES PROBLÈMES DE DIAGNOSTIC

Diagnostiquer l'« hyperactivité » est particulièrement délicat chez les enfants d'âge préscolaire. Divers groupes de praticiens, tels que pédiatres, éducateurs, psychiatres, neurologues, psychologues et thérapeutes se réfèrent à des critères différents pour définir ce syndrome et le distinguer de la normalité à un extrême et des troubles pathologiques graves à l'autre.

L'hyperactivité est envisagée sous un angle différent dans d'autres pays. Certaines études américaines un peu anciennes signalaient que 10 à 20 pour cent de tous les enfants d'âge scolaire étaient hyperactifs. Les estimations actuelles, fondées sur des critères plus sévères, vont de 3 à 5 pour cent parmi les jeunes enfants. En Grande-Bretagne et en Europe, en raison de l'attitude plus méfiante envers les tests, un nombre nettement inférieur d'enfants sont qualifiés d'hyperactifs.

La tendance parmi les spécialistes, surtout ceux qui appartiennent aux milieux médicaux, est en faveur d'une plus grande circonspection et de critères plus stricts lorsqu'il s'agit d'établir un diagnostic. Il ne fait aucun doute que cet état d'esprit est positif et que, grâce à lui, un moins grand nombre d'enfants ont dû suivre des traitements à base de médicaments ou se sont trouvés relégués dans des classes spéciales. Cependant, les spécialistes ont du chemin à parcourir avant de parvenir à s'entendre sur ce qu'est l'hyperactivité, chez le jeune enfant.

On peut utiliser le mot « hyperactif » de deux façons. On peut le considérer comme un adjectif qui décrit un aspect du comportement. Si on l'emploie ainsi, sans connotations émotionnelles, le terme n'est chargé d'aucune signification en dehors d'un niveau d'activité très élevé. L'utilisation la plus courante du terme, cependant, se fait en tant que *diagnostic*. Elle sous-entend l'anormalité et le besoin de traitement, et nous entraîne au plus épais d'un ensemble d'opinions contradictoires.

LE TRISTE SORT DES PARENTS

Le problème provient en partie du fait que les parents, très inquiets, cherchent une réponse à la question : « Qu'est-ce qui ne va pas chez mon enfant? »

Si la mère et le père ont du mal à contrôler leur enfant et que cela leur empoisonne l'existence, il est réconfortant pour eux d'apprendre que l'enfant *n'est pas* normal, parce que cela les décharge de leur responsabilité. Si le médecin déclare en substance : « Ce petit est normal. A vous de jouer », que reste-t-il à faire?

Les parents désireux de découvrir ce qui ne fonctionne pas risquent de se trouver entraînés dans une ronde de diagnostics. Ils iront de docteur en docteur, de spécialiste en spécialiste, ce qui achèvera de les déboussoler. Dans certains cabinets il arrivera même que l'enfant fasse l'objet d'un diagnostic fondé sur une très petite somme d'informations.

Durant les premières années du développement de l'enfant, les parents entendront des opinions divergentes de la part de praticiens qui examineront l'enfant dans des décors variés. Un pédiatre qui le voit dans son cabinet bondé le déclarera « hyperactif ». Une institutrice qui l'observe dans une salle de classe où règne le chahut l'estime aussi « hyperactif » et ajoute de façon assez vague qu'il faudra « le surveiller pour s'assurer qu'il ne souffre pas de troubles de l'apprentissage ». Un psychologue ou un psychiatre chez qui on envoie l'enfant décide, pour sa part, qu'il est certes très actif, mais non hyperactif et parle de problèmes émotionnels et familiaux, tandis qu'un neurologue qui examine l'enfant en tête à tête, après quelques instants paisibles dans une salle d'attente où règne la sérénité, annonce qu'il est « normal ». Qui a raison? Si l'on fait le point des avis de ces spécialistes, c'est la bouteille à l'encre. Le problème, c'est que l'étiquette d' « hyperactivité » est déjà loin d'être claire. Si des spécialistes compétents occupés à établir un diagnostic concernant un jeune enfant ne parviennent pas à se mettre d'accord sur les critères, on est en droit de contester la validité du diagnostic lui-même.

On peut compatir aux épreuves que doivent surmonter les parents en quête de réponses. Notre instinct en tant que parents est de cerner ce qui ne va pas et de faire appel aux soins les plus éclairés. Par conséquent, sous bien des rapports, les parents seront plus à l'aise avec un diagnostic, même si celui-ci implique une anormalité. L'autre terme de l'alternative peut paraître pire : si rien ne cloche chez l'enfant, ils vont devoir soit prendre leur parti de cette situation, soit accepter d'en être tenus pour responsables. Une réaction commune est de se dire : « Si tout est normal chez lui, ça doit être notre faute. »

Les parents d'un jeune enfant dit hyperactif risquent de se sentir déchirés. Tout ce qu'implique la normalité de leur enfant peut être aussi pénible à supporter que ce qu'impliquerait son anormalité.

HYPERACTIF OU DYNAMIQUE?

Le mot « hyperactif » est devenu un terme bateau pour toutes sortes de dysfonctionnements du comportement et de l'apprentissage, ainsi qu'un mot de passe destiné à mettre en exergue un aspect du comportement complexe d'un enfant. L'hyperactivité, en soi, ne devrait pas être un diagnostic, mais plutôt la description d'un comportement spécifique, tendant à indiquer que l'enfant semble remuer beaucoup plus qu'il ne paraît « normal ».

Il faut considérer l'hyperactivité et la normalité comme des concepts non statiques, mais dynamiques. Cela veut dire qu'un jeune enfant peut ne pas être hyperactif dans toutes les situations, ou dans la même situation à des moments différents. Son niveau d'activité mesuré selon un barème peut passer de modéré à élevé ou même à « hyper », selon l'environnement, l'heure, l'humeur et la façon dont il est traité. A certains moments, il paraîtra « normal » et à d'autres, « hyperactif ».

Considérons quelques exemples de ce que j'entends par concept *dynamique.*

Hyperactif : vrai ou faux?

Jeremy est un petit garçon de cinq ans, turbulent, excitable, souvent très actif, que son médecin a déclaré hyperactif. Chaque fois que sa mère l'amène au cabinet du pédiatre, Jeremy s'énerve dans la salle d'attente. Il a du mal à rester assis à ne rien faire. Or le pédiatre est un homme très occupé avec une nombreuse clientèle et il faut toujours attendre assez longtemps chez lui. Jeremy se livre à des jeux plutôt brutaux avec certains des autres enfants. Lorsque le docteur est prêt à le recevoir, l'enfant, surexcité, se tortille comme un ver. Pour le médecin, ça ne fait pas l'ombre d'un doute : ce petit garçon est hyperactif. La mère de Jeremy lui déclare qu'elle ne comprend pas pourquoi son fils est si « sage » à la maison, quand il joue seul dans sa chambre. Elle avait cru comprendre qu'un enfant hyperatif était agité en permanence, mais Jeremy passe de longues heures à jouer tranquillement avec ses Lego. En outre, alors que l'année dernière à la maternelle il était souvent incontrôlable, cette année il fréquente une classe de jardin d'enfants assez peu nombreuse, sous la surveillance d'une maîtresse calme et patiente ce qui lui réussit beaucoup mieux. En écoutant sa cliente, le médecin paraît sceptique. Jeremy est-il hyperactif? Est-il parfois hyperactif? Est-il normal ou non? Est-il parfois anormal? Est-ce possible?

Le garçon manqué

Claire est une petite fille de six ans qui ne semble pas avoir beaucoup de problèmes de comportement... sauf à l'école. Les choses se passent mal pour elle, en classe de onzième, parce que, explique la maîtresse à sa mère, elle ne fait rien de ce qu'on lui dit, elle refuse de se mettre en rang derrière ses camarades et veut toujours être la première. Durant les heures de récréation, elle s'énerve plus que de raison et a frappé à coups de poing ou de pied d'autres enfants. La maîtresse suggère à la mère de Claire d'emmener sa fille consulter un psychologue ou un psychiatre, car ces symptômes pourraient indiquer qu'elle souffre de troubles émotionnels. La mère de la petite fille est perplexe; Claire est son quatrième enfant, les trois autres étant des garçons. Jamais sa fille ne lui a paru hyperactive ni perturbée. Si Claire frappe un de ses frères, il lui rend ses coups. Elle ne semble pas plus active que les garçons. Elle sait que Claire n'est pas une enfant calme et obéissante, mais cela ne l'a jamais dérangée. On lui dit que sa fille passe d'une activité à l'autre et ne reste jamais assise à jouer à la poupée. Et alors? La maman de Claire n'a aucune envie d'aller consulter un spécialiste, mais les autorités scolaires ne cessent d'insister et lui assurent que d'autres problèmes plus graves risquent d'apparaître si Claire ne reçoit pas de « soins ». La fillette est-elle hyperactive ou bien son comportement se remarque-t-il davantage à l'école? Cet exemple illustre le fait que le même comportement peut être considéré comme normal ou anormal, selon le contexte dans lequel il se produit.

Lui qui est si sage, d'habitude!

A la veille de la rentrée des classes, le grand magasin de chaussures de la ville ressemble généralement à un asile de fous. Les mères doivent parfois attendre deux heures pour pouvoir faire essayer et acheter des souliers neufs à leurs enfants. La plupart des parents s'efforcent d'éviter cette épreuve, mais, si la famille était partie en vacances, la chose est parfois impossible. Steve, trois ans et demi, est un petit garçon modérément actif, heureux, enclin à des éclats épisodiques. Sa mère l'emmène dans le magasin de chaussures pour lui acheter des baskets pour la classe. A leur arrivée, on leur donne un numéro d'ordre : c'est le 132. Pour le moment on sert les numéros 45 et 46. La maman décide de revenir plus tard. Elle entraîne Steve dans un autre magasin où elle lui achète quelques chemises. Il commence à en avoir assez. Sa mère promet de lui acheter un cornet de glace quand ils auront fini leurs courses. Ils regagnent le magasin de chaussures et s'assoient. A mesure que le temps passe, Steve se montre de plus en plus contrarié et agité. Il n'arrête pas de quitter son siège pour parcourir le magasin. Il se cogne dans les autres clients et gêne les vendeurs débordés. Il s'énerve de plus en plus et, bientôt, c'est l'esclandre. Il s'empare du jouet d'une petite fille et, quand elle cherche à le lui reprendre, il la fait tomber. Sa mère, affreusement gênée, sent tous les regards braqués sur elle. Elle tente d'enlever le jouet à son fils qui pique une colère noire. Elle finit par l'attraper par le bras et l'entraîne dehors. En sortant, elle entend deux autres mères près de la porte qui commentent : « La pauvre! s'exclame l'une d'elles. Ce petit est hyperactif. »

Le petit Steve est un enfant modérément actif et manifestement « normal ». Son comportement ne correspond nullement à la définition de l'hyperactivité. Pourtant quand il se trouve dans l'obligation de rester assis un long moment dans un magasin bourré de monde après avoir fait d'autres courses ennuyeuses, il ne tarde pas à devenir surexcité et pleurnichard, puis à perdre le contrôle de lui-même. Peut-on dire pour autant qu'il est hyperactif? Bien sûr que non! Pourtant, dans le magasin de chaussures, son comportement ressemblait à s'y méprendre à celui d'un enfant dit hyperactif.

Même avec un enfant tel que Jeremy, que l'on a diagnostiqué comme étant hyperactif, il y a des moments durant lesquels son comportement ne reflétera pas l'hyperactivité telle que l'ont définie certains spécialistes. Dans certains contextes, par exemple sa chambre à la maison, il est capable de s'asseoir et de se concentrer sur une tâche qui lui plaît. Avec sa maîtresse d'école, dans une classe paisible et organisée, il réussit bien, même s'il a besoin d'être surveillé de très près. Dans le cabinet du pédiatre, en revanche, comme dans tous les contextes où il est soumis à une stimulation excessive, son comportement se détériore au point de donner l'impression qu'il est « anormal ».

En ce qui concerne Claire, il est intéressant de noter que son environnement familial et sa position de quatrième enfant dans une famille de garçons ont masqué en grande partie les caractéristiques de l'enfant dit hyperactif. La faible capacité d'attention, l'excitabilité, l'impulsivité, l'agressivité physique, les activités ludiques désorganisées, ces facteurs passeront inaperçus dans le tohu-bohu d'une telle maisonnée. Sans compter que la mère de Claire est expérimentée et calme. Que l'on imagine la même petite fille première-née dans une famille rigide où règnent la paix et l'ordre. Son comportement anarchique crèverait les yeux. Dans un milieu familial de ce type, même un enfant modérément actif pourrait sembler agité. Les contraintes physiques d'un tel contexte risqueraient d'envenimer le problème. Claire et ses frères grandissent dans une vieille maison spacieuse, avec des pièces confortables et passablement défraîchies et un grand jardin. Si elle vivait dans un petit appartement du centre ville, avec des guéridons croulant sous les bibelots, ses parents auraient eu les pires ennuis avec elle à partir de deux ans.

Dans sa petite école privée, sous la férule d'une maîtresse très sévère, le comportement de Claire fait d'elle une enfant « à problèmes ». Pourtant, il s'agit du même comportement que celui qui est accepté, voire encouragé, chez elle. (Nous avons, là, une illustration d'une bonne conformité à la maison, mais d'une piètre conformité à l'école.) Que doit-on penser de Claire? Est-ce une fauteuse de troubles hyperactive ou bien un petit garçon manqué turbulent qui fréquente une école qui ne lui convient pas?

L'importance du contexte

Ces trois exemples illustrent les deux problèmes centraux que pose le terme « hyperactivité » : le niveau d'activité d'un jeune enfant dépend presque toujours du contexte, au sens large, dans lequel il évolue. La ligne de démarcation entre le comportement normal et anormal, difficile à définir, varie souvent selon les spectateurs. Il s'agit d'un niveau d'activité coté selon un barème allant de bas à élevé. Il n'existe pas d'enfant qui soit déchaîné en permanence. L'enfant et son environnement agissent l'un sur l'autre. Selon les contextes et les circonstances, un enfant extrêmement actif peut être calme, alors qu'un enfant moyennement actif peut devenir surexcité. L'heure de la journée a son importance. De nombreux enfants passent chaque jour par une phase que leur mère appelle l' « heure de la sarabande », durant laquelle leur comportement est à la limite du supportable. La faim ou l'alimentation peuvent affecter le comportement, comme beaucoup de parents le savent intuitivement. Le nombre d'heures de sommeil compte. Demandez donc aux mères de petits enfants dans quel état sont leurs chérubins de deux ans quand ils ont, pour une raison quelconque, manqué leur sieste. Tout enfant qui se sent angoissé ou menacé peut se laisser aller à des extrêmes. Bien malin celui qui serait capable de dire si un enfant hurlant qui pique une crise de rage devant l'entrée d'un supermarché est un enfant hyperactif que ses parents s'efforcent de réfréner ou un enfant qui déteste les endroits nouveaux et impressionnants et que l'on oblige à pénétrer dans un lieu inconnu et bruyant. Aux yeux du passant, les deux comportements paraissent identiques : il voit des parents incapables de « contrôler » leur petit.

En raison des récentes baisses dans les subventions, beaucoup d'écoles ont été obligées de réduire le corps enseignant et d'avoir des classes plus nombreuses. Dans un tel contexte, on risque de voir apparaître des comportements indisciplinés. Il y a quelques années, dans certaines écoles, « hyperactivité » était devenu le synonyme de « comportement indiscipliné ». L'enfant qui manifestait un tel comportement, quelle qu'en soit la raison, surtout s'il avait du mal à se maintenir au niveau de la classe, était souvent baptisé « hyperactif ». Et, trop souvent aussi, on faisait appel aux médicaments pour les « soigner ». Plus récemment, on est revenu sur cette position, mais pas encore assez à mon gré. Dans certains lieux, ces pratiques subsistent.

Il y a de nombreuses raisons de contester l'emploi du terme « hyperactif » :

1. On ne devrait pas se servir d'une seule caractéristique, qui est un adjectif, pour décrire globalement l'enfant.

2. Les limites de la normalité sont difficiles à définir.

3. Le contexte du comportement est très important. Cette constatation s'applique lorsque le comportement en question est plus en évidence à l'école qu'à la maison.

4. L'âge de l'enfant compte. Étant donné qu'un enfant de deux ans est plus actif qu'un de quatre, les limites entre niveaux d'activité modéré, élevé et très élevé ont tendance à rester floues lorsque l'enfant est plus petit. Chez un sujet plus âgé, la distinction est plus facile à établir. Les spécialistes devraient se montrer plus circonspects lorsqu'ils diagnostiquent des cas d'hyperactivité chez les très jeunes enfants. C'est d'ailleurs ce que font tous les bons spécialistes.

5. L'heure de la journée joue un rôle. Un enfant qui fait la sarabande, ou qui a faim, ou encore qui n'a pas fait sa sieste risque de traverser une phase hyperactive. De même que les adultes connaissent des biorythmes cycliques dans leur comportement journalier, les enfants ont les leurs. Votre enfant est-il « du jour » ou « de la nuit »? Les hauts et les bas que cela implique peuvent affecter son niveau d'activité.

6. Il faut compter avec l'alimentation. Beaucoup de mères ont remarqué la réaction de leur enfant aux aliments sucrés ou à ceux qui contiennent des additifs.

7. Le plus important est de savoir qui établit le diagnostic et selon quels critères. Le psychiatre se fondera peut-être sur un ensemble de critères, le pédiatre sur un autre, le neurologue sur un troisième. Les critères objectifs pour définir un comportement « anormal » chez les très jeunes enfants sont inexistants. Les médecins ne devraient pas avancer de diagnostic sans une complète évaluation objective. De toute façon, tout diagnostic n'a que la validité des critères utilisés pour l'établir.

UNE PERSPECTIVE NOUVELLE : L'INTRODUCTION DU CARACTÈRE

Si nous cessons de considérer le jeune enfant comme hyperactif pour voir en lui un *enfant difficile doué d'un niveau d'activité très élevé,* de nouveaux horizons s'ouvrent. Nous pouvons commencer à considérer l'enfant globalement et non selon une seule caractéristique, ce qui permet de lui apporter, ainsi qu'à sa famille, l'aide dont ils ont besoin en évitant les pièges des diagnostics à étiquette et des « traitements ».

Le niveau d'activité n'est que l'un des neuf traits du caractère. Les enfants dits hyperactifs ne sont pas *simplement* très actifs. Ils sont difficiles sous d'autres aspects. Ils sont très étourdis. Ils ont généralement beaucoup de mal à s'adapter et à changer d'activité. Ils sont excessifs, bruyants et excitables. Leurs rythmes de sommeil et d'appétit sont souvent irréguliers. Leur seuil sensoriel peut être bas – en ce qui concerne les bruits et éclairages violents, le contact des vêtements – et, d'une façon générale, ils sont facilement surstimulés.

Étant donné le grand nombre de traits difficiles, il paraît logique d'inclure la plupart, sinon la totalité, des enfants dits hyperactifs dans la catégorie générale des enfants de caractère difficile.

Mais songez à ce qui arriverait si l'on choisissait un autre trait difficile pour définir l'enfant.

Louise manifeste un recul instinctif face aux situations nouvelles. A l'âge de trois ans et demi, elle a tant de mal à accepter les endroits, les gens et les choses qu'elle ne connaît pas, que sa mère a de gros problèmes pour l'emmener où que ce soit. Elle se blottit contre sa mère, se cramponne à elle de toutes ses forces ou se met à hurler. Quand sa maman l'a emmenée consulter un psychologue chez qui elle n'avait encore jamais été et qu'elle a rencontré le nouveau docteur, un inconnu, elle s'est repliée sur elle-même. En se fondant sur cette seule visite, le médecin pourrait déclarer, à tort, que cette petite fille est « angoissée » – cela dit, un bon psychologue s'en garderait car ce n'est pas le genre de chose que l'on décide en une seule visite. Personne n'irait parler d'enfant « hyperréservée » comme on parle d'enfant hyperactif. De même, on ne dirait pas qu'un enfant chez qui prédomine l'humeur négative est « déprimé » ni « hypernégatif », sous prétexte qu'il est grave, qu'il sourit rarement et qu'il est hargneux ou grognon. Il est important de souligner que l'*humeur négative n'est pas de la dépression*. Chez les enfants, la dépresssion se manifeste par une tristesse persistante, une perte d'appétit, des troubles du sommeil, de faibles niveaux d'énergie et par d'autres symptômes qui se retrouvent dans la dépression de l'adulte.

Puisque aucun autre trait du caractère n'est utilisé pour définir la condition d'un enfant, pourquoi le niveau d'activité le serait-il?

Francis

Francis a été invité au goûter d'anniversaire d'un de ses camarades de maternelle, qui fête ses quatre ans, l'âge moyen des enfants de leur classe. Sa maman, qui est très tendre et attentionnée est préoccupée par son comportement turbulent et désordonné, si bien qu'elle ne le laisse guère participer à ce genre de réjouissances. Cependant, comme il s'agit du meilleur ami de Francis, elle a accepté l'invitation. Le souci que lui cause les dispositions de son fils a été quelque peu allégé par une visite à un neurologue qui n'a décelé aucun trouble nerveux chez l'enfant. Cependant, le diagnostic du pédiatre semble confirmé par une grande partie du comportement du petit garçon.

Chez lui, dans un environnement paisible, Francis est capable de rester assis à écouter un disque. Quand il s'agit d'un air qui lui plaît, il fait très attention (il est donc *persévérant*). Le jour du goûter, sa mère commet l'erreur d'interrompre abruptement sa séance de musique pour lui annoncer qu'il est temps d'aller s'habiller.

Or le petit, *absorbé* par son activité, n'a pas envie d'être dérangé. Le conflit s'envenime et Francis se met à hurler en piquant une violente colère (c'est un enfant *excessif*). Lorsqu'il se calme sa mère sort les vêtements neufs qu'elle lui a achetés pour l'occasion, mais Francis clame qu'il veut porter les vieilles affaires auxquelles il est habitué *(mauvaise adaptabilité)* et dans lesquelles il se sent bien : il prétend que les vêtements neufs sont trop serrés et le grattent (son *seuil sensoriel* est *bas* en ce qui concerne le toucher). Quand, au bout d'une heure de lutte, sa mère parvient à lui enfiler de force ses vêtements neufs, il fait une nouvelle colère. Pour finir, elle se radoucit et lui permet de garder ses vieilles baskets au lieu de ses souliers habillés. Lorsqu'ils sont enfin prêts à partir de chez eux, la mère et son enfant sont tous les deux perturbés et énervés. Ils ont déjà échangé plusieurs conflits de volontés, alors qu'ils n'ont même pas encore passé la porte.

Quand ils arrivent chez l'ami de Francis, ils y trouvent plusieurs enfants occupés à jouer avec bonne humeur. A mesure que les mamans et les enfants continuent d'arriver, la réunion se fait plus bruyante et plus agitée; le volume sonore et le niveau d'activité ne cessent de monter. Les enfants se poursuivent en courant et se bousculent pour attraper les rubans des ballons argentés accrochés au plafond. Le père du petit garçon qui reçoit prend des photos au flash. Étourdi et surexcité par le bruit, les lumières, les cris des autres enfants et la foule de grandes personnes, Francis commence à se « déchaîner ». Sa mère remarque le danger, mais elle espère que l'on va bientôt faire passer les enfants à table et qu'ils auront l'occasion de se calmer. La réaction de Francis met en évidence son *étourderie* et son *seuil sensoriel bas* en ce qui concerne le bruit, les lumières et la surstimulation générale.

Une fois que les enfants ont enfin pris place autour de la table et sont occupés à examiner leurs chapeaux de schtroumpfs, mirlitons et pochettes-surprises, Francis refuse de s'asseoir et continue à parcourir la maison en tout sens, en tripotant les jouets, livres, jeux et cadeaux d'anniversaire qui lui tombent sous la main. Il déclare à sa mère qu'il ne veut rien manger parce qu'il n'a pas faim (et c'est vrai; il a des *rythmes irréguliers*). Son manège perturbe les autres petits invités. A force de cajoleries, sa mère parvient à l'attirer dans un coin où elle l'installe avec un petit tourne-disque semblable à celui qu'il a chez lui. Il continue à s'agiter et tente de se relever pour reprendre sa course désordonnée, mais sa mère l'apaise et découvre parmi les disques du petit garçon de la maison l'un des préférés de son fils. Francis finit par s'asseoir pour écouter la musique et chante même plusieurs chansons avec le disque. C'est alors que la maîtresse de maison annonce un numéro de magie. La mère de Francis éteint brutalement l'appareil et le remet à sa place. Aussitôt le petit garçon se déchaîne (sa *mauvaise adaptabilité* fait que, absorbé comme il l'est par ce qu'il fait, il est incapable de passer aussi vite à une activité différente). Il se met à courir autour du groupe d'enfants assis, perturbant la séance de magie, tirant les cheveux, les vêtements et rubans de ses camarades. Un des bambins résiste lorsqu'il veut lui prendre son mirliton. Francis perd le contrôle de lui-même et lui envoie un coup de pied. C'est un enfant déchaîné, hurlant, que sa mère attrape et emmène de force. Elle est excédée, affreusement gênée et se dit que son pédiatre avait mille fois raison et que le neurologue raconte n'importe quoi. Les parents des autres petits invités sont de l'avis du pédiatre. Cet enfant, ils sont d'accord pour le penser, est un hyperactif.

Mais, si l'on décompose le comportement de Francis action par action, et si l'on examine chacune séparément, on constate qu'il ne s'agit pas uniquement d'hyperactivité, mais bien d'un ensemble de traits difficiles. On retient le plus souvent l'hyperactivité parce que *socialement*, c'est le trait *le plus visible*. C'est ce qui distingue l'enfant au milieu d'une foule et c'est aussi ce qu'il y a de plus facile à identifier. Combien d'observateurs connaissent ou comprennent les concepts du seuil sensoriel bas ou des rythmes irréguliers? Et même la mère la plus intuitive n'a bien souvent aucune conscience des problèmes que peut causer la mauvaise adaptabilité d'un enfant.

Il devrait être désormais évident que beaucoup de

facteurs interviennent dans le comportement de ces enfants. Pour les contrôler, il faut comprendre la *totalité* de leur caractère, et non seulement savoir qu'ils ont un niveau d'activité élevé. Considérez-les comme des enfants difficiles et vous serez en mesure de résoudre les problèmes qu'ils posent.

QUAND A-T-ON BESOIN D'UN DIAGNOSTIC?

L'établissement d'un diagnostic peut s'imposer dans certains cas. Prenons un enfant qui se montre toujours très actif, *où qu'il soit;* qui ne tient pas en place, qui agit apparemment sans but, qui a du mal à fixer son attention, qui ne fait jamais ce qu'on lui dit, qui ne cesse d'interrompre : un enfant de ce genre a besoin d'un examen sérieux et, dans son cas, le diagnostic de « troubles de l'attention accompagnés d'hyperactivité » sera vraisemblablement juste.

Cet état est plus courant chez les garçons que chez les filles. Lorsque le diagnostic est établi par un spécialiste compétent, il peut être justifié de tenter un traitement par les médicaments, surtout chez les enfants d'âge scolaire.

Les enfants dont le niveau d'activité est très élevé et qui sont étourdis présentent plus souvent que les autres des facteurs annexes tels que :

- des complications durant la grossesse et à la naissance
- un retard dans l'évolution de la parole
- l'apparition à l'âge scolaire de troubles spécifiques de l'apprentissage
- un taux plus élevé de problèmes moteurs.

Un enfant de ce type doit subir un examen sérieux et aura peut-être besoin des soins d'un orthophoniste, d'un bon professeur particulier, d'un rééducateur ou même d'une école spécialisée. Il vous faudra avoir recours aux soins d'un ou de plusieurs spécialistes

Assurez-vous que ceux-ci coordonnent leurs activités. L'un d'entre eux devrait superviser l'ensemble ; un bon pédiatre semble tout désigné pour ce genre de fonction. Le domaine des *troubles de l'apprentissage* est devenu une véritable industrie avec des ramifications sociales, politiques et économiques. On a peut-être encore plus abusé de l'expression elle-même que de celle d'« hyperactivité » et elle engendre autant de perplexité et d'angoisse chez les parents. Un parent dont l'enfant a des problèmes d'apprentissage, même s'ils sont mineurs, risque de mettre le doigt dans un engrenage de spécialistes qui se présentent armés d'une panoplie de tests compliqués aboutissant à des impressions et des ordonnances à la fois vagues et menaçantes. Le mot « troubles » sous-entend une anomalie grave.

Nous devons adopter une attitude beaucoup plus circonspecte. Il existe une catégorie d'enfants qui souffrent effectivement de troubles de l'apprentissage. Ils ont besoin des services de spécialistes compétents qui se réfèrent à des critères très stricts pour arriver à leur diagnostic. Cependant, il y en a bien plus qui, tout en connaissant certains problèmes pour apprendre, n'entrent nullement dans cette catégorie.

« Hyperactif » est un adjectif. Il s'applique à un comportement, mais il n'en définit aucunement la cause. Un comportement hyperactif peut être dû à autre chose qu'au caractère : à des lésions cérébrales, à de graves troubles émotionnels ou mentaux ou à une maladie physique. Dans de tels cas, il *faut* faire établir un diagnostic et consulter des spécialistes.

Pour la majorité des enfants chez qui le diagnostic de « troubles de l'attention, accompagnés d'hyperactivité » est justifié, même pour ceux qui ont besoin d'autres types de soins, les connaissances que vous acquerrez en apprenant à comprendre les autres traits du caractère vous aideront, en tant que parents, à mieux faire face et à contrôler avec davantage de succès le comportement de votre enfant.

5

Un jour de la vie d'un enfant difficile

Un enfant très difficile est appelé un « tueur de mère ». Peu d'enfants sont aussi pénibles à élever. La différence réside dans le degré de « difficulté » de son caractère et non dans les éléments de base. J'ai choisi à dessein cet exemple d'un cas extrême afin de mieux mettre en lumière des traits que l'on reconnaîtra peut-être chez un enfant moins difficile.

Lorsqu'elle met au monde le petit Frank, Marjorie s'attend à connaître avec lui une expérience assez semblable à celle qu'elle a déjà eue avec son fils aîné, Anthony. Elle est un peu déçue d'apprendre qu'elle vient d'avoir un second fils, parce qu'elle a l'impression que les filles sont plus « faciles », mais elle est ravie que le nouveau-né soit en parfaite santé et s'apprête à passer quelques jours confortablement installée à la clinique, convaincue que, en maman déjà rodée, elle n'aura aucun mal à élever ce nouveau garçon.

Durant le séjour à la clinique, elle a quelques difficultés à nourrir Frank. De retour chez elle, elle constate qu'en ce qui concerne les heures des tétées, le nouveau bébé n'est pas aussi facile à « programmer » que l'a été son frère. Elle a l'impression qu'il ne dort pas bien, car il semble grognon quand il est avec elle et il sombre dans de brefs assoupissements d'où il s'éveille, en sursaut, au moindre bruit pour se mettre à pousser des cris perçants. Il fait plus de bruit que n'en faisait Anthony, mais sa mère se dit qu'elle a sans doute cette impression parce qu'elle est à présent habituée à un enfant plus âgé et plus calme (son aîné a trois ans). Le père de Frank, Thomas, est très fier de son nouvel enfant qu'il trouve « hargneux » et « dur à cuire ». Il prédit que Frank sera un « affreux jojo ».

Ni Marjorie ni Thomas ne peuvent se douter de ce qui attend leur bébé et toute la famille. Les problèmes d'alimentation et de sommeil de Frank, ses crises de larmes ne sont que le commencement. Son comportement grognon, geignard, imprévisible empire et ses parents passent des nuits entières à ne dormir que d'un œil. Frank se réveille à tout bout de champ. Ils ont l'impression qu'il n'arrête jamais de pleurer. Il hurle comme un possédé *après* avoir été nourri et changé. Le plus souvent il se tord comme un ver, d'un air renfrogné, et ne semble prendre aucun plaisir à être dans les bras, non plus qu'à être bercé. Les boîtes à musique ne le fascinent pas, les hochets le laissent indifférent. Sa mère n'est pas étonnée d'entendre le pédiatre annoncer que le bébé souffre de « coliques » et elle a hâte que quelques mois se passent pour être tranquille. Hélas, au bout de plusieurs mois, Frank continue à hurler et à mal dormir. Le docteur n'a aucune explication à proposer. D'ordinaire, les coliques cessent vers quatre mois au plus tard. Marjorie commence à être épuisée et à bout de nerfs. Son mari a pris l'habitude de passer les nuits les plus insupportables au rez-de-chaussée, sur le divan du salon, de façon à ne pas arriver hébété de fatigue au tribunal le lendemain. (C'est un avocat qui possède une belle clientèle.)

Au début, la mère de Marjorie multiplie les conseils, mais rien ne marche. Lorsque sa mère la soumet à de véritables interrogatoires et lui assure qu'elle fait tout de travers, Marjorie se sent incompétente et impuissante. La grand-mère s'était beaucoup mêlée de l'éducation d'Anthony, mais ses conseils n'avaient pas dérangé Marjorie, car le petit garçon était très sage. A présent, elle a le sentiment que sa mère a raison. Elle s'y prend effectivement *mal.* Elle est une « mauvaise mère » ou du moins elle n'est « pas aussi bonne mère que l'était maman ». Cela dit, la grand-mère de Frank a beau prodiguer les conseils sur la meilleure façon de le prendre, chaque fois qu'elle vient voir sa fille (ce qui arrive fréquemment, car elle habite tout près), elle ne prend pas longtemps le bébé dans les bras. Elle n'offre jamais de le garder en l'absence de Marjorie. Il fait tant de bruit, s'agite et se tortille tant qu'il semble lui faire peur. Elle a l'impression qu'elle ne serait pas capable de le « contrôler ».

Lorsque Frank franchit le cap des six mois, sa famille est perturbée. Jamais Marjorie ne peut aller faire des courses, emmener Anthony à la maternelle ou vaquer à ses tâches habituelles sans s'inquiéter au sujet du bébé qui hurle dans sa poussette, ni se demander ce que peuvent penser les autres mères. Elles ont toujours l'air de la dévisager tandis que le petit crie et qu'elle se sent de plus en plus honteuse d'être incapable de le calmer. Les « sucettes » ne font aucun effet. Marjorie a même essayé une infime quantité de whisky diluée dans son jus d'orange. Apparemment, il n'y a aucun remède. La vie du couple s'en ressent : Marjorie est fatiguée en permanence, Thomas se montre impatient et, lorsqu'ils s'efforcent de trouver une solution à leurs problèmes, ils se disputent souvent. Thomas voudrait que sa femme « laisse le bébé crier tout son soûl » et « lui fiche la paix », mais Marjorie est convaincue que son cadet souffre de quelque chose et qu'il a « besoin d'aide ». Comment veut-on qu'elle le laisse hurler sans rien faire?

A mesure que Frank prend de l'âge, ses parents commencent à remarquer les changements qui s'opèrent chez leur fils aîné. Anthony était un petit garçon ouvert et toujours content, qui aimait jouer dehors, dans le jardin, ou dans sa chambre. Il chantonnait tout seul en manipulant ses Lego ou en s'activant au tas de sable. Bein sûr, l'arrivée de son petit frère l'a perturbé, mais, à mesure que les mois passent, ses parents s'aperçoivent que son trouble est plus profond. Les pleurs du bébé l'inquiètent, le dérangent : « Qu'est-ce qu'il a, Frank? demande-t-il. Pourquoi est-ce qu'il pleure tout le temps? Pourquoi est-ce qu'il crie? » Il va se poster à côté du berceau pour essayer de faire taire le petit. Marjorie remarque qu'Anthony se cramponne davantage à elle quand ils sortent et qu'il n'aime plus jouer tout seul, mais demande constamment à ses parents de venir l' « aider ». Accaparée par Frank, elle n'a guère de temps pour son autre fils et elle se demande si la tension qui règne chez eux va lui nuire. Cette inquiétude ne fait qu'ajouter au fardeau que sont devenus pour elle les soins à donner à ce bébé impossible.

Lorsque Frank commence à marcher, vers l'âge d'un an, les problèmes entre Marjorie et Thomas s'accentuent. L'atmosphère familiale est tendue. Maintenant que le petit marche, ou plutôt court (ce qu'il a semblé faire dès qu'il a eu trouvé son équilibre), tout se complique, car c'est une vraie terreur. Les parents sont obligés de faire le tour de la maison pour parer à tous les dangers possibles et imaginables pour un bébé, chose qui n'avait pas été nécessaire pour Anthony trois ans auparavant. Quant aux troubles du sommeil et de l'alimentation, ils continuent et se corsent à présent de nouveaux problèmes : habiller Frank, pourchasser Frank et venir à bout de Frank. Il est rebelle à toute autorité. Marjorie cesse de voir en lui un petit être « sans défense » et « mal dans sa peau » et commence à l'envisager sous les traits d'un « petit monstre » qui « fait des bêtises exprès ».

A l'âge de trois ans, Frank est déchaîné. Il dort beaucoup ou très peu, sans le moindre schéma de sommeil prévisible. Son alimentation pose de sérieux problèmes, car il est très difficile de le faire asseoir à table et encore bien plus de trouver des aliments qui lui plaisent. Il refuse de porter tout vêtement qui « le gratte », c'est-à-dire tout ce qui est neuf, et il veut garder pour dormir les vêtements qu'il avait dans la journée. Il ne met jamais de pyjama. Jamais, il ne s'assoit pour jouer tranquillement ou faire un puzzle. Il ne consent à cesser de s'agiter que pour regarder une chaîne de télévision spécialisée dans les clips de rock assourdissants et aveuglants. Sa mère ne s'en formalise pas et se demande même, non sans amusement, si son petit garçon est destiné à devenir un futur Mick Jagger. Son père, en revanche, est ulcéré et s'efforce d'inciter son fils cadet à regarder les émissions sportives. Mais Frank se contrefiche des matches de base-ball et hurle pour avoir son programme de rock jusqu'à ce que son père, excédé, change de chaîne.

Ces constants affrontements laissent des traces sur Frank autant que sur sa famille. Il commence à avoir peur la nuit et se cramponne de plus en plus à sa mère. A la maternelle, il est plus calme, mais de temps en temps il s'énerve et ne se contrôle plus. Le côté positif du bilan, c'est que Frank, lorsqu'il n'est ni fâché ni perturbé, semble avoir une heureuse disposition. Son père aime bien faire le fou avec lui et il est fier de voir que son fils n'est pas une « mauviette ». Quant à sa mère, elle apprécie sa « créativité ». Il adore faire des dessins très colorés de fleurs et de voitures.

Lors d'une journée ordinaire dans la vie de la famille, Frank a la vedette auprès de ses parents, son frère, ses grands-parents, les amis, les camarades de classe et les enseignants dans les rôles secondaires. Sa mère a parfois l'impression que la terre tourne autour de son enfant difficile et de sa mauvaise conduite. Dans un certain sens, c'est exact, car tout le monde réagit à ses actes, souvent négatifs et qui laissent dans leur sillage une longue chaîne de réactions du même ordre.

Le radio-réveil de Thomas se déclenche à 6 heures du matin en semaine. Il se lève pour aller sous la douche, tandis que Marjorie s'accorde un instant de répit pour reprendre ses esprits. Elle a beaucoup de mal à se mettre en route le matin, parce qu'elle se rend compte que rien n'aura changé durant la nuit. Ce matin, Frank sera le même petit garçon qu'hier et la situation ne se sera pas dissipée comme un mauvais rêve.

Elle quitte son lit pour passer dans la salle de bains, puis va frapper à la porte d'Anthony. Elle lui indique qu'il est l'heure de se lever, ne se donne pas la peine de vérifier qu'il lui obéit. Les histoires que fait Frank chaque matin suffiraient à réveiller n'importe qui. Tous les jours, l'indescriptible désordre qui règne dans la chambre du petit atteint sa mère comme un coup en pleine figure. Elle aime que tout soit bien rangé. Anthony lui ressemble sur ce point. Ses livres et ses affaires sont impeccables. Mais il n'y a jamais eu moyen d'apprendre à Frank à ne pas toucher à ce qui se trouve à sa portée. Il a fallu acheter à Anthony un meuble de rangement avec des portes fermant à clef en bas et des étagères assez hautes pour qu'il puisse protéger ce qui lui appartient des incursions dévastatrices de son petit frère. Ce matin, pour atteindre le lit de Frank, Marjorie doit enjamber des piles de cubes et d'innombrables petites voitures. Elle a renoncé à imposer des draps et des couvertures au petit garçon, parce qu'il a toujours trop chaud. Elle leur a préféré une couette qui forme un tas au pied du lit. Frank est allongé sur le côté, les jambes repliées comme s'il s'apprêtait à franchir une haie. Sa mère hésite avant de le réveiller. Ce n'est que quand il dort que la maison est tranquille. Malheureusement, il faut prévoir beaucoup de temps le matin, sinon ils arriveront en retard à la maternelle et la journée entière s'en ressentira.

Il est encore plus difficile de faire lever Frank le matin que de le coucher le soir, ce qui n'est pas peu dire. Sa mère le réveille et il s'assoit dans son lit en se frottant les yeux. Elle l'embrasse et passe aussitôt à l'action : « Va vite dans la salle de bains. » Il saute de son lit et commence à s'amuser avec certains des jouets qui gisent par terre. Marjorie réitère son ordre. Aucune réaction. Elle ouvre les tiroirs de la commode et sort des vêtements propres. Frank porte encore le survêtement de la veille. « Aujourd'hui tu vas mettre ce joli tee-shirt tout propre et ton blue-jean, annonce la maman. – Non », réplique Frank. Elle tente de discuter, mais Frank refuse. Le survêtement est taché et fripé. Elle empoigne les manches pour tirer le haut par-dessus la tête de son fils. Ce dernier hurle et se dégage violemment. En soupirant, Marjorie pose les affaires propres qu'elle vient de sortir du tiroir et se met en devoir d'envoyer son enfant faire sa toilette. Elle ne comprend pas pourquoi il faut toujours se battre pour arriver à lui faire accomplir les tâches les plus simples. Tout ce qu'elle sait, c'est qu'à partir du moment où il est levé, c'est la bagarre.

Après avoir noué et renoué plusieurs fois les lacets des baskets de Frank, de façon qu'il s'y sente « bien »,

Marjorie reporte brièvement son attention sur Anthony qui s'est lavé et habillé tout seul et qui joue tranquillement dans sa chambre. Parfois, elle a l'impression que son fils aîné est trop calme et trop sage; elle voudrait le voir un peu plus turbulent. Mais les rares fois où il désobéit, elle voit bien qu'il le fait exprès, juste pour détourner son attention de Frank, et elle se doute qu'ils vont avoir de gros problèmes avec lui quand il sera plus grand. A l'heure actuelle il est impossible de lui accorder davantage de temps et d'intérêt, ce qui ne fait qu'aggraver son sentiment de culpabilité et sa conviction de ne pas être une mère à la hauteur.

Thomas fait le café dans la cuisine et elle s'en sert une tasse, avec soulagement, tout en sortant les céréales, le beurre, le sucre et le lait. Les repas sont souvent gâchés par le comportement de Frank mais il y a des jours où le petit déjeuner est plus détendu que le déjeuner ou le dîner. Frank a souvent faim le matin et il semble préférer ce que sa mère lui sert pour le petit déjeuner au reste de son alimentation. Il prend des céréales sucrées, avec beaucoup de lait et plusieurs poignées de raisins secs. Il touille les flocons avec sa cuillère jusqu'à ce qu'ils soient ramollis, puis il mange les raisins un par un avant de s'attaquer aux céréales. Il lui faut la même assiette creuse tous les matins; c'est celle qu'il avait quand il était bébé, avec un gros nounours au fond.

Frank descend après tout le monde pour le petit déjeuner, après avoir été appelé à de multiples reprises et averti qu'il allait être en retard à la maternelle. Thomas a fini et part pour la gare. Anthony va jusqu'à l'arrêt de l'autobus scolaire et Marjorie laisse un instant Frank seul dans la cuisine, tandis qu'elle monte en toute hâte enfiler un pantalon et un chemisier pour l'emmener à l'école. Quand elle redescend, c'est pour constater qu'il a ouvert le réfrigérateur et vidé un litre entier de lait dans son assiette et sur la table de la cuisine. Il s'amuse à patauger dans les flaques de lait par terre. Exaspérée, elle l'attrape par les épaules et lui donne une claque sur le derrière, en criant : « Tu es un méchant, un vilain garçon! » Elle se surprend à frapper

Frank et à le gronder plus fort qu'elle ne le faisait avec Anthony. Elle est tendue et énervée quand elle s'adresse à lui et elle a l'impression qu'il n'écoute rien de ce qu'elle dit. Elle est persuadée qu'elle doit hurler et tempêter pour parvenir à se faire entendre.

Pendant le trajet jusqu'à la maternelle qui accueille Frank trois matins par semaine, elle réussit à se calmer et même à savourer la compagnie de son petit garçon. Frank aime bien aller en voiture et, pendant quelques minutes, sa mère peut se figurer qu'il est comme les autres, sociable, gentil et facile. Elle lui sourit et tend la main pour serrer tendrement celle de Frank. Quand il est de cette humeur, elle parvient à se détendre et à se sentir heureuse. Quand il lui rend son sourire, il est adorable. C'est cela qui est étonnant avec Frank. Malgré les problèmes qu'il pose pour les choses les plus ordinaires, il reste très mignon à certains moments.

Lorsqu'ils arrivent à l'école, Marjorie sait qu'elle va devoir se montrer ferme, parce qu'il n'aime pas changer d'activité. Après ce court trajet en voiture, il va falloir quitter le véhicule et aller en classe, ce qui donne lieu en général à une véritable scène. Sa mère ouvre la portière et tend le bras pour sortir Frank de l'automobile. Elle se dépêche, parce que les colères de son fils devant tout le monde la gênent horriblement. Les autres enfants remontent en trottinant l'allée qui mène à la porte d'entrée et pénètrent à l'intérieur. Frank se fait traîner, hurle et pleure. Une fois qu'il voit les autres enfants qui s'amusent, il est excité et se joint avec enthousiasme à leurs jeux. Pour l'amener là, la tâche est herculéenne.

Frank passe les trois heures suivantes avec un groupe de quinze enfants âgés de trois à quatre ans. Il aime beaucoup les jeux où l'on s'agite, mais les maîtresses gardent l'œil sur lui, car, lorsqu'il est surexcité, il a tendance à devenir violent. Il a déjà donné des coups de pied et de poing à plusieurs autres enfants et on a beau lui expliquer que ce genre de comportement n'est pas toléré, il semble incapable de se retenir. Lorsqu'il est trop excité, il frappe quiconque se met en travers de son chemin, tente de lui prendre son jouet ou d'interrompre son activité. Les enseignantes ont appris à lui accorder quelques instants supplémentaires pour se calmer avant de le faire passer d'une occupation à une autre. Ce dont elles ne viennent pas à bout, c'est de son « refus » de suivre les règlements. Chaque fois qu'il vient en classe, elles s'efforcent de l'obliger à rester assis à sa place ou à se mettre en rang avec ses camarades. Elles insistent, elles lui font miroiter des récompenses, le menacent de punitions, elles élèvent la voix. Rien n'y fait. Il persiste à déambuler à la lisière du groupe à qui on lit une histoire, ou du groupe qui chante des comptines, ou à se précipiter avant tout le monde vers le robinet. Elles en ont parlé à sa mère qui leur a expliqué qu'il était impossible de le tenir assis à table plus de quelques instants pour les repas, mais que, quand il était passionné par un jeu, il parvenait à fixer son attention plus longtemps. Entre elles, les maîtresses sont d'accord pour dire que, lorsqu'il passera à l'école primaire, Frank risque d'avoir de gros problèmes d'adaptation.

L'une des activités pour lesquelles Frank consent à rester assis, c'est le dessin. Le matin, chacun des enfants reçoit un pinceau et de la peinture pour peindre une image de sa maison. Frank se donne beaucoup de mal et parvient à faire une maison colorée et sympathique. Chez lui aussi, il aime bien dessiner et sa mère prend plaisir à l'aider et à l'encourager. Ni ses parents ni les enseignantes ne parviennent à faire cadrer cette créativité avec son comportement sauvage.

En jouant dehors avec ses camarades, Frank s'énerve et fait tomber un petit garçon d'une balançoire. L'enfant s'écorche le genou dans sa chute et Frank manque de lui envoyer un grand coup dans la tête avec la balançoire qu'il s'est octroyée. La maîtresse l'avertit qu'il n'a pas intérêt à recommencer, mais il détourne les yeux et ne paraît pas l'entendre. Il attrape un ballon et part en courant.

A la fin de la matinée, Marjorie vient chercher son fils qui lui offre son dessin de leur maison. Elle se montre très admirative. Cependant, lorsqu'elle annonce qu'ils vont rentrer chez eux par un autre chemin, parce qu'elle doit acheter du lait, Frank proteste. Il aime mieux passer par le chemin qu'ils ont pris pour venir, il y est habitué et Marjorie voit les ennuis se profiler à l'horizon. Mais elle a besoin de lait et de faire quelques autres courses. Elle se dirige vers le magasin. Frank, bloqué dans son mécontentement, ne prend aucun plaisir à être en voiture et, lorsqu'ils sont garés devant le supermarché, sa mère doit le tirer hors du véhicule et l'asseoir de force dans son caddy. Elle a l'impression que tous les gens qui se trouvent dans le magasin s'arrêtent pour la dévisager tandis qu'elle pousse le caddy où est installé son petit garçon écarlate et hurlant. Elle n'arrive pas à le faire taire, même en lui fourrant dans les mains les biscuits qu'il préfère. Tout à sa crise de colère, il jette les gâteaux secs par terre, secoue la tête devant les chips et les petits biscuits d'apéritif. Coupant court à leur expédition, elle paie les quelques articles qu'elle a pu réunir et sort du magasin.

La mauvaise humeur persiste tout au long du déjeuner, auquel Frank refuse de toucher, puis de la « période de repos » durant laquelle elle l'entend jeter ses jouets. A un moment donné, il se met à hurler et se rue hors de sa chambre en appelant : « Maman! » Il s'est légèrement coupé le doigt et s'est mis à paniquer à la vue de son sang. Marjorie nettoie le petit bobo et le recouvre d'un pansement, mais Frank continue à pleurnicher pendant une heure. Après la scène qu'il a faite dans le supermarché, c'en est trop pour sa mère, qui ne va pas tarder à voir revenir Anthony. Elle doit encore terminer son ménage, préparer le dîner et donner leur bain aux deux petits garçons. Lorsque Anthony rentre de l'école, elle envoie ses deux fils jouer dans le jardin et s'écroule dans un fauteuil, trop accablée pour entreprendre quoi que ce soit. Pas un jour ne se passe sans qu'elle soit obligée d'affronter une bonne demi-douzaine de crises de la part de Frank. Pas un jour de calme, de tranquillité. Pas un jour sans problème.

Anthony reparaît à plusieurs reprises pour rapporter les méfaits de son petit frère : Frank lui a pris sa batte de base-ball, il a pourchassé le chat des voisins, il lui a donné un coup de pied. Thomas voudrait bien apprendre à son fils aîné à rendre coup pour coup, mais Marjorie estime que c'est une très mauvaise idée. Son mari semble *apprécier* la brutalité de leur cadet et trouve qu'Anthony est un faiblard et une « poule mouillée ». Cette attitude complique les questions de discipline, puisqu'elle semble sous-entendre que la mauvaise conduite de Frank est parfois bonne et qu'Anthony devient gnangnan. Marjorie préfère se désintéresser des disputes de ses deux fils, ravie de ne pas les avoir auprès d'elle.

Après être restés quelque temps à l'extérieur, les deux enfants rentrent regarder la télévision. Ils se disputent presque toujours à propos du programme. Frank ne veut regarder que sa chaîne de musique rock, alors qu'Anthony préfère les émissions pour enfants plus traditionnelles. Marjorie oblige souvent son fils aîné à regarder ce qui plaît à son petit frère, pour la seule raison que Frank reste plus longtemps planté devant le poste si son émission préférée est en cours. Ce jour-là, cependant, Anthony tient absolument à regarder son programme et les deux petits en viennent aux mains. Ils renversent une lampe et la brisent. « Attendez un peu que votre père voie ce que vous avez fait! » hurle Marjorie en entendant la voiture de Thomas s'arrêter devant la maison. Ce dernier rentre chez lui pour découvrir sa femme en train de crier, son fils aîné en larmes et son cadet qui court partout comme un bolide. Quant au dîner, il n'est même pas encore sur le feu.

Marjorie le somme de sévir contre ses fils.

Thomas demande pourquoi elle ne peut le faire elle-même. « Pourquoi n'es-tu pas capable de les tenir en main? Qu'as-tu donc? »

Elle l'accuse de ne jamais se mettre à sa place : « J'ai passé une journée épouvantable et tu n'es même pas gentil.

– Ce n'est pas une raison pour t'en prendre à moi! Pourquoi y a-t-il toujours la pagaille dans cette maison? Je ne peux même pas prendre un verre tranquille quand je rentre? Qu'est-ce que tu as, à la fin? Tu n'arrives à t'occuper d'aucun de nous. »

Marjorie fonce dans la cuisine dont elle claque la porte. On l'entend ouvrir et fermer à grand bruit les portes de placard et heurter les casseroles en préparant le dîner. Thomas lance à ses fils : « Fichez-moi la paix, disparaissez! », puis il aperçoit la lampe cassée. Il va se chercher un apéritif dans la salle à manger.

Chaque fois que ses parents se disputent, le comportement de Frank se dégrade. Ce soir-là, il sort un crayon-feutre d'un tiroir de l'entrée et commence à dessiner sur le papier peint. Lorsque Marjorie l'aperçoit, elle lui arrache le feutre des mains. « Espèce de petite horreur, je vais te tuer! hurle-t-elle. Va immédiatement dans ta chambre! » Frank reste où il est et se balance d'un pied sur l'autre.

« Tu m'as entendue? Va dans ta chambre! »

Frank file dans le salon et allume la télévision.

« Je compte jusqu'à trois, avertit sa mère. Je te conseille d'obéir, sinon... » Elle s'interrompt, ne sachant trop de quoi le menacer. Doit-elle éteindre la télévision? Comment va-t-elle finir de préparer le dîner? Pourquoi son mari n'est-il pas là pour la soutenir? Il a disparu. Il est monté prendre une douche et se changer. Frank est debout devant le poste, tout près de l'écran, alors qu'elle lui a interdit de s'approcher si près. Jamais il n'écoute ce qu'elle dit.

« Frank! lui lance-t-elle. Je te conseille de m'obéir! » Elle regagne la cuisine.

Le petit garçon reste collé devant le téléviseur jusqu'à ce que le dîner soit prêt.

Lorsque Thomas redescend, la lampe cassée a été rangée dans un placard, la table est dressée, les deux enfants regardent la télévision. De sympathiques effluves lui parviennent. Il se dit que la situation semble s'arranger. Puis il aperçoit le dessin sur le mur et court à la cuisine. « Quand est-ce qu'il a fait ça? demande-t-il avec un geste accusateur.

– Il y a un instant, répond-elle sans lever le nez des légumes qu'elle est en train de faire rissoler. Je l'ai puni.

– Tu as affaire à un garçon, tu sais. Avec les garçons, il faut être dur. Je sais de quoi je parle. Moi aussi, j'ai été petit garçon et ma mère dit...

– Je sais ce qu'elle dit, interrompt sa femme. Frank n'est pas comme toi. Il est bien pire. Il n'écoute rien et il pique des colères épouvantables. J'aurais voulu que tu voies ce qui s'est passé au supermarché aujourd'hui.

– Il faut que tu sois plus sévère avec lui, insiste Thomas. Il m'écoute, moi.

– Tu ne l'as pas avec toi toute la journée, répond-elle d'un ton las.

– Bon, eh bien, je me charge de lui pour le dîner, annonce son mari. Je vais te montrer comment il faut s'y prendre. »

Il y a du poulet pour le dîner et, comme Frank ne l'aime pas beaucoup, elle lui a préparé une pizza. Anthony a fait des difficultés, parce qu'il voulait aussi son plat favori, si bien qu'elle lui a confectionné un hot-dog.

Thomas se sert un second verre, puis il envoie les deux garçons se laver les mains. Les voilà prêts à passer à table. Frank refuse. Il veut continuer à regarder la télévision. Thomas éteint le poste. Son fils pousse un hurlement de protestation et le rebranche. Thomas l'éteint de nouveau. Frank tend la main vers le bouton. Son père lui donne une tape très sèche sur les doigts. Le petit garçon crie, foudroie son père du regard, puis se jette par terre et se met à trépigner en hurlant : « Télé, télé, télé!

– Tu veux une fessée? crie Thomas. Eh bien, tu vas être servi! » Il ramasse son fils qui continue à trépigner et qui lui donne même un coup dans la jambe, le renverse sur ses genoux et lui administre une bonne fessée. La crise de rage ne s'interrompt pas pour autant.

Anthony contemple la scène, les yeux écarquillés.

« Allez vous asseoir à table pour le dîner », ordonne le père à ses deux fils. Anthony obéit aussitôt. Frank continue à taper du pied et à hurler.

« Tu as entendu? » rugit Thomas. Il prend Frank dans ses bras, l'emporte dans la salle à manger et le dépose sur une chaise. Frank se relève, son père le rassoit de force. Ce manège se poursuit pendant cinq minutes. Frank se roule par terre, en proie à sa crise de rage. Marjorie commence à servir le dîner.

Quand Frank s'aperçoit que personne ne s'intéresse à lui, il se calme et laisse son père le rasseoir sur sa chaise. Il s'amuse à lancer violemment les jambes et donne des coups de pied dans la table. Personne ne dit rien. Anthony mange son hot-dog. Les parents se servent de poulet et de légumes. Frank met un morceau de pizza dans sa bouche et le recrache.

« Qu'est-ce que tu as encore? demande sa mère.

– Elle a un drôle de goût!

– Elle est exactement comme d'habitude », ment Marjorie. En fait, elle a utilisé une nouvelle marque de sauce tomate qui était en réclame. Frank sait toujours quand elle a changé un des ingrédients des plats qu'il aime.

Son père, épuisé par la scène qui a précédé le dîner, permet aux deux garçons de sortir très vite de table pour s'installer devant la télévision. « J'abandonne », annonce-t-il.

Sa femme se contente de le regarder. Il n'est à la maison que quelques heures par jour.

« Tu ne peux pas savoir ce que c'est!

– Ah non? Écoute, toi, tu n'es pas obligée de travailler huit heures par jour et de trouver la pagaille en rentrant à la maison. » Ils élèvent la voix. Ce n'est pas la première fois qu'ils se disputent à ce sujet. Le scénario est le même. A la suite d'une nouvelle scène de la part de Frank, ils s'envoient des accusations à la tête; après quoi Thomas s'en prend à sa femme parce qu'elle n'est pas assez sévère avec le petit garçon. Marjorie adopte une attitude protectrice et défend son « bébé » qui a des « problèmes ». Thomas poursuit son réquisitoire en déclarant que Marjorie « couve » son fils, lequel n'est qu'une petite brute qui a besoin d'une poigne solide et, à l'occasion, d'une bonne fessée pour l'obliger à marcher droit.

« Pourquoi as-tu donc si peur de le remettre à sa place? continue Thomas. Tu es sa mère, non? Tu le laisses faire les pires imbécillités. Permets-moi de te dire qu'une bonne part de ces " problèmes " dont tu me rebats les oreilles vient de ce qu'il t'a pour mère! »

Elle jette sa fourchette dans son assiette : « Eh bien,

reste donc à la maison avec lui. Tu verras comme il est. Il n'est pas comme les autres. Comme était Anthony. Demande à ses maîtresses de classe!

– Je te répète que si tu étais plus ferme...

– Écoute, moi je vais faire la vaisselle et prendre un bain. Libre à toi d'être ferme. » Marjorie se lève et passe dans la cuisine dont la porte se referme derrière elle.

Thomas regarde sa montre et décide de commencer à préparer le coucher des enfants.

Dans le salon, Frank est de nouveau collé au poste de télévision. Il regarde une de ses émissions préférées, un feuilleton policier plein de sirènes, d'accidents de voiture et de rugissements de motos.

« Frank et Anthony! lance leur père d'une voix forte pour se faire entendre par-dessus le vacarme de la télévision, il est l'heure d'aller se coucher. »

Frank ne bouge pas. Anthony lève les yeux et demande : « Où est maman?

– Elle se repose.

– Pourquoi? Elle est fâchée contre nous? » demande Anthony.

C'est un enfant anxieux, désireux de plaire.

« Non, elle est fatiguée. Allez, venez, tous les deux, on monte.

– Maman a dit qu'on devait prendre un bain ce soir », annonce Anthony.

Thomas se dit que leur fils aîné est en train de tourner au petit garçon modèle. Est-ce parce que Frank est si infernal et Marjorie d'une telle faiblesse avec lui? Il se sent de plus en plus monté contre sa femme.

« Venez, les enfants. »

Frank ne fait pas un geste. Son père éteint le poste. Le petit garçon pousse un cri perçant. « Non, Frank. C'est l'heure de prendre ton bain et ensuite au lit!

– Non! » hurle Frank.

Son père le prend dans ses bras. Frank commence à se débattre et à donner des coups de pied. Thomas lui administre une ou deux claques sur les fesses. Les coups de pied du petit redoublent de violence, puis il mord la main de son père. « Espèce de petit... », lance

Thomas et il lui envoie une gifle retentissante. Frank se jette par terre, hurle, trépigne. Anthony se tient à l'écart et observe la scène. « Maman ne sera pas contente, déclare-t-il. Elle le laisse regarder tout ce qu'il veut.

– Eh bien, pas moi! » rétorque Thomas. Il ramasse son cadet, une fois de plus, en veillant à se tenir hors de portée des coups de poing et de pied, et il l'emporte au premier étage, où il le dépose sur le sol de la salle de bains. La crise de rage ne faiblit pas. A tue-tête, le père ordonne à son petit garçon de cesser immédiatement et menace de lui administrer une nouvelle fessée et de le priver de télévision. Il hurle à en être enroué, sans se soucier d'être entendu de Marjorie. Il est décidé à lui montrer comment il faut s'y prendre avec leur fils! Il ferme la porte de la salle de bains, résolu à attendre que le petit se calme. Il regarde sa montre : 8 heures moins le quart. Il est 8 heures et demie lorsque Frank donne les premiers signes de ralentissement et, vers 9 heures moins le quart, il a presque cessé. Thomas est à bout. Il ramasse Frank et le porte dans sa chambre. Anthony est déjà dans la sienne. Il a enfilé son pyjama tout seul. Pour une fois, Thomas est soulagé d'avoir un fils aîné aussi sage.

« Bon, maintenant, tu vas te mettre en pyjama, annonce le père.

– Non », répond Frank.

« Cet enfant est infernal. Ce qu'il veut, c'est la bagarre. Ça va aller très mal, déclare Thomas. Tu le fais exprès ou quoi? » Il doit être furieux contre moi, parce que sa mère n'est pas là à faire ses quatre volontés, comme d'habitude, se dit-il.

« Je veux pas de pyjama, dit Frank.

– Tu vas en mettre un, que ça te plaise ou non », assure Thomas. Et il empoigne le survêtement du petit que celui-ci n'a pas quitté depuis la veille. Frank se met à hurler.

« Maman le laisse dormir avec son survêtement, explique Anthony sur le pas de la porte.

– Je ne veux pas savoir ce que fait maman! tonne Thomas. Moi je fais les choses à ma façon! »

Anthony éclate en sanglots et regagne sa chambre.

Thomas tente de déshabiller de force son fils cadet qui se tord comme un ver et lui envoie des coups de pied. Le père se demande où l'enfant va chercher autant d'énergie, comment il se fait qu'il ne soit pas encore épuisé et prêt à s'endormir après une pareille succession de chocs émotifs et de colères.

Au bout de plusieurs minutes de lutte, Thomas a réussi à enlever le pantalon de survêtement, mais pas le haut. Il décide que ça suffira pour aujourd'hui. « Bon, annonce-t-il essoufflé, maintenant au lit!

– Je veux maman!

– Elle va venir. » Thomas s'était imaginé qu'il allait parvenir à coucher Frank reluisant de propreté dans son pyjama impeccable, après son bain, et le quitter bien sage et prêt à dormir, bordé dans son lit. Comment laisser voir à Marjorie l'état lamentable dans lequel se trouve la chambre de leur fils après la bagarre qui vient d'avoir lieu? Frank a la figure sale et souillée par les larmes. Il ne sait même pas où est parti Anthony ni s'il doit aller le trouver. Frank lui a causé assez de soucis pour la soirée.

« Bien, Frank. A présent, dodo. J'éteins la lumière.

– Non! hurle Frank.

– Si, réplique son père. Il est tard, c'est l'heure de dormir.

– Je suis pas fatigué. Je veux regarder la télé.

– Non, plus de télé, déclare Thomas. Dodo! »

Frank se met à pleurer bruyamment.

« Bon, d'accord, tu peux rester debout, mais dans ta chambre et pour quelques instants seulement. »

Frank cesse de pleurer et se lève pour aller s'amuser avec les jouets qui jonchent le sol de sa chambre.

Thomas redescend au rez-de-chaussée se servir un verre. Il ne sait plus quoi faire.

Il s'écroule dans un fauteuil et ferme les yeux. Tout à l'heure, quand il se sentira un peu mieux, il ira présenter ses excuses à Marjorie. La situation est différente de ce qu'il pensait. Il se demande comment elle parvient à affronter ce genre de scène jour après jour. Jamais il n'aurait pu s'imaginer que Frank pouvait être aussi difficile.

La famille de Frank est un portrait-robot, fondé sur les expériences qu'ont subies plusieurs familles affligées d'enfants particulièrement difficiles. Frank est extrêmement actif, excessif, peu adaptable, étourdi et irrégulier; il a un seuil sensoriel très bas et a tendance à se replier sur lui-même face aux situations nouvelles. Cela dit, lorsqu'il n'est ni en colère ni malheureux, c'est un enfant d'un naturel enjoué, capable d'apprécier les bonnes choses et doué d'un talent créateur dans le domaine artistique. Il pourrait devenir, si l'on parvient à bien le prendre, un adolescent intéressant, débordant d'énergie et d'enthousiasme. Les parents sont dépassés par les événements. Il est évident que quelqu'un va craquer. Mais qui : Frank, sa mère, son père, son frère aîné, ou le couple que forment les parents? Cette journée, avec sa collection de crises et d'affrontement, n'en est qu'une parmi tant d'autres. Certains moments se passent mieux, d'autres plus mal. Pas un jour ne s'écoule sans que l'enfant difficile affecte les rythmes et les activités de la vie de famille. Tout le monde vit sous la menace permanente qu'il représente.

Deuxième Partie

Un programme pour votre enfant difficile

Introduction

Ce programme, si vous l'appliquez consciencieusement, vous permettra d'améliorer la situation de l'enfant difficile et de votre famille. Vous allez découvrir des principes et des techniques que j'utilise depuis des années. Certains ont été incorporés au programme pour les familles d'enfants difficiles que j'ai lancé en 1983 au Beth Israel Medical Center, ainsi qu'auprès de ma clientèle privée à New York.

La philosophie qui sous-tend ce programme est fondée sur la conviction que la plupart des parents sont capables de modifier leurs attitudes et leur comportement par le biais de la *formation*. Si vous apprenez à comprendre votre enfant et son caractère difficile, vous commencerez à saisir ce qui se passe chez lui et dans votre famille.

Peu à peu vous deviendrez un *expert* en ce qui concerne le caractère et le comportement de votre enfant et, comme les experts sont mieux armés pour faire face à toutes les situations, vous le serez aussi. Vous serez en mesure de prendre du recul et d'être plus objectif. Une fois que vous aurez adopté un point de vue plus neutre, vous pourrez vous montrer plus souple, plus tolérant, plus autoritaire au sens positif du terme. Vous serez un meilleur pédagogue.

LES CINQ ÉLÉMENTS DE VOTRE PROGRAMME

L'évaluation : savoir définir le problème

La première partie du programme permettra aux parents de comprendre leur situation. Ils étudieront leur enfant et se concentreront sur les grandes questions d'ordre familial, par exemple la réaction de la mère et du père envers l'enfant, la discipline et autres problèmes. Cette évaluation donnera les bases nécessaires pour fonder les décisions concernant l'enfant. Elle vous fournira un tableau complet de la situation propre à la famille.

Rétablir l'autorité des adultes

Pour retrouver votre vraie place à la tête de la famille, vous devez apprendre de nouvelles façons d'affirmer votre autorité d'adulte. Vous allez vous rééduquer progressivement de façon à *penser au caractère tout en faisant face au comportement*, au lieu de réagir de façon émotionnelle ou instinctive à ce que vous croyez être les mobiles de l'enfant. Vous vous apercevrez que vous le punissez beaucoup moins, mais que, quand vous le faites, vous obtenez des résultats.

Vous apprendrez :

- à prendre du recul
- à adopter une attitude neutre
- à réfléchir et évaluer avant de réagir
- à comprendre le comportement déroutant de votre enfant, élément par élément, à mesure que vous apprendrez à établir la relation avec son caractère difficile
- à remplacer votre « Pourquoi est-il si méchant avec moi? » par « Comment arriver à comprendre sa conduite? ».

A mesure que vous deviendrez plus expert en la matière, votre relation négative avec votre enfant et votre participation au phénomène du cercle vicieux seront remplacées par une *attitude adulte* fondée sur la conviction, la bienveillance, la résolution, la fermeté, l'établissement de limites nettes et la cohérence.

Savoir prendre votre enfant : une technique à acquérir

Une fois que vous-même et votre époux aurez retrouvé votre position d'adultes responsables, vous allez ajouter à cette nouvelle attitude parentale des techniques de contrôle variées, adaptées aux problèmes de caractère inhérents aux nombreux conflits et démêlés qui surgissent quotidiennement avec un enfant difficile. J'ai utilisé le mot contrôle, mais il ne signifie pas punition, loin de là. Le contrôle est fondé sur la compassion et s'applique au comportement de l'enfant lorsque « c'est plus fort que lui ». Le message que vous ferez parvenir à votre enfant, c'est : « *Je te comprends.* » Ces techniques sont à même d'améliorer tous les comportements liés au caractère, dont la discipline ou les punitions seules ne viennent pas à bout.

Vous apprendrez à conjuguer les techniques en question avec votre nouvelle façon d'aborder la discipline de façon à pouvoir contrôler votre enfant dans toutes sortes de situations.

En ce qui concerne les bébés, il ne doit pas être question de punitions. Vous pouvez essayer de comprendre son comportement et de le contrôler de votre mieux. Vous ne parviendrez pas à changer votre bébé de façon à faire de lui (ou d'elle) un bébé « facile ». Toutefois, en sachant reconnaître son caractère et en apprenant comment le prendre, vous serez en mesure de réduire considérablement son stress, aussi bien la nuit que le jour.

Les conseillers spécialisés

Les remous que crée un enfant difficile peuvent causer de nombreux problèmes. Certains seront résolus par l'application des techniques inhérentes à notre programme, alors que d'autres nécessiteront un surcroît d'attention. Au chapitre « La reconstruction », vous trouverez des suggestions concernant les aspects de votre vie familiale pour lesquels vous aurez peut-être besoin de soutien supplémentaire. Y figurent les rapports avec les parents, les frères et sœurs, la famille au sens large et les petits camarades, ainsi qu'une section sur les écoles et les pédiatres.

Si vous estimez que votre enfant ou votre famille ont besoin d'une aide spécialisée, ce chapitre fournit aussi des directives quant au meilleur moment pour solliciter cette aide et aux choix du spécialiste qu'il convient de consulter.

Les groupes de soutien

Le dernier aspect du programme comporte des conseils sur la meilleure manière d'établir un groupe de soutien pour les parents et propose quelques idées de thèmes à évoquer lors des réunions, la façon de contacter les parents d'autres enfants difficiles et d'organiser vous-même un groupe de ce genre. Vous apprendrez à connaître l'utilité des lignes téléphoniques directes avec les autres mamans, ainsi que le moyen de venir à bout de vos sentiments d'isolement et d'aliénation. Les groupes de soutien peuvent être organisés avec ou sans l'aide de professionnels. Vous apprendrez à organiser des groupes efficaces où que vous habitiez.

Notre programme tente de traiter toutes les questions liées à l'éducation d'enfants difficiles. Une famille n'aura pas besoin de tous les aspects du programme. Par exemple, la mère d'un enfant fondamentalement facile avec quelques traits difficiles aura peut-être simplement besoin de modifier certaines de ses attitudes et d'acquérir certaines techniques pour mieux prendre son enfant. Cependant, avant de décider quelles parties du programme s'appliquent ou non à votre situation, je vous conseille de lire les chapitres 6 à 11 dans l'ordre.

6

Sachez évaluer votre situation Dix jours d'étude

Lorsque les parents d'enfants difficiles viennent me voir pour la première fois, je puis tenir certains facteurs pour acquis : ils ont du mal à élever leur enfant, ils sont insatisfaits, ils ont perdu, en partie, leur autorité parentale. Si leur enfant est très difficile, ils sont perturbés, ils se sentent coupables et honteux, leur mariage s'en ressent et ils ont l'impression qu'eux-mêmes et leur enfant ne sont pas « comme les autres ».

Même si ces généralisations sont justes, les différences sont tout aussi nombreuses. Les enfants difficiles ne se ressemblent pas sous tous les rapports, pas plus que leurs familles. Une fois que j'ai bien saisi les questions qui se posent à un enfant et à sa famille, je suis en mesure de donner des conseils adaptés à la situation. Je peux vous indiquer comment établir *votre propre* évaluation de votre enfant et de votre famille. Le but est de transformer les parents, en experts sur leur enfant.

Les dix jours d'étude

L'étape qui suit va durer dix jours successifs.

Choisissez dans votre calendrier une période de dix jours que vous réserverez à cette étude. Votre objectif au cours de cette période sera de vous familiariser avec le comportement et le caractère de votre enfant et avec le lien qui existe entre les deux, au cours d'une variété de situations. Vous devrez vous observer vous-même, ainsi que vos réactions envers votre enfant et votre situation familiale.

Pendant cette période, il faudrait :

- *Vous simplifier la vie.* Réduisez votre vie sociale au minimum, m'emmenez pas l'enfant faire des courses inhabituelles; que votre routine soit le plus simple possible.
- *Prévoir beaucoup de temps ensemble pour les discussions entre parents.* C'est important. Pour parvenir à établir votre évaluation, il faut procéder à de nombreux échanges. Parlez de tout et essayez de trouver des réponses qui refléteront vos sentiments à tous deux.
- *Tâcher de noter, dans un carnet spécial, vos réponses au questionnaire qui va suivre.* Le fait d'écrire vos réponses éclaircira votre pensée et votre évaluation écrite vous servira lorsque vous apprendrez de nouvelles méthodes pour imposer votre discipline et de nouvelles techniques pour contrôler votre enfant. Elle constituera une mesure concrète des progrès accomplis à mesure que votre situation commencera à s'améliorer.
- *Le plus important : renoncer aux punitions excessives et inefficaces.* Efforcez-vous de mettre fin à la plupart de vos menaces, de vos hurlements et de vos fessées, pendant que vous étudiez la situation. Contentez-vous de noter dans votre carnet ce qui s'est passé. Et n'oubliez pas : si vous infligez quand même une punition, qu'elle soit très brève.

Il s'agit d'une période difficile pour de nombreux parents, parce qu'ils ont l'impression de « céder » et que cela les inquiète. Ils ont peur que l'enfant n'en profite et peur de perdre jusqu'à leur dernier lambeau d'autorité.

Veillez à garder présent à l'esprit l'objectif final. Vous êtes en train d'étudier une nouvelle façon de penser et une nouvelle manière de réagir. Avant de pouvoir appliquer une nouvelle méthode, il faut bien mettre un terme à celle qu'on pratiquait. Renoncer à un schéma établi, même s'il est inefficace, est difficile et demande du temps.

PROFIL DU COMPORTEMENT DE VOTRE ENFANT

Considérez d'abord les types de comportement qui posent des problèmes dans votre famille, ce qui vous donne le plus de mal parmi les actes de votre enfant. Voici une liste des types les plus communs de comportements difficiles, ainsi que certaines variations décrites par les parents qui m'ont consulté. Servez-vous de ces catégories pour faire votre propre liste dans votre carnet.

Lesquels de ces comportements reconnaissez-vous pour les avoir vus chez votre enfant?

Type de comportement	*Description des parents*
Insolent	N'en fait qu'à sa tête Ne tient aucun compte de ce que je dis Fait le contraire de ce que je lui dis
Désobéissant	Refuse d'écouter Ne suit pas les indications Traînasse Trouve toujours des excuses
Entêté	Veut toujours agir à sa guise N'accepte pas les refus Incroyablement volontaire
Timide	Très timide Se cramponne à mes jupes Se cache la figure Reste en retrait

Maniaque	Très capricieux, méticuleux A des toquades Ne veut que certaines choses Difficile à satisfaire Fait des chichis, remarque les broutilles que personne d'autre ne remarque
Geignard	Pleurniche sans arrêt Fait la moue Boude N'est jamais content
Se mêle de tout	Se mêle aux conversations des adultes Ne me laisse pas téléphoner tranquille
Sans gêne	Ne respecte pas ma vie privée Entre dans notre chambre même quand on le lui interdit
Mal embouché	Dit beaucoup de gros mots Traite les gens de tous les noms, mêmes les grandes personnes Hurle
Mal élevé	Se tient affreusement mal à table Impertinent, veut toujours avoir le dernier mot Prend leurs jouets aux autres enfants Grossier
Égoïste	Refuse de partager ses jouets avec ses frères et sœurs ou ses amis Tout est « à moi ».
Déchaîné	Facilement surexcité Facilement hors de lui Fait des esclandres

	Peut se montrer destructeur Jette les choses ou les casse
Impulsif	Perd le contrôle de lui-même Fait des crises pour des riens Semble incapable de se contenir
Physiquement agressif	Pousse et rudoie les autres Frappe, à coups de poing ou de pied, ou mord les autres enfants, voire les grandes personnes
Coléreux	Ses crises de rage sont d'une intensité et d'une longueur variables

L'étape suivante consiste à replacer le type de comportement de votre enfant dans son contexte. Elle est importante. Un même comportement peut se manifester dans des domaines différents. Par exemple, un enfant désobéissant peut se montrer ainsi en s'habillant (il traînasse), à l'école (il trouve des excuses) et pendant les repas (en ne tenant aucun compte de ce qu'on lui dit sur la façon de se tenir à table). Sentez-vous libre de faire figurer sur votre liste toute autre situation du contexte s'appliquant à votre cas.

- En se levant le matin
- En s'habillant, vêtements
- Repas et alimentation
- Coucher et sommeil
- Télévision
- Jeux
- Relations avec autres grandes personnes
- Activités familiales
- Relations avec frères et sœurs
- Relations avec camarades
- Relations avec employée de maison
- École et enseignants
- Lieux publics

Comme exemple, j'inclus ci-dessous un échantillon établi par les parents d'une enfant très difficile, Daisy :

PROFIL DU COMPORTEMENT DE DAISY, QUATRE ANS

Type de comportement	*Situation ou contexte*
Désobéissante	Au lever le matin
	En s'habillant, vêtements
	Coucher et sommeil
	Repas et alimentation
Entêtée	En s'habillant, vêtements
	Repas et alimentation
	École et enseignants
Maniaque	Vêtements et alimentation
Timide	Relations avec adultes
	Lieux publics
Geignarde	Au lever le matin
	En s'habillant, vêtements
	Repas et alimentation
	Coucher et sommeil
	Activités familiales
	Avec frères et sœurs
	Lieux publics
Égoïste	Télévision
	Activités familiales
	Avec ses camarades
	Avec ses frères et sœurs
	École
Coléreuse	En s'habillant, vêtements
	Lieux publics

Ce profil du comportement est utile, parce qu'il vous aidera à mettre de l'ordre dans vos impressions et à discerner qu'il existe dans le comportement difficile de votre enfant une cohérence. Ses réactions à l'école peuvent être étroitement liées à sa réaction lorsque vous tentez de l'habiller. Ainsi, un type de comportement peut-il créer des problèmes dans plus d'un contexte.

PROFIL DU CARACTÈRE DE VOTRE ENFANT

Je redonne la liste des traits de caractère afin que vous puissiez y puiser des informations. Posez-vous des questions sur le caractère de votre enfant dans chaque domaine cité. Est-il très actif? Est-il irrégulier? Est-il excessif (bruyant)? Efforcez-vous de déterminer *à quel point* votre enfant est difficile dans chacun de ces domaines. La question n'est pas de savoir s'il est globalement très difficile, mais plutôt s'il est très, moyennement ou légèrement difficile dans le secteur en question.

A titre d'exemple, j'ai fait suivre le questionnaire en blanc, réservé à votre cas, d'un questionnaire déjà rempli.

TRAITS DIFFICILES

Niveau d'activité élevé

Toujours en mouvement. Vous fatigue. « A couru avant de marcher. » Se déchaîne. Perd le contrôle de lui-même. Déteste être enfermé.

Étourderie

A du mal à se concentrer et à faire attention, surtout s'il n'est pas vraiment intéressé. « N'écoute pas. »

Mauvaise adaptabilité

A du mal à accepter les *changements* d'activité et à prendre des habitudes. N'arrête pas de vous harceler ou de pleurnicher quand il veut quelque chose. Opiniâtre. Très tenace si une activité lui plaît vraiment. Semble parfois « se bloquer ». Ses colères sont longues et difficiles à endiguer. Une fois habitué aux choses, refuse d'y renoncer; marque des préférences pour les aliments et les vêtements insolites.

Timidité

N'aime pas les situations nouvelles, les endroits, les gens, les aliments ou les vêtements qu'il ne connaît pas. Bat en retraite ou proteste en criant ou en se cramponnant à ses parents. Peut piquer une colère si on l'oblige à se lancer quand même.

Turbulence

C'est un enfant *bruyant*, qu'il soit malheureux, furieux ou content.

Irrégularité

Imprévisible. Impossible de dire quand il aura faim ou sommeil, d'où des conflits à propos des repas et du coucher. Brusques sautes d'humeur. Se réveille la nuit.

Seuil de tolérance bas

Hypersensible aux bruits, aux lumières, aux couleurs, aux textures, à la température, à la douleur, aux saveurs ou aux odeurs. A besoin de « se sentir bien » dans ses vêtements, ce qui pose des problèmes pour l'habiller. N'aime pas le goût de nombreux aliments. Réagit de façon excessive pour un bobo. A chaud quand tout le monde a froid. Très facilement surexcité. Peut faire des colères.

Négativité

Fondamentalement sérieux ou maussade. Pleurniche et se plaint beaucoup. N'est pas un enfant « heureux de vivre ».

VOTRE ENFANT

	Très difficile	*Moyennement difficile*	*Peu difficile*
Niveau d'activité	☐	☐	☐
Étourderie	☐	☐	☐
Adaptabilité	☐	☐	☐
Approche/Recul	☐	☐	☐
Turbulence	☐	☐	☐
Régularité	☐	☐	☐
Seuil de tolérance	☐	☐	☐
Humeur	☐	☐	☐

PROFIL DU CARACTÈRE DE DAISY, QUATRE ANS

	Très difficile	*Moyennement difficile*	*Peu difficile*
Niveau d'activité	☐	☐	☐
Étourderie	☐	☐	☐
Adaptabilité	☒	☐	☐
Approche/Recul	☐	☒	☐
Turbulence	☐	☒	☐
Régularité	☐	☒	☐
Seuil de tolérance	☒	☐	☐
Humeur	☒	☐	☐

CORRÉLATION ENTRE LE COMPORTEMENT ET LE CARACTÈRE

Chaque fois que vous établissez un rapport entre le comportement de votre enfant et un trait difficile de son caractère, le comportement en question devient moins déroutant. Reprenez le profil du comportement de votre enfant. Considérez chaque type de comportement en tenant compte du contexte dans lequel il survient. Demandez-vous s'il est possible d'établir une corrélation entre ce comportement et le caractère de votre enfant. Chaque fois que vous jugez cela possible, inscrivez une croix à côté du comportement. Faites-le, même si le rapport ne nous paraît pas évident à 100 pour cent. Par exemple, un comportement geignard est parfois lié à la mauvaise adaptabilité (lors d'un changement), mais, à d'autres moments, il peut donner l'impression d'être une tentative de manipulation de la part de votre enfant. Dans ces cas-là, inscrivez une croix à côté du comportement, mais faites-la suivre d'un point d'interrogation.

Pour illustrer cela, il suffit d'établir une corrélation entre l'attitude de Daisy, quatre ans (exemple du profil de comportement p. 134), et son caractère.

Son comportement désobéissant et entêté se manifeste au moment où elle s'habille. Elle veut à tout prix remettre le même jean tous les jours. Il y a des vêtements qu'elle n'aime pas, dont elle dit qu'elle ne s'y sent pas bien. Cela est dû à sa mauvaise adaptabilité à laquelle s'ajoute un seuil sensoriel très bas dans le sujet du toucher. Si le domaine vestimentaire devient un terrain d'affrontement avec sa mère et que cette dernière insiste pour que Daisy mette certaines affaires, la petite fille risque d'éclater de colère.

Les scènes à l'heure du coucher proviennent de son tempérament irrégulier que l'on a pu remarquer depuis sa petite enfance. Ses parents tentent de la mettre au lit. La fillette n'a pas sommeil tous les soirs à la même heure, si bien que le coucher donne lieu à des conflits quotidiens.

Un comportement maniaque et entêté durant les repas peut être imputé à un mélange de mauvaise adaptabilité, seuil sensoriel bas pour la saveur et l'odeur des aliments, et rythmes irréguliers de l'appétit.

L'attitude égoïste de Daisy, qui se manifeste dans le domaine de la télévision (elle veut toujours qu'on regarde ce qui lui plaît, à elle), des relations avec ses camarades et ses frères et sœurs, du comportement à l'école et des activités familiales, peut être liée à sa mauvaise adaptabilité. Elle se bloque sur ce qu'elle est en train de faire et ne veut pas changer d'idée.

Sa timidité, qu'elle manifeste en se cramponnant à sa mère et par ses mouvements de recul envers les inconnus comme dans les endroits publics, est peut-être due à son recul initial, aggravé par un seuil sensoriel bas, qui la rendent sujette à la sur-stimulation. Là aussi, la crise de rage sera facilement déclenchée.

A l'école, une partie de son comportement difficile est lié au mal qu'elle a à assurer les changements de sa routine et à partager avec les autres. Encore une fois, sa mauvaise adaptabilité est en cause.

Le comportement geignard et apparemment « malheureux » de Daisy peut être imputé à son humeur négative.

Les parents de Daisy n'ont pas cherché à évaluer son comportement dans deux domaines – le niveau d'activité et l'étourderie. Ni l'un ni l'autre ne posent de problèmes chez leur fille.

En considérant le profil du caractère de votre enfant, vous serez étonné de découvrir le nombre de comportements difficiles que vous aurez pu relier, directement ou indirectement, à ses traits de caractère innés. Ces informations sont essentielles pour le succès de votre programme. Vous vous y reporterez à d'innombrables reprises.

LES QUESTIONS FAMILIALES

La première partie de ce livre exposait le processus de cercle vicieux et la manière dont la famille est affectée par l'enfant difficile. Pour décider de quelle façon votre famille est affectée, il est particulièrement important d'envisager votre propre situation en tant que couple. Inutile de dresser une liste, mais vous devez avoir ensemble des discussions approfondies. Efforcez-vous de vous mettre à la place de chaque membre de la famille.

1. *De quelle façon la mère est-elle affectée?*
   Il est question ici de savoir si vous vous sentez épuisée, dépassée, isolée, insuffisante, tenue à l'écart et « différente », coupable ou furieuse.
2. *De quelle façon le père est-il affecté?*
   Vous sentez-vous exclu des rapports mère/enfant? Avez-vous l'impression que votre femme « n'est pas à la hauteur » en tant que mère? Êtes-vous, vous aussi, furieux, coupable ou épuisé?
3. *De quelle façon les frères et sœurs sont-ils affectés?*
   Il faut étudier ici des possibilités telles que frères et sœurs « trop sages » par contraste avec l'enfant

difficile. Ou bien qui font exprès d'être « vilains » pour qu'on s'occupe d'eux, qui se sentent négligés, ou qui se replient sur eux-mêmes.

4. *De quelle façon votre mariage est-il affecté?*
Avez-vous l'impression de ne pas avoir de temps à vous consacrer mutuellement? Vous disputez-vous souvent quant à la meilleure manière de prendre votre enfant? Passez-vous votre temps à rejeter le blâme sur votre conjoint? Vos rapports se sont-ils dégradés?
5. *De quelle façon vos rapports avec votre famille, au sens large, sont-ils affectés?*
Figurent ici vos rapports avec vos famille et belle-famille respectives (parents, frères, sœurs). Recevez-vous beaucoup de critiques quant à la façon dont vous élevez votre enfant? Les réunions de famille en souffrent-elles? Avez-vous des disputes avec vos mère ou belle-mère (ou les deux) au sujet de votre enfant?
6. *Les autres problèmes familiaux s'aggravent-ils?*
Les problèmes d'alcoolisme, d'argent, les soucis, les tendances dépressives d'un des deux parents et les autres problèmes risquent d'être exacerbés.

Ne profitez pas de vos discussions pour retourner le couteau dans d'anciennes plaies, pour vous accuser mutuellement ni pour rouvrir de vieux règlements de comptes. Tâchez de découvrir de *nouvelles* informations sur les sentiments et aux réactions de tous les membres de votre famille. *Toutes* les familles où il y a un enfant difficile en souffrent dans une certaine mesure.

L'USURE

Lorsque vous aurez découvert de quelle façon le cercle vicieux fonctionne chez vous et dans votre famille, il sera temps de vous pencher sur la manière dont il affecte votre enfant difficile. Lui aussi risque de souffrir d'effets secondaires parmi tant de tensions et de violence. Demandez-vous si votre enfant :

	Oui	*Non*
Paraît souvent furieux	☐	☐
Se cramponne à ses parents (même s'il n'y a pas de recul initial)	☐	☐
Est souvent craintif	☐	☐
Fait souvent des cauchemars	☐	☐
Est hypersensible et facilement perturbé	☐	☐
Ne semble pas s'aimer	☐	☐
Dit « Je suis méchant » ou des phrases analogues	☐	☐

VOTRE DISCIPLINE EST-ELLE EFFICACE?

Une discipline inefficace, nous l'avons vu, est l'un des principaux problèmes auxquels se heurte la famille d'un enfant difficile. Efforcez-vous de répondre honnêtement aux questions suivantes. Leur but n'est nullement de créer chez vous un sentiment d'incompétence, mais d'attirer votre attention sur les méthodes qui ne marchent pas avec un enfant difficile. Les *OUI* du questionnaire indiquent des techniques inefficaces et des frustrations *avec lesquelles vous n'êtes pas obligés de vivre*. La réponse à vos problèmes n'est pas de sévir *plus*, mais de sévir *moins*.

	Oui	*Non*
Vous surprenez-vous souvent à crier et à tempêter?	☐	☐
Vous abaissez-vous au niveau de l'enfant? (S'il vous donne une tape, la lui rendez-vous?)	☐	☐
Punissez-vous l'enfant plus souvent que vous ne le voudriez?	☐	☐

Lui dites-vous « non » sans arrêt?	☐	☐
Avez-vous l'impression de vous répéter tout le temps?	☐	☐
Êtes-vous souvent en lutte avec votre enfant?	☐	☐
Faut-il sans arrêt tout lui expliquer?	☐	☐
Lui demandez-vous souvent de promettre qu'il ne refera jamais une chose pareille?	☐	☐
Proférez-vous des menaces que vous n'avez pas l'intention de mettre à exécution?	☐	☐
Vous arrive-t-il, exaspéré, d'infliger une lourde punition pour une bêtise relativement bénigne, comme vous vous en apercevez ensuite?	☐	☐
Vous arrive-t-il de ne pas savoir comment réagir?	☐	☐
L'enfant vous semble-t-il plus puissant que vous?	☐	☐
Avez-vous remarqué que plus vous punissez l'enfant, plus il est désobéissant?	☐	☐
Êtes-vous tout le temps après lui?	☐	☐
Changez-vous souvent d'avis quant à vos méthodes de punition?	☐	☐
Cédez-vous beaucoup?	☐	☐

Essayez de vous rappeler les façons de prendre votre enfant qui ont donné de bons résultats. Vous est-il arrivé de tenter une méthode – même si dans votre esprit ce n'est pas de la « discipline » – et d'être surpris de voir votre enfant obéir aussi vite? Existe-t-il une punition qui semble avoir un effet particulier sur lui? Le fait de savoir connaître et répertorier vos succès, même s'ils vous semblent rares, vous aidera à trouver des solutions créatives.

Un dernier mot

Voici tout ce que vous savez à présent de votre situation :

- Le genre de comportement qui vous pose le plus de problèmes.
- Dans quel contexte il survient.
- Les traits de caractère sous-jacents liés à une partie de ce comportement.
- Si votre famille est affectée par le stress du cercle vicieux.
- Si votre enfant semble atteint par le phénomène d'usure.
- Si votre discipline est efficace ou inefficace.

Et, maintenant, vous allez apprendre ce que vous pouvez faire.

7

Rétablissez votre autorité d'adulte
La discipline qui fonctionne

L'une de mes tâches les plus ardues, dans le cadre du Programme de l'enfant difficile est de convaincre les parents de renoncer à la discipline qu'ils ont jusque-là imposée à leur enfant. Même s'ils savent que leur méthode ne fonctionne pas, ils éprouvent une peur panique à l'idée de « recommencer de zéro ».

L'autorité qu'ils se sont efforcés d'affirmer est la plupart du temps inefficace : elle consiste à dire « non » plus souvent qu'il n'est nécessaire, à se laisser entraîner dans des conflits à tout bout de champ, à s'abaisser au niveau de l'enfant, à multiplier les hurlements, les menaces et même les coups.

Il est temps de commencer à réagir au comportement difficile de votre enfant d'une façon différente. Au lieu de réagir de façon émotionnelle et instinctive, vous apprendrez à réfléchir, évaluer – et seulement ensuite à passer aux actes.

LA NEUTRALITÉ : RÉFLÉCHIR ET NON SENTIR

Avant de pouvoir efficacement rectifier le comportement de votre enfant, il faut adopter une attitude objective. Pour vous, le facteur clef est la *neutralité*. Par conséquent, chaque fois que votre enfant se conduit mal :

• Ne réagissez pas de façon émotionnelle ou instinctive.

• Prenez du recul et montrez-vous le plus neutre possible.

Réfléchissez! Rappelez-vous que votre réaction doit venir de votre *intellect* et non de vos *émotions.*

• Ne vous sentez pas personnellement visé. Chaque fois que vous vous dites : « Pourquoi est-il si méchant avec moi? », vos émotions entrent automatiquement en jeu. Vous êtes sur la mauvaise voie.

• Intéressez-vous au comportement de votre enfant et non à ses mobiles ou à son humeur.

Vous vous efforcez ici d'enrayer votre réaction habituelle envers votre enfant, qui vous vient des « tripes ». Prenez le temps de réfléchir et luttez contre vos réactions automatiques à son comportement : le « non » immédiat, les menaces, les hurlements. Efforcez-vous de dégager vos émotions de ce processus et de les remplacer par l'objectivité d'un professeur qui étudie son sujet. Votre but doit être une attitude aussi froide et détachée que possible.

Cela signifie-t-il que vous devez devenir un parent robot dont les réactions envers son enfant sont calculées? Pas le moins du monde! Lorsque vous vous sentirez plus à l'aise et plus sûr de votre autorité, vous retrouverez votre spontanéité. Dans un cercle vicieux enraciné, les réactions instinctives sont négatives tant pour l'enfant que pour ses parents. Pour apprendre une nouvelle spontanéité, vous devez d'abord commencer par émerger du cercle vicieux.

Si vous pouvez ainsi affronter une situation désagréable sur trois, vous êtes sur la voie de la réussite. Ne vous découragez pas. On ne se défait pas d'habitudes ancrées du jour au lendemain.

DEMANDEZ-VOUS : EST-CE SON CARACTÈRE?

Chaque fois que vous établirez un rapport entre un comportement et un trait de caractère, vous serez en meilleure posture pour agir. Si un comportement provient du caractère, l'enfant, dans un certain sens, en est la victime. Efforcez-vous de reconnaître les situations de ce genre. Si vous y parvenez, votre attitude sera empreinte d'une plus grande tolérance.

Au cours de cette étude de dix jours, vous vous êtes concentré sur le comportement, le caractère et le lien entre les deux. Entraînez-vous à rechercher ce lien et à récolter de nouveaux renseignements.

Chaque fois que votre enfant vous agace, vous irrite, ce qui vous oblige à sévir, demandez-vous si ce comportement est lié à son caractère inné. Qu'est-ce qui a déclenché le trouble? Un changement d'activités? Un nouveau vêtement? Un grand magasin bruyant? Ne négligez aucun facteur, si insignifiant soit-il. Votre fille pique-t-elle une colère quand vous lui demandez de changer de sous-vêtements? Demandez-vous comment sont les nouveaux sous-vêtements. Sont-ils violets au lieu d'être blancs? Peut-être la petite fille a-t-elle un seuil sensoriel très bas et est-elle sensible aux couleurs. Elle exprimera vigoureusement cette sensibilité.

Il faut être vigilant en ce qui concerne les situations de transition, car elles peuvent déclencher des comportements difficiles chez les enfants peu adaptables. Il peut suffire d'appeler votre enfant à table alors qu'il joue dehors pour provoquer un flot d'orageuses protestations. Si votre enfant s'énerve, prenez du recul et essayez de voir s'il ne s'agit pas d'une question de changement. Interrompre une routine, passer d'une activité à une autre, modifier le rythme d'une activité peut faire naître chez l'enfant un désir de résistance.

DEMANDEZ-VOUS : EST-CE PERTINENT?

L'une des principales causes d'une discipline inefficace, dans le cas d'un enfant difficile, c'est que les parents sont si absorbés, tellement exaspérés par les problèmes qu'il pose qu'ils réagissent automatiquement à *tous* ses faits et gestes. Plus leur réaction est excessive, plus l'enfant se conduit mal. L'enfant devient l'objet d'un surcroît d'attention. Un excès d'attention, même de nature négative, est une « récompense » si tentante pour un enfant que sa mauvaise conduite s'en trouve *renforcée*. Il faut vous retenir, réagir moins souvent et vous poser des questions telles que : « Est-ce vraiment important? – Puis-je laisser passer ce genre de comportement? – Que va-t-il se passer si je me contente d'attendre? – Si je ne fais rien, vais-je perdre la face? »

Pour vous aider à réagir moins souvent, vous avez besoin d'une dernière liste. Dans le Programme de l'enfant difficile, je demande à la mère et au père de dresser des listes séparées des comportements de leur enfant qui les troublent le plus. C'est ce qu'on appelle le « comportement sérieux », *le comportement pour lequel vous, parent, estimez que vous devez sévir afin de le transformer.* Veillez, lorsque vous faites le point sur chaque comportement, à vous demander ce que vous pouvez raisonnablement espérer. Même si vous attachez beaucoup d'importance aux bonnes manières à table, n'êtes-vous pas en train de réagir de façon excessive au comportement de votre enfant durant les repas? Peut-être pourriez-vous fermer les yeux sur certains manquements. Efforcez-vous de ne mentionner, sur votre liste du « comportement sérieux », que les points *vraiment importants.*

Une fois que chacun de vous aura établi sa liste et que vous vous serez assurés qu'il s'agit de point pertinents, échangez vos deux listes. Elles seront probablement différentes. Il faut alors commencer à négocier, votre conjoint et vous, afin d'arriver à une liste commune de comportements qui vous semblent sérieux à tous deux. Durant ces discussions, vous devez vous efforcer de fonder vos conclusions sur votre objectivité et non sur votre irritation. De nombreuses mères se bloquent complètement sur des conflits de volonté au sujet des vêtements de leur enfant, ou sur ce qu'il va prendre au petit déjeuner. Elles répètent : « Elle ne veut rien entendre, elle n'en fait qu'à sa tête! » Tout devient source de difficultés. Le fait que l'enfant réclame des chips tous les matins au lieu d'un bol de céréales peut déclencher une crise. La mère est obsédée par l'idée que son enfant n'aura pas une bonne alimentation. Elle s'inquiète pour son avenir. Elle oscille entre la colère et la démission. Pour le moment, à moins que le pédiatre ne soit préoccupé par l'état de l'enfant sur le plan de la nutrition, la mère devrait considérer que ce genre de comportement n'est pas pertinent. Lorsque l'atmosphère familiale se sera améliorée, elle pourra tenter un nouvel assaut contre les chips. Un autre comportement irritant que l'on retrouve chez ces enfants est la tendance à dire des gros mots et à jurer. Beaucoup d'enfants difficiles disent à leurs parents qu'ils sont « bêtes », ou bien pire, ce qui met ces derniers dans tous leurs états. Pour le moment, dans l'optique de notre liste, dites-vous que ce n'est pas sérieux. *Vous pourrez y revenir plus tard.* Il y a des choses dont l'importance est plus immédiate. C'est sur ces questions que vous devez concentrer vos efforts.

Voici quelques conseils généraux pour vous aider à cerner les questions prioritaires :

1. Ne faites figurer dans votre liste aucune motivation, simplement les comportements. Votre fille refuse de changer de vêtements. C'est un fait. Non celui qu'elle refuse de changer de vêtements « parce qu'elle veut toujours n'en faire qu'à sa tête ».

2. Est-ce *important?* Prenez du recul par rapport à votre exaspération. Est-il important qu'il fasse un tel bruit avec ses jouets? Est-il plus important qu'il s'en serve pour taper sur ses frères et sœurs?

3. Les *deux* parents trouvent-ils important le facteur en question? Votre liste finale doit être cohérente.

4. Êtes-vous sûr d'être vraiment *objectif?* Prenez du recul par rapport à la liste (et à l'enfant) et tâchez de faire une évaluation rationnelle du comportement. Ne vous occupez pas de vos listes lorsque l'enfant est dans le voisinage. Choisissez pour les mettre au point des périodes où vous êtes tous les deux au calme. Installez-vous dans une pièce où vous ne serez pas distraits par la télévision. Entreprenez ce travail lorsque vous aurez du temps devant vous pour débattre la question, plutôt que de noter ce qui vous passe par la tête.

5. Quel *degré* a atteint le mauvais comportement de votre enfant? Se renouvelle-t-il tous les soirs, ou seulement de temps en temps?

6. Ne vous mêlez pas de prévoir le futur. Contentez-vous de vous occuper du *présent.* Ce n'est pas la personnalité de votre enfant quand il sera adulte qui est en cause. (« Que va-t-il devenir si je lui permets de dire des gros mots/de se tenir mal à table/de refuser tout contact avec les inconnus? J'ai peur qu'il ne tourne mal. »)

L'opération qui consiste à faire le tri et à se mettre d'accord sur une liste de comportements *vraiment* sérieux est loin d'être facile. Ne vous découragez pas si vous n'y parvenez pas d'emblée. Le tri à effectuer vous prendra plus de temps que vous ne l'imaginez, mais il convient de souligner à quel point cette opération est importante, car votre liste sera à la base de votre discipline efficace. Le concept du comportement sérieux par rapport à celui qui ne l'est pas sera utilisé dans chaque situation où les parents devront manifester leur autorité.

Notez votre liste définitive dans votre carnet sous le titre « Comportement sérieux ».

Un dernier point : n'hésitez pas à modifier ou à perfectionner votre liste. Vous pouvez penser à quelque chose de nouveau ou d'important qu'il faut y inclure. Ou vous pourrez décider de supprimer un des articles.

Jetons un regard sur les listes établies par un couple, Jacqueline et Albert, dont le fils de trois ans et demi,

Robert, représente l'archétype de l'enfant difficile. A l'issue de leur première tentative, voici à quoi ressemblent leurs listes :

Liste de la mère	*Liste du père*
Mange trop de hot-dogs	Boude, toujours de mauvaise humeur
Mord les autres enfants	Incapable d'apprécier les cadeaux
Refuse de partager ses jouets	Touche à toutes mes affaires
Pique des colères interminables	Ne m'écoute jamais
Fait exprès de casser	Se tient mal avec les inconnus
Refuse de porter les habits neufs	Regarde trop la télévision
Se tient très mal à table	Vient dans notre lit la nuit
Hurle comme un fou quand je lui donne son bain	Pleure trop
Ne veut en faire qu'à sa tête	Mord les enfants
Je ne peux l'emmener nulle part	Fait des colères noires

A présent, ils échangent leurs listes et commencent à discuter. Albert s'exclame aussitôt : « Pourquoi dis-tu qu'il mange trop de hot-dogs? Ça te trouble à ce point-là? » Jacqueline lui explique qu'elle sert souvent un hot-dog au petit pour le déjeuner, parce qu'il l'aime et que c'est plus facile que de lui préparer un plat compliqué qu'il risque de refuser. Au bout d'un moment, les parents se rendent compte que la question des hot-dogs n'est pas importante : la santé de leur fils est excellente. Leur pédiatre leur a dit de ne pas s'inquiéter des manies alimentaires de Robert. Les hot-dogs sont donc rayés de la liste. Jacqueline remarque alors un des reproches de son mari : « Vient dans notre lit la nuit. » Elle assure que cela lui est égal. « Eh bien, moi, j'estime que c'est notre chambre et que nous avons le droit de ne pas y être dérangés », réplique-t-il. Jacqueline, plus protectrice, se fait du souci à l'idée que Robert a peur la nuit. Albert insiste sur le fait qu'ils ont besoin de pouvoir se retrouver seul à seule. Après une discussion, ce point reste sur la liste des comportements pertinents. Ils annulent la façon dont il se tient à table, parce qu'à côté de sa manie de mordre et de ses colères, elle leur paraît insignifiante. Jacqueline fait remarquer que la phrase d'Albert : « Ne m'écoute jamais », est trop vague et qu'il faudrait la formuler autrement. Il signale de son côté que de dire que leur fils fait exprès de casser soulève le problème de la motivation. Jacqueline a le sentiment qu'il s'agit la plupart du temps d'accidents. Ils décident que c'est à eux de mettre un maximum d'objets hors de la portée de Robert et de mieux le surveiller quand il est surexcité. Ils conviennent que le fait de hurler quand on lui donne son bain n'est pas dramatique. Après de nouvelles discussions, ils finissent par établir la liste que voici :

Pique de longues et terribles colères
Mord les autres enfants
On ne peut l'emmener nulle part
Refuse tous les nouveaux habits
N'obéit pas
Boude, toujours de mauvaise humeur
Vient dans notre lit la nuit
Pleure trop

Voilà qui n'est pas mal pour une liste de comportements sérieux, mais on peut l'améliorer. « Refuse tous les nouveaux habits » est une particularité liée au caractère. Le petit garçon en question possède un seuil sensoriel très bas. Il est sensible au contact des nouveaux vêtements et s'adapte mal. Il n'aime pas les affaires « neuves » parce qu'il déteste le changement. Si vous analysez la situation, vous vous apercevrez que, même si elle ennuie les parents, il est possible de contourner l'obstacle. Les parents peuvent laver les affaires neuves avant de s'en servir pour les rendre plus souples. Ou acheter des vêtements identiques à ceux que met déjà leur fils pour lui faciliter la transition. Ou ne pas tenir compte de ce problème pour le moment et s'efforcer de ne pas attacher une telle importance à ce que Robert porte. « Boude, toujours de mauvaise humeur » : il peut s'agir d'une expression du caractère de l'enfant (humeur négative). Même si ce n'est pas entièrement le cas, ce n'est pas le genre de comportement contre lequel il convient de sévir. Les problèmes liés au caractère peuvent être résolus d'une façon particulière.

Soyez précis au sujet du comportement de votre enfant. Jacqueline écrit : « On ne peut l'emmener nulle part », mais c'est plutôt l'expression de son exaspération qu'une description du comportement qu'elle estime intolérable. Pourquoi ne peut-elle pas emmener Robert avec elle? Est-ce parce qu'il se met en colère, pleurniche, se cramponne à elle ou se déchaîne? Certains traits de caractère interviennent-ils? Quand et où les pleurs de Robert lui semblent-ils excessifs et déplacés? Y a-t-il des situations qui déclenchent ce genre de comportement? On peut relever la phrase : « N'obéit pas » et se demander si Jacqueline et Albert ne veulent pas trop se faire obéir. Ils devraient définir des exemples spécifiques et limités de désobéissance.

La liste idéale est celle qui réunit cinq ou six comportements que vous désirez tous les deux voir changer. Il pourrait s'agir de crises de rage, d'agressions physiques caractérisées et excessives (ici le fait que Robert morde les autres enfants est pertinent); d'un trop grand manque de respect pour la vie privée des parents (il vient dans leur lit la nuit); de désobéissance (lorsqu'on lui dit d'éteindre la télévision ou de sortir du bain); d'un comportement sans retenue dans des lieux publics (dans les hypermarchés il court partout et s'empare de ce qui est à sa portée).

UNE DISCIPLINE EFFICACE

Vous devez maintenant avoir bien fait la distinction entre le caractère (mauvaise adaptabilité, irrégularité, par exemple) et le comportement. La discipline s'adresse à ce dernier. Il serait en effet aberrant de punir un enfant parce qu'il a des rythmes irréguliers ou qu'il ne parvient pas à s'adapter aux situations nouvelles. Nous verrons plus loin comment agir sur le caractère.

Lorsque vous aurez décidé qu'un comportement donné est sérieux (c'est-à-dire suffisamment important pour que vous preniez fermement position), que reste-t-il à faire? Il faut réagir efficacement.

Une punition n'est qu'une partie de la discipline. La discipline se réfère à une attitude d'adulte détenant l'autorité. Votre façon d'établir vos règles, votre brièveté et votre fermeté, votre cohérence et votre sens pratique sont autant de qualités qui contribuent à forger une bonne discipline. Quand votre enfant comprendra que vous contrôlez la situation, vous constaterez que vous aurez moins besoin de sévir. Si vous y êtes obligé, vous n'aurez aucun mal à imposer votre punition.

Méthodes de punition

Après avoir réduit le champ des comportements sérieux chez votre enfant, on peut aussi réduire le nombre de réactions possibles de votre part. Vous n'avez pas besoin de vingt-cinq méthodes pour le punir. Trois suffiront amplement.

En vous fondant sur votre expérience, choisissez trois façons de punir votre enfant que vous n'avez aucun mal à appliquer et que vous jugez brèves, compréhensibles et adaptées à la faute. Si vous n'êtes pas sûr, examinez la liste suivante :

1. Punissez l'enfant en l'envoyant quelques instants dans sa chambre.
2. Abolissez un de ses privilèges de façon momentanée (par exemple, le droit de regarder une émission de télévision qu'il adore) ou bien retirez-lui un de ses jouets.

3. Soulignez parfois vos propos d'une bonne claque sur le derrière.

N'ayez recours qu'à ces trois méthodes (ou aux trois que vous aurez choisies). Efforcez-vous de ne jamais punir autrement. N'élevez pas la voix, ne hurlez pas, ne multipliez pas les explications, ne menacez pas si vous n'avez pas l'intention de mettre votre menace à exécution. Dans votre cas *moins égale plus*. Que tout soit clair, ferme, simple.

La punition est symbolique

La plupart des parents ignorent que l'ampleur et la sévérité d'une punition ne font guère de différence. Cinq minutes tout seul dans sa chambre font à peu près autant d'effet à un enfant que soixante. Il n'est pas raisonnable de s'attendre qu'un petit enfant passe un long moment seul dans sa chambre.

Si la punition vous semble trop légère, sachez que votre autorité n'en pâtira nullement. Le fait de préciser ce que vous avez l'intention de faire et de mettre vos paroles à exécution est efficace. En règle générale, veillez à choisir une punition raisonnable et rappelez-vous qu'une claque est aussi efficace qu'une fessée. L'important, c'est de punir en adoptant une attitude sérieuse, voire menaçante. Que le ton de votre voix indique que c'est vous qui contrôlez la situation et que vous n'êtes pas là pour rire. Votre enfant doit se rendre compte que vous ne parlez pas en l'air.

Précisez clairement les règles et les conséquences

Les enfants sont plus à l'aise lorsqu'ils savent que leurs parents s'en tiennent à ce qu'ils ont dit. Une mauvaise conduite spécifique qui n'est pas tolérée de la part d'un enfant devrait toujours être suivie d'une punition spécifique. Vos règles doivent être bien définies et faciles à comprendre. De cette façon, votre enfant sait exactement ce que vous attendez de lui. C'est *comme ça* et ce n'est pas autrement.

Commencez par décider quelles sont les règles fondamentales dont vous avez besoin pour contrôler les comportements pertinents, puis expliquez-les à votre enfant, le plus simplement et le plus objectivement possible. « Nous avons établi une nouvelle règle. Dorénavant, il t'est interdit de frapper qui que ce soit. Si jamais tu le fais quand même, je t'enverrai dans ta chambre pour te punir. » La première fois que votre enfant tente de taper sur sa sœur, vous pouvez vous contenter de lui rappeler votre règle mais, dès qu'il récidive, il faut agir immédiatement et lui infliger la punition prévue. Il frappe. Vous lui rappelez qu'il vient de transgresser votre règle et vous l'envoyez immédiatement dans sa chambre.

Une punition doit être infligée le plus rapidement possible après la faute qui la provoque. Ne tardez surtout pas.

Ne punissez que le comportement

Si votre enfant se conduit d'une façon inacceptable, alors que vous l'aviez prévenu, il doit être puni. Cependant, il ne faut pas lui donner l'impression qu'il ne vaut rien, parce qu'il n'a pas été sage. Évitez de lui dire qu'il n'est qu'un « méchant ». Vous voulez lui faire savoir que vous n'êtes pas disposé à tolérer un comportement spécifique et non que vous ne l'aimez plus.

C'est dans ce contexte que vous devez éviter de faire la chasse aux mobiles. Ce sera difficile. De toute évidence, tous les enfants, y compris les enfants difficiles, agissent sous l'empire de divers mobiles. Le problème, dans le cas de l'enfant vraiment difficile, c'est que son comportement est souvent si compliqué à comprendre que les parents ont tendance à lui *prêter* des mobiles qui peuvent ne rien avoir à faire avec la réalité. Lorsque vous commencez à appliquer notre programme, vous aurez intérêt à suspendre cette chasse aux mobiles.

Ne pas confondre « mauvaise humeur » et « mauvaise conduite ». Un enfant pleurnichard et grognon peut mettre les nerfs de ses parents à vif, mais concentrez-vous uniquement sur le comportement et non sur l'humeur (qui est un trait de caractère).

Savoir punir

Soyez bref. Soyez très bref lorsque vous punissez votre enfant. « Tu as fait ceci, ce n'est pas permis, voici ta punition. » N'en dites jamais plus long. Ne vous lancez pas dans d'interminables explications.

Supposons que vous possédez un joli bureau en bois verni dans votre salon. Votre fils adore y poser ses jouets. Vous avez peur qu'il ne le raye. Une mère qui a la manie de vouloir tout expliquer dirait peut-être : « Georges, ce meuble a beaucoup de valeur. Si tu poses tes jouets dessus, spécialement tes petites voitures et tes camions, tu risques de l'érafler. Et, si tu l'érafles, maman sera obligée de faire venir l'ébéniste pour le réparer, ce qui coûte très cher. Papa sera furieux. Alors, s'il te plaît, ne joue pas sur le bureau. »

Il vaudrait mieux fournir une seule explication très simple : « Georges, tu sais que tu ne dois pas jouer sur ce bureau. Si je t'y prends, tu n'auras pas le droit de regarder les dessins animés à la télévision. » Si Georges s'obstine, vous lui dites : « Ce n'est pas permis. Tu désobéis. Tu vas être puni : tu seras privé de dessins animés. »

Jamais de compromis. Le problème pour de nombreux parents d'enfants difficiles, c'est que leur enfant est devenu si puissant à leurs yeux qu'ils ont le sentiment d'avoir affaire à un adulte ou d'être eux-mêmes redevenus des enfants qui s'efforcent de « se venger » d'un autre enfant. Avec les enfants difficiles, il ne faut pas négocier, il faut établir des règles. Si votre enfant vous demande pourquoi, alors qu'il s'agit d'un comportement que vous jugez pertinent, contentez-vous de répondre : « Parce que je l'ai décidé » ou : « Parce que c'est comme ça. » Il ne s'agit pas de faire régner une tyrannie, mais il y a de fortes chances pour que votre enfant trouve vos nouvelles règles sensées.

Votre but est d'affirmer votre autorité de façon objective et neutre.

Imaginons que votre fille s'amuse à cracher sa nourriture pendant les repas et que vous avez décidé qu'il s'agissait d'un comportement pertinent. Vous lui annoncez que vous allez l'envoyer dans sa chambre si elle s'avise de cracher ce qu'elle a dans la bouche. Elle crache une fois et vous lui rappelez pour la seule et unique fois qu'elle va être punie et envoyée dans sa chambre. Elle recommence.

Dans ce cas, n'allez *surtout* pas entamer le dialogue que voici :

« C'est bon, Jennifer, va dans ta chambre.

– Maman, je t'en prie, je ne l'ai pas fait exprès cette fois-ci. C'est un accident.

– Tant pis, ce qui est dit est dit.

– Mais, maman, tu m'as servi du pain de viande et il est tellement dur à manger qu'il s'est coincé entre mes dents.

– Tu devrais déjà être dans ta chambre.

– S'il te plaît, maman. Je te promets que je ne le ferai plus. C'est la dernière fois.

– Jennifer...

– Et si j'allais dans le salon à la place de ma chambre? »

Tenez-vous-en plutôt à un échange dans le genre de celui qui suit :

« C'est bien, Jennifer, je t'avais prévenue. Tu as choisi de désobéir. A présent tu vas dans ta chambre pour cinq minutes.

– Maman, je t'en prie, je ne l'ai pas fait exprès.

– Tu es punie et tu dois aller dans ta chambre. Inutile de discuter.

– Pourquoi?

– Parce que je te l'ordonne, un point c'est tout! »

La « structure politique » idéale de la famille d'un enfant difficile doit plutôt être calquée sur le modèle d'une dictature bienveillante que sur celui d'une démocratie. L'enfant n'a *pas* le droit de vote lorsqu'il s'agit de choisir sa punition. Vous n'avez aucune intention de jouer les tyrans, mais vous entendez être un chef de famille efficace.

Soyez ferme. Au lieu de crier et de hurler contre votre enfant, prenez un ton de voix menaçant. Donnez l'impression que vous parlez *sérieusement.* Avec un jeune enfant, le ton de la voix est particulièrement important.

Ne parlez pas à votre enfant d'une voix douce, comme si vous n'aviez aucune intention de mettre vos menaces à exécution :

« Écoute, mon chéri, ça ne nous plaît pas du tout que tu dessines sur le papier peint avec tes crayons de couleur. Les enfants sages ne font pas des choses pareilles, n'est-ce pas? Tu comprends, mon petit trésor? La prochaine fois que tu voudras faire une belle image, fais-la sur une jolie feuille blanche et donne-la à maman. »

Non. Sachez être ferme :

« Je ne veux plus *jamais* te voir dessiner sur le papier peint, ni où que ce soit en dehors de ton album à colorier. C'est compris? Si tu recommences, tu n'auras pas le droit de regarder ton feuilleton. »

Ne multipliez pas les mises en garde. Cette règle a deux aspects. Primo, vous ne devez pas oublier que votre enfant peut vous mettre à l'épreuve pour s'assurer que vous parlez sérieusement. Si c'est le cas, il est important de donner suite à vos propos au lieu de répéter vos mises en garde sans passer aux actes. Il est normal de lui rappeler la règle une fois. Ensuite, *agissez.* Veillez à adopter un ton de voix et une attitude fermes.

Ne réitérez pas vos menaces :

« Alice, ne joue pas avec la montre neuve de maman. Elle vaut très cher. »

« Alice, si tu joues avec cette montre, tu seras punie. »

« Alice, tu as entendu ce que j'ai dit au sujet de ma montre? C'est la dernière fois que je te préviens! »

« Alice, tu m'écoutes? Je viens de te dire de ne *pas* jouer avec cette montre. Si tu continues, ça va aller très mal pour toi. »

Il vaut mieux *une* mise en garde suivie de la punition :

« Alice, si tu continues à jouer avec ma montre, tu n'auras pas de sucette après le déjeuner. »

« Très bien. Tu as continué alors que je t'avais prévenue. Tu es privée de sucette. »

Souvent, les parents ne mettent pas leurs menaces à exécution. Si vous vous en tenez à des punitions simples et courtes et si l'enfant sait très bien ce qu'il n'a pas le droit de faire, la situation devrait se clarifier.

Il existe une autre mise en garde qui risque d'être inutile. C'est la mise en garde anticipée, en prévision des bêtises que pourrait commettre votre enfant. Cela arrive parfois lorsqu'il se rend dans un endroit spécifique (par exemple chez sa grand-mère). Une mère pourrait adopter l'attitude suivante durant les heures qui précèdent la visite, parce qu'elle redoute que l'affaire ne tourne mal.

« Quand tu arriveras chez mamie, ne t'avise pas de toucher à quoi que ce soit dans son salon. Tu sais qu'elle en a horreur. »

« Alors, rappelle-toi bien que tu ne toucheras à rien chez mamie. C'est bien compris? »

« Je t'interdis de toucher aux affaires de grand-maman, c'est entendu? »

Il vaut mieux émettre votre mise en garde au moment où vous arrivez chez la grand-mère.

« Rappelle-toi bien que tu n'as pas le droit de toucher aux affaires de mamie parce qu'elles sont fragiles. Si tu désobéis, tu seras privé de gâteau. »

Faites preuve de bon sens. Une punition dépend de son contexte. Soyez souple quant à ce qui est possible dans une situation donnée. Lorsqu'on s'efforce de mettre un enfant au pas, il faut suivre son instinct et innover. N'oubliez pas de tenir compte de l'âge de l'enfant. Vous préférerez peut-être ne pas envoyer un petit de deux ans dans sa chambre s'il ne comprend pas votre démarche et refuse d'y rester. Un enfant de cet âge comprendra très bien si vous le privez de télévision ou de friandises.

Peut-être en serez-vous réduit à improviser. Il est évident que vous ne pourrez pas envoyer votre enfant dans sa chambre si vous vous trouvez dans un magasin où il se tient mal, mais vous ne voulez pourtant pas attendre d'être chez vous pour le punir. Dites-lui qu'il n'aura pas de cornet de glace s'il continue à mal se tenir.

Peut-être s'agit-il d'un goûter d'anniversaire : votre enfant commence à se déchaîner, à s'emparer des affaires de ses camarades et vous redoutez qu'il ne devienne agressif et ne se mette à mordre ou à donner des coups de pied. Vous n'êtes pas en mesure de l'envoyer dans sa chambre. Vous ne voulez pas le menacer de le ramener à la maison, parce que vous savez que c'est une menace que vous ne mettrez pas à exécution. Pas question de le priver de télévision, puisqu'il assiste à ce goûter et se moque de la télévision pour le moment. La solution est de trouver une punition adaptée aux circonstances. Dites à votre enfant : « Si tu mords tes amis ou si tu leur donnes des coups de pied, je t'envoie hors de la pièce et tu rateras le gâteau d'anniversaire et les jeux. »

Ne vous dispersez pas. Rappelez-vous que le but d'une discipline efficace est de vous faire obéir. L'attitude que votre enfant adoptera en retour n'a aucune importance. Il voudra peut-être sauver la face. Ne confondez pas cette attitude avec sa désobéissance. Elle ne l'empêche nullement de capter le message inclus dans la punition. Lorsque votre enfant vous désobéit et que vous lui annoncez qu'il est puni et qu'il doit aller dans sa chambre, il lancera peut-être : « Ça m'est bien égal, de toute façon je voulais m'en aller », avant de courir dans sa chambre. Considérez que votre punition n'en est pas moins valable.

POUR ARRIVER A VOS FINS, DOSEZ LES RÉCOMPENSES

La punition est une réaction nécessaire face à la mauvaise conduite. Existe-t-il une façon d'améliorer le comportement de votre enfant *sans* le punir? Comment faire pour le persuader de vous obéir, de respecter les règles en vigueur à la maison? Beaucoup de parents d'enfants difficiles, pour ne pas dire tous, sont constamment en train de gronder, de crier, de punir et de dire « non », sans obtenir la docilité escomptée. Pourquoi?

Si vous envisagez la situation d'un œil objectif, vous constaterez que vous avez établi des rapports négatifs avec votre enfant. Vous vous bloquez à d'innombrables reprises sur les mêmes fautes. Vous vous efforcez sans répit de les corriger. Ce genre d'attitude ne fonctionne avec aucun enfant, *a fortiori* lorsqu'il s'agit d'un enfant difficile.

Il faut changer de mode d'action et le remplacer par une attitude approbatrice envers ce que votre enfant fait de positif.

« Mais, objecterez-vous, et si mon enfant ne fait jamais rien de positif? »

Dans ce cas-là, il faut lui faire miroiter des récompenses pour l'inciter à bien se conduire.

« Mais alors, cela revient à l'acheter! » vous exclamez-vous.

Non! Il y a une différence entre acheter et récompenser. Acheter, c'est ce que fait le parent qui veut que son enfant lui fiche la paix. Si le comportement du petit lui tape sur les nerfs, il lui dit : « Si tu t'arrêtes de crier, je te donnerai une poupée. » Il s'agit d'une réaction immédiate dans un climat émotionnel tendu. Si elle se répète à de nombreuses reprises, elle pourra faire du petit un enfant gâté qui réclamera un cadeau avant de consentir à quoi que ce soit.

Les enfants difficiles risquent d'être gâtés pour une autre raison. Les parents se sentent si coupables à leur égard qu'ils ont tendance à compenser de façon excessive en les couvrant de cadeaux. Résultat : un enfant à la fois insécurisé et tyrannique. C'est un nouvel exemple du phénomène d'« usure ».

Acheter et gâter un enfant n'est jamais bon pour lui, surtout s'il est difficile. Ces récompenses bien dosées sont une autre affaire.

Envisagez la chose sous l'aspect suivant : lorsqu'un adulte se rend à son travail ou qu'un adolescent fait du baby-sitting, on n'estime pas qu'ils se laissent soudoyer pour remplir leur tâche. Ils gagnent de l'argent, tout simplement. De la même façon, on peut apprendre à un enfant à gagner des récompenses s'il se comporte d'une manière acceptable.

Les principes d'un système de récompenses

- Les récompenses sont accordées *de façon organisée* au lieu d'être des réactions ponctuelles.
- Le parent adopte une attitude neutre. Vous vous montrez réfléchi et ne cédez pas à vos émotions (du genre : « N'importe quoi pour que cet enfant me fiche la paix! »)
- La récompense s'applique à des *comportements spécifiques*, non à des attitudes. Ne récompensez jamais un enfant parce qu'il est « gentil » ou « agréable ».
- Ne soyez pas trop généreux. Si vous achetez un cadeau le lundi parce que vous trouvez qu'il a été « sage », que ferez-vous le mardi quand il aura été encore plus sage?

Le système fonctionne ainsi : choisissez un comportement précis que vous voulez voir votre enfant adopter. Par exemple : « Jusqu'à présent, le matin, c'est moi qui t'habillais. Si pendant cinq matins de suite tu arrives à t'habiller tout seul avant de descendre regarder la télévision, tu auras un cadeau. » (Le chiffre cinq est arbitraire; si cinq jours de suite ne sont pas à la portée de votre enfant, diminuez le nombre. Fixez-lui des objectifs réalistes et soyez très précis.)

La récompense doit être bien spécifiée. Une fois que

vous aurez décidé ce que l'enfant doit faire, choisissez avec lui la récompense. N'hésitez pas à négocier. Gardez le sens de la mesure; n'allez pas choisir un jeu vidéo parce que votre fille a accepté de se brosser les dents deux jours de suite. Gardez l'intérêt de votre enfant présent à l'esprit et faites-le participer au choix du cadeau.

Lorsqu'il s'agit d'une tâche importante, il est plus facile de la diviser en plusieurs séries de comportements. S'il s'agit de tenir la chambre du petit en ordre, votre enfant aura peut-être l'impression que c'est au-dessus de ses forces. Dans un premier temps, il faut faire le lit; puis ranger les poupées à leur place; puis ranger ou mettre au sale les vêtements qui traînent. Précisez clairement ce que vous voulez. Vous n'aurez aucun mal à juger si l'enfant a fait ou non ce que vous attendiez de lui. Votre fille doit-elle ranger *toutes* les poupées, ou *la plupart* des poupées, ou seulement les petites poupées? L'enfant doit bien comprendre ce qu'il doit faire.

Pour établir une routine : le système des bons points

Les routines réussissent à la plupart des enfants difficiles, surtout lorsqu'elles concernent de longs moments sans emploi du temps organisé. Pour certains, il suffira d'établir la routine, mais pour d'autres il faudra mettre au point un système de récompense pour les engager sur la bonne voie.

La méthode suivante convient à tous les enfants à partir de trois ans. Il s'agit d'un système destiné à aider votre enfant à adopter une routine quotidienne concernant une certaine succession d'événements à différentes heures de la journée. Avec les enfants de ce type, il ne faut pas s'attendre à les voir exercer le moindre contrôle de soi. Inutile de leur dire : « Tu es un grand garçon (ou une grande fille) à présent et tu dois te débrouiller tout seul. »

Dans bien des foyers, les routines les plus importantes à établir sont celle du matin et celle du soir. Vous pouvez ne les appliquer qu'en semaine et vous montrer moins exigeant pendant le week-end. Il n'est pas nécessaire de verser dans la maniaquerie. Voici quelques routines courantes :

Matin	*Soir (après le dîner)*
Se lever	Jouer en famille
Toilette (laver la figure, brosser les dents, etc.)	Regarder la télévision
S'habiller	Toilette
Prendre le petit déjeuner	Se mettre en pyjama
Partir à l'école	Écouter une histoire
	Se coucher

Vous pouvez faire preuve de souplesse quant aux heures auxquelles ces événements ont lieu et à la durée de chacun (le temps que passera un enfant devant la télévision chaque soir peut varier). Leur *ordre* ne doit pas changer. L'enfant fera toujours sa toilette après avoir regardé la télévision, puis il mettra son pyjama. Toujours le même ordre. Vous pouvez demander à l'enfant de décider avec vous comment s'enchaîneront les événements. Demandez-lui s'il préfère mettre son pyjama avant de se brosser les dents ou le contraire. Donnez-lui le sentiment qu'il contrôle en partie cette amusante nouvelle aventure à laquelle il doit participer.

La liste bien établie, faites un tableau sur lequel les diverses opérations apparaissent dans l'ordre choisi par vous et votre enfant. Montrez-vous ingénieux et créatif. Faites un tableau attrayant. Vous pouvez découper dans des revues des photos représentant les différentes activités (un enfant en train de manger son petit déjeuner, et ainsi de suite). Que l'affaire soit amusante et que votre enfant y participe au maximum.

Si le petit accomplit une fois la routine, décernez-lui une minirécompense. Il peut s'agir d'un autocollant ou d'un *bon point*. Aidez-le à choisir des autocollants ou des bons points joliment coloriés qu'il pourra coller sur son tableau pour indiquer que la routine a été accomplie. Pour la majorité des enfants, ce système de bons points ne sera pas suffisant. Expliquez au vôtre qu'il aura une vraie récompense, un *cadeau*, lorsque la routine aura été accomplie un certain nombre de fois, *mais pas nécessairement à la suite*. Si vous voulez un exemple sommaire, on peut demander à un enfant de quatre ans d'accomplir sa routine du soir cinq à sept fois. S'il saute un jour, il suffit de lui dire : « Ah! Pas de chance. Ce soir (ou ce matin), tu n'as pas gagné ton bon point, mais tu feras peut-être mieux demain. » Quant au cadeau, il faut le choisir, avec l'aide de votre enfant, au moment où vous établirez le système.

Tenez-vous-en à cette méthode jusqu'à ce que la routine du petit fasse partie intégrante de la vie familiale. Ne vous inquiétez pas : lorsque vous abandonnerez le système des bons points, il y a peu de risques de voir l'enfant rechuter. Si vous éprouvez quelques difficultés, il vous sera loisible d'en revenir momentanément aux bons points. Les enfants n'ont aucune *envie* de revenir en arrière. Ils apprécient l'atmosphère plus sereine et le sentiment d'avoir accompli quelque chose. En moyenne, pour établir une routine, le système des bons points peut être abandonné au bout de deux mois.

Rappelez-vous deux choses :

- Les quatre ou cinq premières fois où l'enfant accomplit sa routine, soyez présent pour le surveiller. Ensuite, il vaut mieux vous éclipser progressivement et le laisser se débrouiller tout seul.
- Ne punissez pas l'enfant s'il n'accomplit pas sa routine. La seule sanction pour ce genre de manquement est de ne pas lui accorder de bon point.

Le système des bons points fonctionne de la façon suivante :

1. Choisissez une *routine* que vous désirez établir.
2. Décidez, avec l'enfant, quel sera l'*ordre des opérations*. Ne modifiez jamais cet ordre.
3. Avec l'enfant, composez un *joli tableau* des activités en question.
4. Dites à l'enfant qu'à chaque fois qu'il accomplira la routine, il recevra un *bon point* ou un *autocollant* (à lui de choisir ce qu'il préfère).

5. Chaque fois qu'il a accumulé cinq bons points (ou tout autre chiffre que vous aurez fixé), il reçoit une *récompense* (qu'il doit vous aider à choisir).

Il faut que ce soit amusant, mais il n'en faut pas moins respecter les conventions. Ou l'enfant a mérité son bon point, ou il ne l'a pas mérité. Assurez-vous qu'il a bien compris ce qu'il doit faire. Rappelez-vous aussi que la seule « punition » prévue par ce système est la retenue d'un bon point, accompagnée d'une brève constatation du genre : « Pas de chance. Aujourd'hui, tu n'as pas gagné ton bon point. Tu feras mieux demain. »

Dans l'ensemble, les enfants difficiles réagissent mieux aux récompenses pour une bonne conduite qu'aux punitions pour un comportement inacceptable. Les réactions négatives répétées face à un « mauvais » comportement *renforcent* celui-ci au lieu d'y mettre fin. Le système des récompenses plaît aux parents, parce qu'il leur permet de s'attacher à ce que leur enfant réussisse, ce qui fait qu'ils se sentent moins coupables.

Ces principes pour une discipline efficace devraient permettre de faire face, de façon positive, ferme et directe, à la plupart des comportements qui ne sont pas l'expression du caractère. Vous en retirerez le sentiment d'exercer un meilleur contrôle sur votre existence et vos rapports avec votre enfant seront nettement meilleurs. Ce n'est que la moitié de la tâche. Le chapitre suivant explique ce qu'il faut faire quand l'on a affaire à des comportements dus au caractère difficile de votre enfant.

8

Sachez contrôler le caractère La compréhension appliquée

Les principes de l'autorité n'existent pas dans le vide. Il faut les combiner à un ensemble de techniques de contrôle fondées sur votre nouvelle compréhension du caractère de votre enfant.

Le contrôle, à ne pas confondre avec la punition, doit être imposé à un enfant difficile lorsque l'adulte qui a affaire à lui décide en toute connaissance de cause que « c'est plus fort que lui ». Le cas se présente quand le parent parvient à trouver le lien entre le comportement et le caractère sous-jacent. On peut aussi avoir recours au contrôle pour certains comportements liés à l'usure, notamment quand l'enfant manifeste des craintes excessives. L'attitude du parent lorsqu'il exerce ce contrôle est plus affectueuse et c'est ce qui la distingue du ton plus sévère qu'il adopte lorsqu'il a recours à la discipline ou aux punitions.

POUR ÉTIQUETER, IL FAUT COMPRENDRE VOTRE ENFANT

Devenu un expert sur de nombreuses facettes du comportement de votre enfant et de son caractère sous-jacent, il est temps de lui laisser voir que vous le comprenez. La première phase de ce processus, c'est l'*étiquetage*. Il faut abandonner vos idées préconçues quant à ce qu'est une étiquette. Ce terme se réfère à l'identification du trait de caractère sur lequel est fondé un comportement et à sa désignation par un nom donné. Vous pouvez soit partager cette information avec votre enfant, soit vous en servir pour modifier votre attitude. Cela revient à dire à votre enfant : « Je comprends ce qui se passe en toi. » Écartez l'idée que ce terme d' « étiquette » est péjoratif ou blessant. Tel qu'il est employé ici, il ne sert qu'à développer votre compréhension et celle de l'enfant. Il vous rappelle aussi l'attitude neutre et objective, mais empreinte de bonté et de bienveillance, que vous devez adopter.

Cette attitude est l'une des clefs de votre réussite. Vous serez dans l'incapacité d'étiqueter ou même d'utiliser une des techniques de contrôle si vous n'êtes pas neutre et affectueux. C'est difficile. Avec les enfants de ce type, les émotions ont tendance à être violentes. Vous n'atteindrez pas la neutralité du premier coup, mais *prenez le temps* d'y parvenir. L'étiquette vous rappellera à quel point vous devez rester neutre.

Si vous saisissez ce qui se passe chez un enfant et que vous partagez cette découverte avec lui, il en viendra progressivement à savoir que vous le comprenez à condition que votre attitude soit neutre et bienveillante. Vous vous efforcez d'établir avec votre enfant une communication fondée sur votre compréhension des questions importantes pour lui. Au lieu de réagir à ce que vous pensez que l'enfant cherche à vous faire, vous tentez d'affirmer, avec fermeté mais sans acrimonie, que le problème est lié à son caractère.

Je donne un exemple :

Ne dites pas : « Tu me rendras fou! »

Mais : « Tu commences à être surexcité. »

Autre exemple :

Ne dites pas : « Pourquoi fais-tu toujours exprès de m'embêter quand je veux te mettre au lit? »

Mais : « Je sais bien que certains soirs tu n'as pas sommeil quand il est l'heure d'aller au lit. »

En pensant à votre étiquette, vous commencez à évoquer la question du caractère. Ensuite, vous traduisez ces informations en termes compréhensibles. Vous n'allez pas dire : « Je sais que ton seuil de tolérance est bas et que tu es sensible au contact de certaines choses », mais plutôt : « Tu es très sensible aux marques cousues à l'intérieur de tes vêtements. » Soyez précis, neutre et évitez les mots ayant des connotations émotionnelles. Que votre étiquette reste aussi concise et aussi simple que possible.

L'étiquetage est l'un des facteurs qui indiquent à votre enfant que vous le comprenez. Avec les enfants de plus de trois ans, des discussions simples concernant leurs réactions au changement ou leur sensibilité à certains vêtements peuvent se révéler utiles. Une fois que l'enfant est en mesure de reconnaître certains traits de son propre caractère, il saura mieux se contrôler. Les enfants difficiles que leurs parents savent bien prendre disent souvent à ces derniers : « Je n'y suis pas encore habitué. Laisse-moi un peu de temps. »

Voici quelques étiquettes que je vous propose. On peut s'en servir ou en préférer d'autres à condition qu'elles soient simples et bienveillantes et que vous restiez calme. Le ton de votre voix est important. N'importe quel mot peut être mal pris quand il est prononcé de façon émotionnelle.

Trait de caractère	*Étiquette*
Niveau d'activité élevé	Tu es surexcité. Tu es trop énervé. Tu commences à te déchaîner.
Étourderie	Je sais que tu as du mal à faire attention.
Mauvaise adaptabilité	Je sais que tu as du mal à accepter les changements. Je sais que tu es occupé, mais tu commences à te « bloquer » (apprenez au petit ce que signifie ce terme).
Recul initial	Je comprends bien que c'est nouveau pour toi. Je sais qu'il te faut du temps

	pour t'habituer à un nouvel endroit. Je sais que tu n'aimes pas les endroits (les gens, les situations) que tu ne connais pas.
Turbulence	Je sais que tu as une voix forte, mais... Je sais que tu as du mal à parler doucement, mais...
Irrégularité	Je sais que tu n'as pas faim/sommeil pour le moment.
Seuil de tolérance bas	Je sais que tu as chaud plus facilement que d'autres. Je sais que tu ne te sens pas bien dans ce chandail. Je sais que certaines choses ont un(e) drôle d'aspect/de goût/d'odeur.
Humeur négative	En ce qui concerne l'humeur, l'étiquette sera valable pour vous plutôt que pour l'enfant. Elle vous aidera à ne pas vous emporter contre un enfant qui n'arrête pas de se plaindre et de ronchonner dans une situation inhabituelle, même si elle est de nature à faire la joie des autres enfants. Dites-vous *in petto* : « Il est comme ça; il n'y peut rien. »

La technique de l'étiquetage n'est que la base d'une nouvelle façon d'envisager le caractère difficile de votre enfant. Vous allez trouver ci-dessous une description de techniques spécifiques pour le contrôler, conçues pour prévenir les comportements inacceptables les plus courants qui résultent de ce caractère difficile et pour y couper court.

LE DÉCHAÎNEMENT

Le déchaînement est un phénomène que l'on constate souvent chez des enfants *extrêmement actifs*, facilement surexcités et qui se trouvent entraînés dans une escalade vers la violence. L'enfant commence par se montrer actif, puis excité, puis surexcité, puis déchaîné et il perd le contrôle de lui-même. La règle d'or est celle de l'*intervention précoce*. Vous devez repérer les signes avant-coureurs du danger, rester neutre, étiqueter, puis intervenir.

Efforcez-vous de reconnaître le moment où l'enfant commence à être surexcité. Manifestez-vous et agissez. Vous devez intervenir avant que l'enfant ne soit incapable de se contrôler.

Le glissement est si subtil qu'on a du mal à saisir le bon moment. Tâchez d'observer votre enfant dans une variété de situations au cours desquelles son comportement dégénère, afin de voir si vous parvenez à remarquer la progression. A vous de décider à quel moment l'enfant passe de la troisième vitesse à la quatrième puis à la surmultipliée. Vous avez intérêt à vous dire : « Je n'accepte ni la quatrième, ni la surmultipliée. » Certes, vous ne voulez pas être si prompt à agir que vous êtes déjà en train d'intervenir alors qu'il n'est que légèrement surexcité. C'est un peu trop tôt. Néanmoins, vous désirez éviter l'escalade vertigineuse qui aura lieu si vous laissez libre cours à son comportement.

Parfois, certains enfants passent trop vite jusqu'au point où ils perdent le contrôle d'eux-mêmes. Dans ces cas-là, vous n'aurez pas le temps de prévenir l'éclat redouté. Une fois que vous commencerez à guetter ce tournant dans son comportement, vous apprendrez à désamorcer la plupart des situations avant que les choses n'aillent trop loin.

Si vous intervenez à temps, vous serez peut-être en mesure de le détourner vers une autre activité. En d'autres occasions, il lui faudra peut-être du temps pour se calmer ou pour lâcher du lest.

« On se calme » est une technique à utiliser lorsque l'enfant est sur le point de se déchaîner. Vous adoptez une attitude neutre, vous allez trouver votre enfant, captez son regard, étiquetez : « Tu commences à être trop excité », puis vous lui dites qu'il est temps de se calmer et, si besoin est, vous l'emportez ailleurs. Si vous devenez expert dans l'art et la manière de repérer les changements dans son comportement, il vous sera possible de l'avertir : « Tu ne vas pas tarder à être trop excité. Calme-toi, sinon il va falloir changer d'activité. »

Vous avez intérêt à mettre quelques occupations « calmantes », conçues pour venir au secours de l'enfant :

- Pour un enfant assez jeune, il peut s'agir d'un livre ou d'un disque particulier que vous lirez ou écouterez ensemble.
- Pour un tout-petit, il suffira peut-être de le prendre sur vos genoux.
- La plupart des enfants extrêmement actifs adorent l'eau. Installez le vôtre devant le lavabo ou dans la baignoire et laissez-le éclabousser à sa guise. (Cette méthode fonctionne bien lorsque l'enfant a besoin de se calmer, mais aussi lorsque vous avez besoin d'avoir la paix pendant une demi-heure.)
- Une émission de télévision préférée fera l'affaire. Si vous avez un magnétoscope, enregistrez l'une de ses émissions favorites de façon à la lui repasser en cas de nécessité.
- Si votre enfant a un mets de prédilection, par exemple une glace ou un fruit, vous pouvez en profiter pour lui faire une gâterie et le calmer à la fois.

Quelle que soit l'activité choisie pour lui permettre de se calmer, elle doit indiquer que le moment est venu de changer de vitesse et de tempérer son comportement. Soyez rusé et ingénieux et n'allez pas vous imaginer que ces techniques pour calmer votre enfant peuvent ressembler à des récompenses pour s'être mal tenu.

Pour calmer un enfant déchaîné, il faudra peut-être

simplement le soustraire au contexte ambiant, faire face à la crise de rage que vous n'aurez pu éviter et le laisser reprendre ses esprits plutôt que de laisser se poursuivre l'escalade. Dans ce cas, il ne faut même pas lui parler. Prenez-le dans vos bras et emportez-le ailleurs. Si votre enfant devient complètement déchaîné, tâchez de choisir une pièce ou un coin de pièce réservé aux occasions où il doit « se calmer ». Veillez à choisir un endroit banal. Aider votre enfant à se calmer n'est nullement une punition, mais une technique pleine de tendresse pour faire face à un excès d'activité qui a mal tourné. Efforcez-vous de rester neutre.

Peut-être aussi devrez-vous agir dans le sens contraire, ce qui amène la seconde forme d'intervention : jeter du lest. Un enfant très actif peut devenir fou s'il doit rester enfermé toute la journée chez lui parce qu'il pleut. Une nouvelle fois, c'est l'escalade, même si elle ne se fait pas en l'espace de quelques minutes, mais peut durer une demi-heure. Vous commencez par étiqueter : « Je sais que tu as des fourmis dans les jambes. »

Puis vous choisissez une activité qui va permettre à l'enfant d'épancher son trop-plein d'énergie. Allez au square. S'il pleut, descendez au sous-sol de la maison et laissez-le gambader. Mettez un peu de musique et dansez. Montrez-vous amical : « Toi, je sens que tu commences à devenir fou à force de rester assis. Viens te dégourdir les jambes ! »

Si vous utilisez les expressions « on se calme » et « on jette du lest » devant votre enfant, il s'y habituera et finira par savoir ce qu'elles veulent dire.

Plus vite vous coupez court à l'escalade, plus il est facile d'intervenir, mais il faut trouver un certain équilibre. Un parent trop attentif à son enfant risque de ne plus avoir assez de recul et de surveiller le petit sans répit, prêt à fondre sur lui au moindre signe d'agitation. Il faut maîtriser le principe de la neutralité. Vous ne réussirez pas à chaque tentative.

Si vous laissez passer le point où l'enfant passe en surmultipliée et devient déchaîné, vous risquez de votre côté de perdre votre neutralité. Ne vous découragez pas. Tâchez d'être objectif la fois suivante. Le comportement ne change pas du jour au lendemain. Il y aura d'autres occasions où vous vous retrouverez avec un enfant déchaîné ou en proie à une crise de rage.

L'AGITATION

Avec des enfants *actifs et étourdis*, il est important de savoir aménager les horaires, surtout à l'école et lorsque l'enfant fait ses devoirs. Le parent ou l'enseignant doit se demander : « Combien de temps est-il capable de s'en tenir à ce qu'il fait? » Vous vous apercevez que l'enfant commence à s'agiter, à avoir la bougeotte, à se déconcentrer. Peut-être se met-il à se tortiller sur son siège, à regarder dans le vague, à se gratter la tête, à tripoter son crayon et son papier. Autant de signes qui indiquent qu'il est en train de « s'énerver » et que son niveau d'énergie est sur le point de monter en flèche.

Il existe une technique que j'appelle le *temps mort* et à laquelle vous pouvez avoir recours. « Je vois que tu commences à t'agiter », direz-vous, puis vous autoriserez l'enfant à faire une petite pause et lui confierez une tâche, qui lui permettra d'épancher son énergie. A l'école, la maîtresse peut lui demander de venir effacer le tableau, d'aller chercher un verre d'eau au distributeur, de porter un message à un autre professeur ou de l'aider à faire quelque chose, par exemple ranger des livres. A la maison, le parent peut le charger de vider la corbeille à papiers, de débarrasser le lave-vaisselle ou de mettre le couvert. Vous pouvez le laisser jouer un moment ou reprendre une des méthodes pour lâcher du lest.

COMMENT NÉGOCIER LES CHANGEMENTS

Vous allez chercher à comprendre ce qui a réellement eu lieu sous le comportement superficiel, puis vous adopterez une attitude neutre et vous étiqueterez votre découverte. En ce qui concerne les changements, les traits de caractère qui interviennent sont la *mauvaise adaptabilité* et/ou le *recul initial*. Les techniques fondamentales que vous devez comprendre pour y faire face sont la préparation et savoir donner à l'enfant le temps de s'habituer à une nouvelle situation. Il est très important que vous sachiez établir la différence entre préparer votre enfant à un changement et l'accabler de mises en garde. Les mères angoissées «préparent» leur enfant à une situation nouvelle en rabâchant cinquante fois leurs appréhensions quant à son comportement : « Cet après-midi, on va à un goûter d'anniversaire, mais je ne veux pas te voir te précipiter sur le gâteau. Tu dois apprendre à te tenir convenablement. » Un peu plus tard, elle revient à la charge : « Rappelle-toi qu'au goûter d'anniversaire, tu dois bien te tenir! » Certaines mères croient bon de noyer l'enfant sous les explications : « Aujourd'hui, nous allons rendre visite à ton amie Betty. Quand nous sortirons de chez nous, nous prendrons l'autobus. Tu te souviens de l'arrêt d'autobus où nous attendons d'habitude? Nous allons prendre le 10. C'est le gros autobus vert que tu vois souvent. Tu te rappelles la semaine dernière, on est montés dedans et on a vu cette dame avec les deux bébés jumeaux? Tu leur as parlé et ils se sont mis à rire... »

Ce genre d'explications embrouillées aura pour résultat de communiquer à l'enfant l'inquiétude de la mère. Cette dernière, en se fondant sur le caractère de l'enfant, devrait lui dire simplement à propos du changement qui s'annonce : « Cet après-midi, tu vas à un goûter d'anniversaire et je sais que c'est nouveau pour toi. Si tu préfères rester près de moi jusqu'à ce que tu sois habitué, n'hésite pas. »

Comment sait-on si l'on se contente de préparer un enfant ou si on est en train de le mettre en garde? Si vous vous sentez inquiet et que vous vous répétez, il s'agit probablement d'une mise en garde. Si vous vous concentrez brièvement et de façon neutre sur les problèmes de recul initial ou d'adaptabilité, sans commencer trop longtemps à l'avance, c'est une préparation.

Rappelez-vous que ce qui peut vous sembler banal, à vous adulte, risque d'être une expérience nouvelle et pénible pour un enfant. Une mère qui se dit : « Ma fille n'a pas besoin d'être préparée à un goûter d'anniversaire puisqu'elle a déjà assisté à d'autres goûters », oublie que chaque fois il y a de nouveaux enfants, des aliments inconnus, un nouveau cadre ou de nouveaux jeux. Pour un enfant, tous les goûters sont différents. Il faut être sensible à ce qui risque de désarçonner votre enfant.

Le temps de s'habituer sera précieux pour votre enfant. Si vous en prenez conscience, vous serez plus détendu et n'éprouverez pas le besoin de lui forcer la main, car vous saurez qu'après quelques instants d'hésitation, il sera prêt à participer.

Lors d'une sortie ou d'un déplacement prévu à l'avance, les enfants peu adaptables seront rassurés si on leur précise brièvement le déroulement des événements.

Par exemple : « Aujourd'hui, nous allons chez ton ami. En sortant de la maison, nous irons chercher l'autobus et puis après une demi-heure de trajet nous descendrons et nous irons à pied chez Éric. »

Ou encore : « Nous allons sortir pour le déjeuner. On va prendre l'auto, on ira d'abord au supermarché chercher du jus de fruits, et puis on ira au restaurant McDonald's et on reviendra à la maison à temps pour ton feuilleton télévisé. »

Un des « trucs » qui font merveille pour aider un enfant peu adaptable à mieux supporter les changements est celui de l'*heure limite*. On peut s'en servir pour les enfants de deux ans et demi ou plus. Il suffit d'acquérir un réveil à affichage numérique (inutile d'avoir les secondes) pour que l'enfant n'ait aucun mal à lire les chiffres : 6 h 45 ou 11 h 15 par exemple. Si vous le désirez, vous pouvez personnaliser le réveil à l'aide d'autocollants ou en y inscrivant le nom de l'enfant. Annoncez-lui qu'avec son nouveau réveil il aura moins de mal à accepter les changements. Après quoi, vous commencerez à vous servir du réveil chaque fois que doit survenir un changement important et vous ne vous en servirez *pour rien d'autre*.

Voici comment fonctionne le système. Vous avez un petit bassin dans votre jardin et votre fille adore aller y patauger et jouer dans l'eau. Elle s'y amuse tellement que, chaque fois que vous lui dites de rentrer pour déjeuner, elle résiste et finit généralement par piquer une colère ou se disputer avec vous. Munie du fameux réveil, vous allez la retrouver dans son bassin et vous lui montrez le réveil qui indique 12 h 10. « Quand le dernier chiffre sera non plus un zéro mais un cinq, ce sera l'heure limite et il sera temps pour toi de rentrer déjeuner. »

Restez bref. Ne compliquez rien. Les enfants peu adaptables ont horreur d'être pris par surprise et cette méthode leur fournit une bonne occasion de se préparer à la transition dans le cadre d'une heure limite fixée par un objet neutre (le réveil) et non par vous. Ayez recours au réveil pour tous les changements importants – pour lui signaler qu'il va être l'heure de se coucher, de partir à l'école, d'aller faire des courses, d'éteindre la télévision – événements auxquels vous souhaitez préparer l'enfant.

Certains enfants un peu plus âgés apprennent à coopérer de façon satisfaisante avec ces méthodes destinées à leur faciliter les changements. D'eux-mêmes, ils demanderont combien il leur reste de temps, ou s'ils peuvent rester près de leur maman dans une situation nouvelle, ou ils annonceront qu'ils ont besoin d'encore un peu de temps. Il leur arrive parfois de se fixer tout seuls une heure limite à l'aide du réveil. Une attitude plus coopérative vient remplacer l'entêtement, la résistance et les colères. Apprendre à négocier les changements représente un pas en avant pour rompre le cercle vicieux.

• L'IMPRÉVISIBILITÉ

Les parents sont facilement dépassés par le comportement capricieux d'un enfant et l'imprévisibilité est pénible dans deux domaines clefs : l'appétit et le sommeil. Il est difficile de faire face aux problèmes que pose un enfant qui n'a pas faim ni sommeil à peu près à la même heure tous les jours. Les parents et les enfants qu'opposent des conflits de volontés concernant le sommeil et les repas finissent en général par être happés dans le cercle vicieux des caprices incessants et des punitions excessives. Le trait de caractère en cause est l'*irrégularité*. Le truc consiste à séparer le moment d'aller au lit et celui de dormir, l'heure du repas de celle où l'on se nourrit.

Les enfants qui n'ont pas sommeil à la même heure tous les soirs se battront comme de beaux diables pour ne pas aller au lit. Le coucher peut alors devenir un sujet particulièrement épineux pour la famille tout entière et des conflits éclateront entre l'enfant difficile (qui pleure et qui n'a pas sommeil) et ses parents ou ses frères et sœurs. En votre qualité de parent, vous avez raison d'obliger votre enfant à aller se coucher à une heure donnée, mais vous ne pouvez le forcer à s'endormir. Achetez-lui une petite lampe de chevet. Quand il est l'heure d'aller au lit, l'enfant doit aller se coucher. Vous allumez la lampe et vous éteignez toutes les autres sources de lumière de la chambre, puis vous permettez à l'enfant de prendre dans son lit un ou deux jouets ou livres ou bien vous l'autorisez à écouter très doucement un disque ou une cassette. Seulement il ne doit pas quitter son lit. C'est l'heure de *se coucher*, mais pas forcément de dormir. Il dormira quand il aura sommeil, ce qui n'arrivera pas toujours à la même heure tous les soirs. En revanche, il sera *dans son lit* à la même heure.

Le fait de permettre à l'enfant d'avoir des livres ou des jouets dans son lit doit faire figure de privilège. Vous pouvez lui expliquer que s'il lui prend fantaisie de sortir de son lit, vous lui retirerez ce privilège. Si vous constatez que votre enfant est incapable de rester seul dans sa chambre même avec une lampe de chevet et des jouets dans son lit, peut-être est-ce plutôt une question d'angoisse.

Selon le même principe, il est impossible d'obliger un enfant qui n'a pas faim à manger aux heures habituelles des repas, mais vous pouvez insister pour qu'il prenne place à table avec le reste de la famille. Vous lui donnerez un verre de jus de fruits ou une partie de son dîner pendant que vous absorberez le vôtre. Il pourra ainsi participer à la conversation et aux échanges familiaux.

A vous de juger combien de temps vous devez garder votre enfant à table. C'est le moment de vous rappeler que vous devez savoir faire la part des choses. Un jeune enfant ne tiendra pas aussi longtemps qu'un enfant plus âgé et un enfant très actif aura beaucoup de mal à rester assis pendant une période prolongée.

Si l'enfant a faim entre les repas, il faut lui donner quelque chose à manger. C'est l'*heure où il mange.* Il faut savoir établir un certain équilibre, car il ne doit pas attendre que sa mère soit prête à lui servir un repas à toutes les heures du jour. Servez-lui des choses simples : un sandwich fera l'affaire, ou une assiette de soupe et quelques carottes râpées. Inutile de servir à votre enfant un bifteck-frites et des légumes verts à chaque fois qu'il veut manger. Vous avez aussi la possibilité de congeler sa part du dîner ou de la mettre au réfrigérateur pour la lui servir quand il aura faim.

Avec les enfants irréguliers, une excellente technique est celle de l'*assiette gourmande.* Laissez votre enfant choisir ce dont il a envie (dans des limites acceptables) et qui peut tenir sur une assiette de taille normale : des carottes, des biscuits, des raisons secs, de la viande froide, du fromage, des chips. Puis expliquez-lui que, s'il a faim entre les repas, il pourra choisir ce qui lui plaît *sur l'assiette gourmande.* On peut utiliser cette technique avec les enfants qui le soir, quand ils sont au lit, réclament du lait, des gâteaux secs ou de l'eau. Vous pouvez leur préparer une assiette gourmande que vous laisserez sur leur table de nuit.

Les enfants imprévisibles peuvent être d'humeur changeante. Cela pose un problème car il n'y a pas grand-chose à faire à ce sujet. Quelques mesures pourront vous aider, notamment un étiquetage intérieur. Dites-vous : « Mon enfant est imprévisible. » Tâchez de ne pas vous croire personnellement visé par ces changements d'humeur.

Vous apprendrez comment créer des routines qui seront d'un grand secours à un enfant irrégulier.

S'IL N'ÉCOUTE PAS

« Il n'écoute pas un mot de ce que je lui dis », disent souvent les parents. C'est l'un des plus gros problèmes avec les enfants difficiles. Le trait de caractère en cause est l'*étourderie*. Quand quelque chose ne les intéresse pas, les enfants de ce type ont du mal à se concentrer. Ce qu'il faut, c'est éviter de se dire : « Il fait exprès de ne pas m'écouter, parce qu'il ne veut pas savoir ce que j'ai à lui dire. » Pensez que vous êtes le parent d'un enfant étourdi qui a du mal à fixer son attention.

Dans ce cas, le truc consiste à capter son regard. Fixez votre enfant droit dans les yeux pendant que vous lui parlez. Assurez-vous qu'il n'est pas « aux abonnés absents ». Restez neutre. Si vous dites : « Regarde-moi ! » d'un ton sec, vous risquez d'obtenir l'effet inverse. Énoncez calmement : « Je veux que tu me regardes et que tu écoutes bien ce que je vais te dire. »

Le problème est le même pour les enseignants, puisque le reproche qu'ils font aux enfants étourdis est de ne pas écouter. Suggérez cette technique à l'enseignant qui s'occupe de votre enfant. Demandez-lui de ne pas placer l'enfant au fond de la classe, mais au premier rang où l'enseignant sera en mesure de capter son regard.

LE COMPORTEMENT GEIGNARD ET « MALHEUREUX »

Les parents affligés d'enfants geignards se trouvent pris dans un cercle vicieux parce qu'ils s'efforcent de *mettre fin* à ce genre de comportement sans comprendre ce qu'il dissimule. Le trait de caractère qui sous-tend une bonne partie des comportements pleurnichards, grognons et « malheureux » est l'*humeur à prédominance négative*. Un enfant dont l'humeur est positive peut geindre à l'occasion, mais cela ne durera jamais aussi longtemps que les pleurnicheries d'un enfant difficile d'humeur négative. Les enfants de ce type donnent l'impression d'être de mauvaise humeur. Ils ont l'air solennel ou sérieux. Ils n'expriment jamais leurs émotions avec enthousiasme et leurs parents les trouvent souvent « boudeurs ».

Si votre enfant exprime ses sentiments de façon plus négative que positive, vous pouvez partir du principe que cela est dû en partie à son caractère. Si vous êtes les parents d'un enfant qui se replie sur lui-même dans les situations nouvelles et dont l'humeur est négative, vous constaterez qu'il ne se contente pas de rester sur son quant-à-soi. Il accompagnera cette attitude de pleurnicheries et de critiques : « Pourquoi on ne s'en va pas? Pourquoi est-ce qu'il faut venir ici? Ça ne me plaît pas ici! » Chez un enfant peu adaptable, les pleurnicheries peuvent s'éterniser. Il se bloque dans son comportement geignard et continue interminablement. L'humeur négative se combine en effet aux autres traits difficiles et les intensifie. Les enfants de ce type perturbent leurs parents qui se sentent coupables d'être incapables de leur faire plaisir. Les problèmes de conformité entre parents et enfant difficile s'aggravent.

Je ne puis malheureusement pas proposer de technique pour faire face à l'humeur négative car il n'en existe pas. Votre principe directeur doit être la prise de conscience. Sachez modifier votre optique et vous rendre compte que vous avez affaire au caractère. Pour votre enfant la norme est une humeur négative plutôt que positive. Vous ne pouvez rien faire sur ce point sinon *étiqueter* cette humeur (par-devers vous, pas devant l'enfant) et tenir compte le moins possible de ses manifestations.

Les parents ont souvent l'impression qu'il y a quelque chose « qui ne va pas » chez les enfants de ce type. Ils les croient malheureux, voire déprimés. Il n'en est rien, à moins que ce comportement ne soit très récent, auquel cas il ne s'agit pas d'une expression du caractère. Il n'est pas facile de comprendre que l'attitude négative de votre enfant prend sa source dans son caractère, mais si vous y parvenez, cela vous aidera à éviter des réactions excessives.

LE « J'AIME PAS ÇA »

Ce type de comportement est lié au *seuil sensoriel bas*. Il met en cause la sensibilité de votre enfant aux contacts, aux saveurs, aux odeurs, aux bruits, à la température, aux lumières ou aux couleurs. Les parents se trouvent souvent pris au piège à l'intérieur d'un cercle vicieux.

Dans ce domaine, l'étiquetage est extrêmement important, car il permet de reconnaître que l'enfant n'agit pas par esprit de contradiction, mais qu'il est authentiquement troublé. N'essayez pas de le forcer. Il vaut mieux lui dire :

« Je sais que tu n'aimes pas la musique trop forte... »

« Je sais que tu ne te sens pas bien quand tes baskets sont lacés trop serré... »

« Je sais que tu n'aimes pas le Ketchup... »

« Je sais que tu as facilement trop chaud... »

Une sensibilité exacerbée au contact, à la texture et à la couleur des vêtements peut être irritante, surtout pour la mère d'une petite fille qui refuse d'« être jolie ».

Le goût et le bien-être de l'enfant s'expriment par le

biais de cette sensibilité. A quoi bon en faire une histoire?

• Votre fille aime porter tous les jours le même confortable vieux pantalon de velours côtelé. Vous lui achetez un pantalon neuf en coton. Elle refuse de le mettre. Vous insistez. Cela en vaut-il la peine? Votre fille doit-elle se sentir à l'aise dans ses vêtements ou bien être vêtue à votre goût?

• Votre fille aime les culottes en coton blanc uni. Sa grand-maman lui achète des culottes bleu vif. La petite refuse de les porter. Cela vous paraît ridicule, mais est-il utile de l'obliger à céder? Votre enfant n'aime pas le bleu vif parce que c'est une couleur qui la met mal à l'aise.

• Une fois que vous avez lacé les baskets de votre fils, il n'arrête pas de protester qu'il ne « s'y sent pas bien ». Vous n'arrêtez pas de vous battre parce qu'il vous demande quinze fois de suite de les relacer, mais vous pourriez contourner le problème en lui achetant des baskets qui se ferment par deux languettes garnies de Velcro. Vous pourriez accepter plus facilement ses récriminations en vous disant qu'il s'agit d'une affaire de *seuil sensoriel*.

Des problèmes analogues concernant les préférences de l'enfant se posent souvent dans le domaine de l'alimentation. Un enfant dont le seuil de tolérance est bas pour ce qui a trait à la saveur des aliments se montrera très difficile. Il vaut mieux ne pas le contrarier à moins que son équilibre nutritionnel ne soit menacé. Votre enfant est ainsi fait. C'est la légitime expression de son individualité.

Il est parfois possible d'éviter les conflits de volonté sur de tels sujets. Au lieu de choisir vous-même les vêtements que va porter votre enfant, demandez-lui : « Tu préfères porter la chemisette bleue ou la rouge? » L'une ou l'autre doit vous satisfaire, tout en permettant au petit d'exercer un certain libre arbitre. Des décisions qui paraissent insignifiantes aux parents peuvent être très satisfaisantes pour un jeune enfant. Veillez à proposer des choix bien définis, sous peine de vous retrouver face à un enfant frustré, bloqué dans son indécision, ou confronté à une solution inacceptable pour vous. Si vous demandez : « Qu'est-ce que tu veux pour ton petit déjeuner? » dans l'espoir de découvrir l'aliment miracle susceptible de combler votre petit difficile, vous pouvez être certain que ni lui ni vous ne serez satisfaits : il est improbable que l'enfant choisisse le menu que vous souhaitez secrètement lui faire avaler et il se peut qu'il refuse ce qu'il a lui-même choisi dès qu'il le verra dans son assiette. Le plus sûr est de le mettre devant une alternative.

Ayez toujours cette technique en tête, même lorsque vous aurez affaire à des caprices contre lesquels vous seriez tenté de sévir. On a vu des petits diables de deux ans, qui refusent de prendre la main de maman pour traverser la rue, se laisser faire à partir du moment où on leur propose : « Main gauche ou main droite? » Vous pouvez demander : « Veux-tu me donner la main ou préfères-tu que je te porte jusqu'au trottoir d'en face? »

Certains enfants sont troublés dans les endroits bruyants et violemment éclairés où se presse la foule. Ils ne tardent pas à être *surstimulés* et le montrent par le biais du « J'aime pas ça ». C'est une affaire de seuil sensoriel. Il faut donc réagir en douceur, en faisant preuve de compassion, plutôt que d'imposer votre volonté.

Le « J'aime pas ça » peut être lié au *recul initial* ou à la *mauvaise adaptabilité*, surtout avec un enfant chez qui prédomine l'*humeur négative*. Sa réaction immédiate, qui est soit de rejeter, soit de se cramponner à sa mère, lorsqu'il se trouve confronté à une situation, un aliment, un jouet, un vêtement nouveaux ou à un inconnu, est due à son recul initial et devient une autre façon de dire « J'aime pas ça ». La technique consiste à *introduire progressivement les nouveautés*, en laissant le temps à l'enfant de s'y habituer.

Prenons le cas d'un petit garçon à qui son père ou sa mère achète un énorme camion semi-remorque. Le petit a une passion pour les camions et en possède une collection. Lorsqu'on lui offre le nouveau jouet, il n'a pas l'air d'en vouloir. On dirait que le camion ne lui plaît pas, ce qui est surprenant, étant donné qu'il en a plusieurs du même genre. C'est à vous de comprendre que, même si votre enfant aime les camions, celui-ci est *nouveau*. Vous seriez donc bien inspiré de trouver une formule du style : « Je sais que tu n'aimes pas ce qui est nouveau. Nous allons te laisser le temps que tu voudras pour t'y habituer. »

Lorsque vous achetez une robe à une petite fille qui réagit mal aux habits neufs, suspendez-la un jour ou deux dans son placard. Ressortez-la et laissez l'enfant la regarder un ou deux jours de plus. Ensuite, vous pourriez lui suggérer de la toucher pour s'habituer à son contact et, au bout d'une semaine, lui proposer de l'essayer. Si vos délais tiennent compte du caractère de votre fille, vous arriverez à vos fins, mais si vous réagissez à son recul initial et à son humeur négative en lui assurant : « Je sais qu'elle te plaît; il y a quinze jours tu en portais une pareille! » et en l'obligeant à la mettre, elle aura l'impression que vous bafouez ses droits (même si elle n'est pas capable de formuler ainsi la chose). Il arrive que les enfants se disent : « Je suis vilain de penser une chose pareille » et il suffira que ce genre d'autocritique revienne souvent pour qu'ils acquièrent une mauvaise image d'eux-mêmes et se croient fondamentalement mauvais.

L'approche en douceur, accompagnée d'une préparation, fonctionne pour les situations nouvelles. Par exemple, le jour de la rentrée scolaire; vous pourrez dire à votre enfant : « Tu vas entrer dans une nouvelle classe, avec une nouvelle maîtresse. Il y aura des enfants que tu connais et d'autres que tu ne connais pas encore. Tu auras peut-être du mal les deux ou trois premiers jours, mais ne t'inquiète pas, tout ira bien et maman restera un peu avec toi jusqu'à ce que tu te sois habitué. »

Dès qu'il y a du nouveau – vêtements, jouets, personnes, situations –, l'enfant a besoin d'un peu de temps s'il a du mal à faire face ou à s'adapter. Votre tâche consiste à lui donner ce temps sans avoir l'impression que vous êtes mis en cause parce qu'il ne parvient pas à s'adapter au même rythme que les autres enfants.

LES CRISES DE RAGE

Qu'est-ce qu'une crise de rage? Ce terme n'est pas limité au comportement incontrôlé, au genre d'accès durant lequel l'enfant se frappe la tête contre les murs ou casse des objets. Ma définition s'applique à toute situation durant laquelle l'enfant fait un éclat de colère, accompagné de pleurs ou de cris. Il serait préférable de parler de colère ou de crise de colère, plutôt que de rage, de façon que ce chapitre ne s'applique pas uniquement aux comportements extrêmes, mais à une variété de réactions coléreuses.

Il existe deux grands types de crises de colère :

- La crise de colère manipulatrice
- La crise de colère spontanée

La différence fondamentale entre les deux est la suivante : lors d'une crise de colère manipulatrice, l'enfant dira, par exemple : « Je veux une sucette. » La mère répond : « Non, on dîne dans dix minutes. Tu n'en auras pas. » L'enfant se met à geindre, à hurler et à faire une scène pour avoir sa sucette. Lorsqu'il agit ainsi pour obtenir ce qu'il veut, il entre dans sa conduite un élément conscient de manipulation. En d'autres termes, il fait un caprice.

Au cours de la crise de colère spontanée le caractère de l'enfant qui a été bafoué le pousse à faire un éclat. On pourrait donner l'exemple d'un enfant *peu adaptable* brutalement sommé de mettre fin à son activité et de passer à autre chose; ou encore celui d'un enfant *très actif* que son comportement surexcité précipite vers la perte de contrôle. En d'autres termes : « C'est plus fort que lui. »

Comment les différencier? En sachant reconnaître la tentative de manipulation d'une part et le problème de caractère de l'autre. La crise de colère due au caractère tend à être plus *intense*. L'enfant se met hors de lui. La crise manipulatrice, par sa nature, implique une moindre intensité et une qualité plus consciente et délibérée. Elles peuvent *se ressembler*. Il est sage de se rappeler que la distinction risque d'être artificielle du fait qu'une des deux formes peut mener à l'autre. La crise manipulatrice peut dégénérer en crise spontanée à partir du moment où l'enfant se bloque dans sa réaction. Une crise spontanée acquiert un côté manipulateur lorsqu'il prend conscience des résultats qu'il peut obtenir.

Quelques grands principes permettent d'établir une distinction :

- La crise de colère manipulatrice est moins intense.
- La crise de colère manipulatrice est provoquée par le fait que l'enfant n'a pas obtenu ce qu'il voulait. N'en cherchez pas le motif, il est là.
- La crise de colère spontanée est due à un problème lié au caractère.
- Si vous considérez votre réaction, vous vous apercevrez que vous avez plus de peine pour votre enfant quand il fait une colère spontanée. Vous vous direz peut-être : « C'est plus fort que lui. » Avec une colère manipulatrice, vous aurez tendance à penser : « Il cherche à me faire céder. »

A présent que vous savez établir la distinction entre les types de colère, comment réagissez-vous? C'est là que la distinction se révèle utile, car il faut les prendre différemment.

La colère manipulatrice

- Ne cédez pas, à moins que votre refus initial ne soit déraisonnable. Si vous avez décidé que c'est le cas, vous avez le droit de changer d'avis, mais, dans les autres cas, vous devez faire comprendre au petit que les colères ne marchent pas. Si vous vous laissez souvent faire, vous indiquez à votre enfant que la meilleure façon d'obtenir ce qu'il veut est d'être insupportable.

• Votre attitude envers l'enfant devrait être plus menaçante. Montrez-vous plus sévère et plus ferme. Pas de compassion excessive. Ne dites pas : « Je suis désolé que tu ne sois pas content et que tu pleures, mais tu n'auras pas de sucette », plutôt : « Tu n'auras pas cette sucette, un point c'est tout et je te prie de cesser cette comédie. »

• Faire diversion est une technique qui ne marchera peut-être pas toujours. Il faut vous rappeler la distinction suivante : distraire l'enfant consiste à prendre sur-le-champ des mesures concrètes pour détourner son attention de ce qui cause la colère. Céder – ce qu'il faut éviter – signifie que vous perdrez votre autorité parentale et que vous donnez à votre enfant un mauvais exemple.

• Envoyer l'enfant dans sa chambre ou au coin est une bonne solution. Dites-lui, par exemple : « Tu vas aller dans ta chambre jusqu'à ce que tu aies repris ton calme. »

• Une autre méthode qui réussit, surtout si vous vous y tenez pendant plusieurs semaines, est de paraître ne pas remarquer son comportement. Dites « non » et ne faites plus attention à lui.

Si votre enfant est en danger de se faire mal durant une colère – par exemple en se tapant la tête contre le sol –, il faut intervenir. Si vous l'envoyez dans sa chambre et qu'il continue sa crise derrière la porte fermée, ouvrez celle-ci et restez sur le seuil pour le surveiller et vous assurer qu'il ne se blesse pas, mais conservez une attitude distante.

Il est plus facile de faire face aux colères manipulatrices, si votre attitude reste cohérente. Soyez ferme, ne cédez pas, montrez-vous autoritaire. Ne tenez aucun compte des éclats de votre enfant. Mettez-y un terme. Ne vous laissez pas entraîner dans des discussions. Soyez un peu menaçant ou envoyez-le dans sa chambre. Utilisez l'une ou l'autre de ces solutions ou combinez-en plusieurs, mais tenez-vous-en à la méthode adoptée.

La colère spontanée

• Ces colères sont plus intenses. On a davantage l'impression que l'enfant ne se contrôle plus. Lorsque vous vous rendez compte que « c'est plus fort que lui », vous devez adopter une attitude plus affectueuse.

• Lors de ces colères vous devez rester physiquement présent auprès de votre enfant, en le serrant dans vos bras s'il le supporte ou en restant dans la même pièce afin qu'il sente une présence réconfortante proche. Restez calme et tenez-lui des propos rassurants : « Je sais que tu es dans tous tes états, mais ça va s'arranger. » S'il préfère être seul lorsqu'il se sera calmé, respectez son désir.

• Il vaut mieux ne pas discuter, ce qui perturbe l'enfant, à moins qu'il n'en exprime lui-même le besoin.

• Tentez, si possible, une manœuvre de diversion.

• Si votre enfant est excessif (bruyant) et que la crise se prolonge, il ne vous reste qu'à en attendre la fin. Faites ce qu'il faut pour garder votre calme.

• Si vous vous êtes aperçu qu'une atteinte à son caractère était la raison de cet éclat, rectifiez le tir, si vous le pouvez. Par exemple, vous avez enfilé un chandail de laine à votre fille et elle fait une colère pour protester contre le contact de la laine sur sa peau. Si vous l'autorisez à le retirer, la colère ne cessera peut-être pas immédiatement, car l'enfant risque d'être bloquée dans son comportement, mais elle durera moins longtemps que si vous l'obligez à le garder. Il n'est pas ici question de céder. Il y a que vous êtes un parent éclairé, que vous comprenez la raison de la colère de votre enfant et que vous vous efforcez d'y remédier.

Il faut être cohérent, mais, à l'encontre de votre attitude lors de la colère manipulatrice, vous vous montrez affectueux, rassurant, plutôt que menaçant. Vous restez avec l'enfant et vous êtes plus disposé à changer d'avis.

Avec ces deux types de crises de rage, il est important, dès que la colère éclate, de prendre un certain recul pendant cinq à dix secondes pour tenter de comprendre ce qui se passe. De quel éclat s'agit-il? Votre attitude dépend de votre diagnostic. Une fois que vous aurez décidé, vous allez suivre l'une des deux voies suivantes :

- *Vous vous montrez menaçant et ferme :* « Mon petit, tu peux toujours hurler, tu n'auras rien! » s'il s'agit d'une colère manipulatrice.
- *Vous vous montrez bienveillant et compatissant :* « Je sais que c'est très dur pour toi et je vais t'aider à te calmer », s'il s'agit d'une colère spontanée.

Si l'éclat survient dans un endroit public, quel que soit le type de colère, *commencez d'abord par emmener l'enfant.* Cela ne vous apportera rien de vous faire remarquer, votre enfant et vous, pas plus que d'essayer de tenir bon, surtout si vous reconnaissez une colère spontanée. Vous n'en tirerez que des critiques, car il se trouvera toujours quelqu'un pour s'indigner de votre indulgence envers un enfant qui se tient aussi mal.

SI L'ENFANT SE BLOQUE

Un enfant *peu adaptable* ou qui possède un *seuil sensoriel bas* peut se bloquer et bloquer le parent dans une sorte de rite qui risque de dégénérer en affrontement. Par exemple, l'enfant demande : « Maman, lace mes chaussures. – D'accord », dit la maman et elle s'exécute. « Maman, je suis pas bien comme ça. Recommence. – Bon. – Maman, c'est *affreux.* Recommence! » La technique à adopter ici, c'est de mettre un terme à la scène. Chaque fois que l'enfant réclame et que vous lui obéissez, vous entraînez la situation vers un plus haut niveau de difficulté. L'enfant peut renâcler au départ pour une question de seuil sensoriel (par exemple, les chaussures lacées trop serré) et se retrouver à l'arrivée bloqué dans le cycle du « Recommence »! Une fois qu'il s'est bloqué, plus vous recommencerez, plus les chaussures lui paraîtront inconfortables, plus il insistera pour que vous recommenciez encore une fois et plus vous vous retrouverez *tous les deux* bloqués et exaspérés. Ce genre d'incident tend à encourager chez les mères une mentalité de paillasson, c'est-à-dire d'accepter n'importe quoi pourvu que leur enfant soit content. Il faut mettre un terme aux cycles de ce genre.

L'essentiel est de savoir reconnaître qu'au-delà d'un certain point vous n'apportez aucun soulagement à votre enfant. A partir du moment où vous vous en rendez compte, vous pourriez dire à votre enfant, *avant* de vous mettre à relacer ses baskets : « Je sais que tu as du mal à te sentir bien dans tes chaussures, mais si je les relace dix fois de suite, tu vas t'énerver de plus en plus. Alors, je te préviens, je vais les relacer exactement deux fois et si ça ne va pas, tu mettras autre chose. » S'il faut que l'enfant mette justement ses baskets (parce qu'il a gymnastique, par exemple), dites-lui pour finir : « Eh bien tant pis, tu les porteras comme ça. » Peut-être fera-t-il une colère, mais ça lui passera et il gardera ses baskets.

En recommençant vingt fois des opérations telles que relacer des souliers ou recoiffer des cheveux, vous vous bloquez dans une situation négative. Étant donné qu'une authentique question de seuil sensoriel est en jeu – les chaussures lacées trop ou pas assez serré –, il faut faire une tentative pour arranger les choses. Il ne serait pas juste de refuser de relacer les chaussures une ou deux fois, mais, si vous recommencez plus de cinq fois, vous pouvez être sûr que vous êtes bloqué. (La meilleure solution serait de vous procurer des baskets fermant par des pattes garnies de Velcro.)

La neutralité, la fermeté et l'étiquetage seront d'un précieux secours, de même que cette maxime : « Plus ça dure, moins ça devient facile. » *Prenez position très tôt.* En continuant, vous ne pouvez qu'aggraver les choses.

Ce principe peut être appliqué au cours d'une variété de situations où les enfants se bloquent. L'humeur négative de votre enfant ne signifie nullement que vous êtes obligé de supporter les expressions désagréables de cette humeur. Si votre enfant n'arrête pas de pleurnicher et de se plaindre, il est légitime de prendre note de ce qu'il pense (afin qu'il sache que vous l'avez écouté), puis de lui dire fermement que vous en avez assez et qu'il est temps qu'il cesse de geindre.

Beaucoup de parents se laissent entraîner dans ces cycles sans fin pour éviter qu'un refus ne déclenche une colère. En prenant du recul et en reconnaissant l'origine caractérielle sous-jacente du problème qui se pose, vous faciliterez la tâche, à vous-même comme à votre enfant.

L'ENFANT MENTOR

Si votre enfant connaît des problèmes au sujet d'un aspect particulier de son comportement, vous pourrez l'aider à surmonter cet obstacle en le plaçant dans la position de l'éducateur. Par cette méthode, vous lui ferez prendre conscience du fait que c'est lui qui contrôle la situation. Vous lui donnerez l'impression de maîtriser son sujet. Vous pouvez, par exemple, acheter à votre fille une poupée. Si elle a du mal à s'adapter aux situations nouvelles, vous lui demanderez d'apprendre à la poupée comment faire pour s'habituer aux nouveautés. Vous pouvez fournir à la poupée un petit réveil et demander à votre fille de s'en servir pour lui apprendre à respecter l'heure limite. Le système de l'enfant mentor fonctionne avec les enfants qui mordent. Si vous dites à votre fille que sa poupée a tendance à mordre et qu'elle doit être une bonne maman pour elle et lui apprendre à ne pas mordre, vous obtiendrez sans doute des résultats. Un enfant qui fait des difficultés pour aller dans les hypermarchés ou à des goûters d'anniversaire devrait être encouragé à y emmener sa poupée ou son ours pour lui montrer comment s'habituer à ce genre de choses. Cette technique convient pour aider les enfants à se guérir de certaines peurs. En apprenant à sa poupée à se montrer plus courageuse, la fillette parviendra peut-être à venir à bout de ses propres craintes.

LE « COMPAGNON COURAGEUX »

Les enfants difficiles se montrent souvent angoissés à l'heure du coucher. Ils peuvent se cramponner à leurs parents et refuser de dormir dans leur lit ou vouloir que leur mère reste dans leur chambre. Un enfant qui connaît un problème de ce genre se plaindra d'avoir peur, soif, faim, besoin d'une histoire ou d'une chanson spéciales et ainsi de suite. Vous pouvez résoudre le problème en offrant à l'enfant un animal féroce en peluche et en lui expliquant : « Voilà un ours (ou un dragon ou un lion) très courageux. Il va t'aider à ne plus avoir si peur la nuit quand maman n'est pas là. » Le joujou doit être acheté spécialement et uniquement pour rassurer l'enfant. Un enfant qui sait que son ours est là pour le protéger sera moins sujet aux angoisses nocturnes.

Ces techniques sont des principes directeurs, mais il ne s'agit nullement d'un catalogue. En vous montrant inventif, vous trouverez de nouvelles solutions et pourrez contribuer vous-même au succès de votre programme.

L'élément clef, lorsque vous appliquez ces techniques, est l'*attitude compatissante.* Votre façon d'être est très importante. Vous ne vous direz jamais assez que l'unique thème de ce livre est le caractère, encore le caractère, toujours le caractère. Cherchez à le dépister et si vous y parvenez, sachez y faire face... avec compréhension.

[illegible]

[illegible]

« COMPAGNONS OU RIVAUX »

[illegible]

[illegible]

[illegible]

9

Faites la synthèse La réaction de l'expert

Comment réagir de façon efficace aux situations complexes qui surgissent dans la famille d'un enfant difficile?

Une nouvelle façon de réagir est fondée sur une véritable autorité parentale. Elle peut se décomposer en une série d'étapes.

Le processus qui constitue la réaction de l'expert à tout comportement difficile, négatif ou « odieux » est la suivante :

1. *Suis-je en état de faire face?* Il faut brièvement faire le point de vos dispositions, de votre état d'esprit. Si vous n'êtes pas en mesure de faire face, retirez-vous du conflit le plus vite possible. Si vous l'êtes, passez à l'étape 2.

2. *Prenez l'initiative.* Prenez du recul, maîtrisez vos émotions, adoptez une attitude neutre et commencez à réfléchir.

3. *« Cernez » le comportement.* Identifiez le type de comportement en vous référant au profil du comportement.

4. *Est-ce une affaire de caractère?* Essayez de lier le comportement au caractère difficile de l'enfant tel qu'il est défini dans le profil de son caractère. S'il s'agit d'une affaire de caractère, vous devez tenter de contrôler plutôt que de punir.

5. *Est-ce sérieux?* Si le comportement qui vous irrite n'est pas une expression du caractère, demandez-

vous si la question est suffisamment importante pour que vous preniez position. Sinon, laissez faire ou réagissez de façon minimale et retirez-vous du conflit.

6. *La punition.* Si ce n'est pas une affaire de caractère et si c'est sérieux, réagissez avec fermeté.

Étape 1 : Suis-je en état de faire face?

Votre enfant se conduit mal, vous pose des problèmes, entame une colère. La première chose à faire avant de réagir sera de faire le point, d'envisager votre *propre* situation. Demandez-vous : « Quel est mon sentiment général envers ma situation aujourd'hui? Suis-je bien dans ma peau, en accord avec mon mari, mes enfants? » Vous vous efforcez de porter sur vous-même un regard *général.* Êtes-vous perturbée parce que vous vous êtes disputée avec votre mari la veille? Êtes-vous « mal lunée » aujourd'hui?

Si vous vous rendez compte que vous êtes tendue, perturbée, nerveuse ou que vous ne vous sentez pas en forme pour faire face à quoi que ce soit, la réponse à la question que nous posons ici doit être : « Non. » Le moment n'est pas choisi pour faire de l'héroïsme. Moins vous vous manifesterez, mieux cela vaudra. Votre objectif est de vous soustraire au conflit naissant. Prenez vos distances à l'égard de la situation ou aidez votre enfant à en faire autant.

Vous avez un affreux mal de tête et la femme de ménage vient de vous lâcher. Vous emmenez votre enfant à la quincaillerie et, pendant que vous êtes occupée à regarder des accessoires de salle de bains, il commence à faire des siennes : il touche à tout et fait tomber les produits des étagères. Lorsque vous faites rapidement le point sur vos dispositions du moment, vous vous rendez compte que vous n'avez ni le temps, ni la patience, ni les ressources émotionnelles nécessaires pour y faire face. Par conséquent, prenez l'enfant dans vos bras et quittez le magasin. Si chez vous votre enfant a renversé vos produits de beauté, vous pourrez l'emmener hors de votre chambre, l'asseoir devant la télévision et fermer la porte de votre chambre à clé pour l'empêcher d'y entrer.

Si vous êtes dans des dispositions positives, votre réponse devient : « Oui, je suis en état de faire face. »

N'oubliez jamais : Si vous n'êtes pas en état de faire face, prenez vos distances.

Étape 2 : Prenez l'initiative

Cette étape est capitale, parce qu'elle concerne l'objectivité essentielle lorsque l'on doit faire face à un comportement difficile. Commencez par prendre du recul et par adopter une attitude neutre. La règle d'or est de ne pas réagir de façon émotionnelle ou instinctive :

Dégagez vos sentiments. Ne jouez pas les victimes. Réfléchissez et évaluez. Dites-vous, par exemple : « Qu'est-ce que c'est que cette histoire? C'est moi l'adulte. Je suis plus grand, plus fort et plus malin. C'est moi qui commande. Je connais parfaitement mon enfant. »

N'oubliez jamais : Soyez neutre. Ne réagissez pas de façon émotionnelle.

Étape 3 : « Cernez » le comportement

L'objectif ici est l'identification. Vous cherchez un schéma et vous vous efforcez de placer le comportement de l'enfant dans une catégorie. Concentrez-vous sur le comportement. Efforcez-vous de ne pas penser aux mobiles de l'enfant. Rappelez-vous la liste des catégories de comportements et des contextes dans lesquels ils surviennent (chapitre 6). Posez-vous la question : « Ai-je déjà vu ce comportement? » Ne vous laissez pas surprendre, troubler ou décontenancer par votre enfant.

N'oubliez jamais : Examinez le comportement, pas les mobiles.

Étape 4 : Est-ce une affaire de caractère?

Une autre façon de formuler cette question serait : « Est-ce plus fort que lui? » Vous essayez de lier le comportement à un trait de caractère sous-jacent. S'il le faut, rafraîchissez-vous la mémoire en jetant un coup d'œil au profil du caractère.

Chaque fois que vous pourrez lier le comportement au caractère, révisez votre attitude et montrez-vous compréhensifs, puis disposez-vous à contrôler l'enfant plutôt qu'à le punir. Captez son regard, étiquetez et appliquez la technique appropriée.

N'oubliez jamais : Si c'est une affaire de caractère, contrôler l'enfant.

Étape 5 : Est-ce sérieux?

Si vous ne parvenez pas à établir de lien entre le comportement et le caractère, vous décidez que votre enfant pourrait s'empêcher de se conduire ainsi. Faut-il le punir ou non? Cela dépend s'il s'agit ou non d'une question importante. Votre conjoint et vous vous êtes mis d'accord sur une liste de comportements pertinents : ceux pour lesquels vous êtes disposés à sévir. Vous devriez être en mesure de décider assez vite si le comportement actuel est sérieux ou non. S'il ne l'est pas, votre objectif est soit de n'en tenir aucun compte, soit de manifester une réaction minimale et de prendre vos distances. Votre attitude générale, lorsque vous avez affaire à un comportement non sérieux doit se traduire par l'indifférence, la désinvolture et un certain désintérêt. Demandez-vous, entre autres choses : « Qu'ai-je à perdre en ne faisant rien? Puis-je laisser passer ce genre de comportement? »

N'oubliez jamais : Si ce n'est pas pertinent, réagissez le moins possible.

Étape 6 : La punition efficace

C'est votre « artillerie lourde ». Ne vous en servez que pour les comportements sérieux. Votre enfant est au courant des nouvelles règles en vigueur chez vous. Il sait très bien quel genre de comportement sera toujours puni, même s'il ne lui applique pas le mot « sérieux ». S'il enfreint une règle, il doit être puni. Si vous en avez le temps, vous pouvez lui donner un avertissement, mais *jamais plus d'un*. Référez-vous à vos trois types de punitions : par exemple, l'envoyer dans sa chambre, lui retirer un privilège ou un objet qui lui appartient, ou lui donner une bonne tape sur les fesses. Choisissez rapidement une des trois punitions et appliquez-la sans vous perdre en explications et sans négocier. « Tu sais que tu n'es pas autorisé à jeter ton assiette par terre. Va dans ta chambre pour cinq minutes. » S'il refuse, emmenez-le dans sa chambre. Votre attitude doit être ferme, voire menaçante. Votre voix peut trahir de la colère, mais efforcez-vous de ne jamais perdre le contrôle de vous-même. Une réprimande ferme, prononcée d'un ton sec, suffira à punir un très jeune enfant.

N'oubliez jamais : Si le comportement est sérieux, punissez brièvement l'enfant.

Faites preuve de sens pratique. Servez-vous de votre bon sens et de votre imagination. Si votre enfant se roule par terre dans un lieu public, soustrayez-le à ce contexte et emmenez-le dans un endroit plus calme pour le punir ou le contrôler. Si vous ne savez où aller, installez-vous sur le siège arrière de votre voiture ou retirez-vous dans les toilettes. En tant que parent, votre bon sens et votre sens pratique peuvent contribuer de façon considérable à la réussite de vos efforts. Parfois (en cas de comportement dangereux), ce processus de décision s'envole et vous réagissez instinctivement aux actes de votre enfant, par exemple lorsqu'il se précipite sur la chaussée ou qu'il grimpe trop haut dans un arbre. N'hésitez pas à agir.

Voici dix courtes scènes fondées sur les expériences de parents qui ont suivi le Programme de l'Enfant difficile. Chacune croque sur le vif une situation typique dans la vie quotidienne d'un enfant difficile. Chacune est suivie d'un exemple de réaction possible, c'est-à-dire une réponse immédiate au comportement

LA RÉACTION DE L'EXPERT

Arbre des décisions parentales

COMPORTEMENT DIFFICILE

↓

1. SUIS-JE EN ÉTAT DE FAIRE FACE? *Non* → RÉACTION MINIMALE
   Prenez vos distances

   Oui

   ↓

2. PRENEZ L'INITIATIVE
   Prenez du recul
   Attitude neutre
   Réflexion plutôt qu'émotion

   ↓

3. CERNEZ LE COMPORTEMENT
   Identification
   Comportement et non mobiles

   ↓

4. EST-CE LE CARACTÈRE? *Oui* → CONTRÔLE
   Captez son regard
   Étiquetez
   Technique

   ↓

   Non

   ↓

5. EST-CE SÉRIEUX? *Non* → RÉACTION MINIMALE
   Prenez vos distances

   ↓

   Oui

   ↓

6. PUNITION EFFICACE
   « Artillerie lourde »
   Soyez bref
   Soyez direct
   Ton menaçant

de l'enfant, et d'action concertée à plus long terme, conçue pour régler des problèmes plus généraux.

Les actions concertées se réfèrent aux diverses méthodes que l'on peut utiliser pour améliorer le comportement de l'enfant et l'atmosphère familiale. Elles sont pensées et discutées à l'avance. Pour ces méthodes, l'enfant est votre « partenaire ». Vous y avez recours pour l'aider à résoudre des problèmes tels que les changements, les troubles du sommeil, ou pour lui offrir des récompenses qui l'inciteront à modifier son comportement.

Parmi les actions concertées figurent les routines du matin et du soir, avec ou sans le système des bons points, l'heure limite et les autres méthodes de préparation, le compagnon courageux, l'enfant mentor et l'attribution de récompenses pour des comportements spécifiques. Elles sont utiles pour empêcher la répétition de ces situations difficiles. Ne considérez pas les suggestions qui vont suivre comme autant de « recettes » pour votre famille. Vos solutions doivent être fondées sur votre propre étude du programme et sur votre compréhension du caractère unique de votre enfant.

« POURQUOI N'AIMES-TU JAMAIS RIEN ? »

La famille part en excursion. Les parents se sont procuré des billets pour aller assister en direct à une émission de télévision pour enfants et ils y emmènent leurs deux enfants. L'aînée est une fillette de six ans, très sage et extravertie. La cadette, Victoria, est une enfant sérieuse, timide, qui parfois se cramponne. Ses parents ont dépensé beaucoup d'argent pour lui faire plaisir. Elle a quatre ans et, jusqu'ici, elle n'a guère apprécié les films ou les spectacles pour enfants auxquels elle a assisté; mais elle adore cette émission et tout spécialement le personnage de Gros-Zoiseau. La famille arrive devant l'auditorium où va être enregistrée l'émission. La petite fille pleurniche, se cramponne à sa mère et refuse d'entrer. Elle a peur de s'asseoir toute seule sur son siège et insiste pour que sa mère la prenne sur ses genoux. A peine sont-ils parvenus à la calmer que le spectacle commence et que les personnages entrent en scène. Gros-Zoiseau arrive. Victoria gémit de terreur. Les autres enfants rient aux éclats et s'écrient : « Gros-Zoiseau! Gros-Zoiseau! » La petite fille reste inconsolable. Sa mère est furieuse. « Mais qu'est-ce que tu as donc? » chuchote-t-elle d'un ton excédé à sa fille accrochée à son cou. Victoria peut à peine parler, mais elle finit par murmurer d'une voix étranglée : « J'ai peur. – Mais enfin, c'est Gros-Zoiseau, ton personnage préféré! – Non, c'est pas lui, geint Victoria. C'est pas le même. » Elle se met à sangloter et ses parents sont obligés de l'emporter hors de l'auditorium et de rentrer à la maison, furieux. Décidément, leur fille n'aimera jamais rien.

Que ferait un parent expert?

Réaction. Les parents auraient pu adopter une autre attitude envers Victoria en la voyant se cramponner lorsqu'elle a eu peur de Gros-Zoiseau. D'abord, s'efforcer d'être neutres et de faire abstraction de leurs sentiments. Puis identifier le comportement de leur fille. Où l'ont-ils déjà vu? Victoria se montre intimidée, difficile et geignarde dans un lieu public. Est-ce une affaire de caractère? C'est évident. C'est ainsi que la petite réagit à ce qui est nouveau, par un *recul initial.* Elle est facilement surstimulée. Dans le contexte de l'auditorium, elle se sent dépassée. Sa *mauvaise adaptabilité* la rend consciente du fait que Gros-Zoiseau n'est « pas le même ». Son expression sérieuse reflète son *humeur négative.* Ses parents doivent se rendre compte que son caractère est en cause et qu'elle a besoin d'être rassurée. Sa mère ne doit pas hésiter à la prendre sur ses genoux, la serrer contre elle et lui dire doucement : « Je sais que tout ça est très nouveau pour toi et que tu n'as pas l'habitude de voir Gros-Zoiseau pour de vrai, mais ne t'inquiète pas, tout va bien et tu as tout le temps de t'y habituer. » Elle peut encourager la petite fille effrayée à jeter de brefs regards au personnage qui l'impressionne. Si cette méthode échoue et que l'enfant continue d'avoir peur, il vaut mieux l'emporter, sans cesser de la rassurer, au fond de l'auditorium où elle consentira peut-être à regarder le spectacle d'un peu plus loin.

L'action concertée. Avec une enfant de ce type, on peut commencer les préparatifs dès la veille. Expliquez-lui qu'elle va voir ses personnages préférés *pour de vrai*, que ce seront bien eux, mais qu'ils lui sembleront différents, plus colorés et beaucoup plus gros. Parlez-lui-en brièvement. Le jour du spectacle, arrivez sur place très en avance de façon à avoir le temps de faire le tour du théâtre afin que votre enfant s'habitue à ce nouvel endroit. Allez prendre vos places le plus tôt possible, avant que la salle ne soit pleine. Montrez à l'enfant son fauteuil. Faites-lui voir la scène, la fosse d'orchestre. Si vous achetez des bonbons pour toute la famille et qu'elle les refuse, gardez-les-lui pour plus tard, quand elle se sera habituée à ce qui l'entoure. Il vaut mieux que tout ait été organisé d'avance : il faut décider qui se placera à côté de l'enfant, qui la prendra sur ses genoux et, le cas échéant, l'emportera dans le fond de la salle. N'insistez pas lourdement sur le fait que vous ayez payé très cher, que vous vous êtes donné beaucoup de mal et que vous désirez qu'elle soit contente. Son humeur est fondamentalement sérieuse. Ne vous attendez pas qu'elle se montre excitée ou enchantée, comme sa sœur aînée.

PERSONNE NE GAGNE, TOUT LE MONDE PERD

Géraldine est mère d'un petit goulu de six mois et d'une enfant difficile et grognon de six ans qui va en classe de onzième depuis une semaine et qui a beaucoup de mal à s'y faire. A 5 heures de l'après-midi, Géraldine s'aperçoit qu'elle n'a plus de lait en poudre pour le biberon de son bébé et qu'elle doit faire un saut jusqu'au supermarché pour en acheter. Inutile de demander à son mari d'en rapporter car il doit rester tard à son bureau. Elle se rend donc dans la chambre de sa fille aînée et l'interrompt alors qu'elle joue à la poupée. « Tu veux bien venir une minute avec moi jusqu'au supermarché? J'ai besoin de lait pour ton petit frère. » L'enfant refuse et continue à jouer avec ses poupées. Sa mère tente de la persuader. La fillette redit « non » d'une voix plus forte. « Bon d'accord, dit la mère, dans ce cas tu n'as qu'à rester ici et jouer avec tes poupées. J'en ai pour très peu de temps. Je vais fermer la porte à clef. Tu es déjà restée toute seule. Tout ira bien. – Non! hurle la petite. Ne t'en va pas! – Eh bien, alors viens avec moi dans la voiture. – Non, non, non! » L'enfant crie. Le bébé aussi, parce qu'il a faim. La mère ne sait plus à quel saint se vouer. « Regarde la peine que tu me fais. Tu vois comme je suis malheureuse? Et ton petit frère! Ce n'est qu'un bébé et il n'a plus de lait pour son biberon. Tout ça par ta faute! » La petite fille regarde sa mère se précipiter hors de sa chambre en claquant la porte, puis elle se remet à hurler et jette ses poupées à travers la chambre.

Que ferait le parent expert?

Réaction. La mère adopte une attitude neutre, puis elle identifie le comportement de sa fille aînée. Celle-ci se montre récalcitrante et têtue et le trait de caractère sous-jacent est sa *mauvaise adaptabilité,* renforcée par le fait que le changement (laisser ses poupées pour sortir avec sa mère) est trop brutal. La mère a, en outre, mis la petite devant une alternative – venir avec elle ou rester seule à la maison – dont elle ne veut accepter aucun des deux termes. Il faut aussi faire la part de la fragilité d'une enfant qui n'est pas habituée à sa classe de onzième et songer qu'il est 5 heures de l'après-midi, ce qui représente l'heure « de la sarabande » pour la plupart des enfants. La mère aurait dû se rendre compte que ce n'était pas le moment de laisser sa fille seule et prendre soin de lui dire : « Je sais que tu as besoin de temps pour changer d'activité et je suis désolée que nous soyons si bousculées mais, si tu veux, tu peux emporter tes poupées dans la voiture et, si tu as faim, je t'achèterai quelque chose au supermarché. »

Si cela ne suffit pas et que l'enfant soit bloquée dans son indécision, incapable de choisir, ne partez pas du principe qu'elle le fait exprès. Peut-être sera-t-il plus sage de vous dire que le lait du bébé peut attendre. Donnez-lui du jus de pomme à la place et occupez-vous d'aider votre enfant difficile à surmonter sa crise de rage. Quand un enfant se montre ainsi incapable de choisir, sachez être compatissante et attentive, mais prenez la décision à sa place.

L'action concertée. Si vous la préparez convenablement, l'enfant n'aura pas à choisir. Vous pouvez vous servir dans ce cas précis de l'heure limite. Dites à votre fille : « Dans cinq minutes, nous sortons pour aller jusqu'au supermarché et dans dix minutes tu seras de retour dans ta chambre et tu pourras continuer à jouer avec tes poupées. » Gardez le contexte de cet incident présent à l'esprit : quand la rentrée des classes est encore proche, n'imposez pas à votre enfant des changements brutaux ou inhabituels.

C'EST SON LIT OU LE MIEN ?

Il y a longtemps que Grégory vient dans le lit de ses parents. Seulement , aujourd'hui, à trois ans et demi, il refuse de dormir ailleurs. Le problème a commencé alors qu'il était encore bébé et se réveillait plusieurs fois par nuit. Lorsqu'il a su sortir de son petit lit, il est venu droit dans la chambre de ses parents pour se coucher dans leur lit avec eux. Souvent, ils étaient trop fatigués pour avoir le courage de le rapporter dans sa chambre et ils lui ont permis de rester. Au bout de quelque temps, il a refusé de s'endormir dans son lit et sa mère, épuisée par la lutte quotidienne, soir après soir, a pris l'habitude de le coucher dans leur lit et de le rapporter dans sa chambre une fois endormi. Les visites nocturnes et les promenades d'un lit à l'autre sont devenues un jeu rituel, compliqué par des crises d'angoisse. Grégory se plaint d'avoir peur dans le noir, peur d'être attaqué par des monstres, peur de faire des cauchemars, peur d'être seul dans son lit. Tous les soirs, après s'être efforcée de le convaincre de rester dans sa chambre, sa mère cède. Son mari et elle commencent à avoir des discussions aigres sur la meilleure façon de remédier à cette situation. Le père a tenté d'imposer à son fils une heure régulière pour s'endormir et de l'obliger à rester dans sa chambre. La mère s'apitoie et se laisse attendrir : il est autorisé à s'endormir dans le lit de ses parents. Son mari menace d'émigrer sur le canapé du salon. « C'est son lit ou le mien? » proteste-t-il auprès de sa femme.

Que ferait un parent expert?

Réaction. Inapplicable dans ce cas précis. Ce n'est pas un problème que l'on peut régler au coup par coup.

Action concertée. Pour résoudre ce genre de problème, il suffit de le comprendre. Posez-vous quelques questions concernant votre enfant. Vient-il dans votre lit parce qu'il a peur? Ou son comportement est-il devenu manipulateur? Confondez-vous l'heure d'aller au lit avec l'heure de dormir? L'angoisse, la manipulation et l'irrégularité peuvent s'enchevêtrer à tel point qu'il devient difficile de les distinguer. Il vous faudra essayer plusieurs stratégies avant de trouver la combinaison idéale. On ne peut pas forcer un enfant *irrégulier* à dormir, mais on peut établir et imposer une heure régulière pour son *coucher*. On peut aider un enfant qui a peur en lui donnant un « compagnon courageux » : offrez-lui un « ours courageux » ou tout autre animal en peluche chargé de veiller sur lui la nuit. On peut se servir d'une poupée, de la méthode de l'enfant mentor et demander à l'enfant de protéger la poupée, comme le ferait une vraie « maman » ou un vrai « papa ». On peut établir des routines du soir susceptibles de réconforter un enfant angoissé ou irrégulier. Celles-ci doivent commencer bien avant l'heure du coucher avec les jeux d'après-dîner, les émissions de télévision et la toilette, toujours dans le même ordre, précédant une routine de coucher apaisante, par exemple des histoires familières, des berceuses et un bon câlin bien rassurant. Après quoi l'enfant est mis au lit (mais pas forcément tenu de dormir). On peut lui permettre d'avoir quelques jouets dans son lit et une veilleuse; il a le droit de jouer quelque temps, mais pas de sortir de son lit. Si rien ne réussit, vous pouvez essayer une récompense pour lui donner l'habitude de rester dans son propre lit. Si l'enfant a tendance à se réveiller la nuit et vient dans votre lit, rassurez-le, mais efforcez-vous de toujours le ramener dans sa chambre. Faites-le avec autant de brièveté que de fermeté. S'il a peur, restez avec lui jusqu'à ce qu'il soit prêt à se rendormir, mais ne vous mettez pas dans son lit avec lui. Apportez-lui le réconfort dont il a besoin, mais ne faites rien qui puisse le stimuler.

LE MANGEUR DIFFICILE

La mère de Jackie adore cuisiner et aime servir à sa famille des repas savoureux et nutritifs. Elle lit des revues de gastronomie pour y trouver des idées et elle est convaincue qu'elle doit prévoir un régime équilibré. Elle passe beaucoup de temps à préparer ses repas. Malheureusement, son fils Jackie, qui a quatre ans, a toujours été difficile. Il a rarement faim à l'heure des repas et n'aime pas les nouveautés. Il se plaint qu'une grande partie de ce que sa mère lui sert a un « drôle » de goût. Cette dernière est exaspérée : elle se sent rejetée parce qu'il ne veut pas manger ce qu'elle lui propose et furieuse parce qu'elle a passé tant de temps à le préparer. Elle se tracasse à l'idée qu'il n'a pas une « alimentation saine ». Résultat : elle passe son temps à forcer, convaincre et cajoler Jackie. Le petit, de son côté, épuise sa mère en lui réclamant à longueur de journée quelque chose à manger. Il n'arrête pas de l'asticoter pour avoir des pommes, du saucisson, du fromage, des biscuits salés, des gâteaux secs. Elle passe son temps à aller lui chercher quelque chose à la cuisine et, quand elle lui a épluché une pomme ou coupé du fromage, il a changé d'avis et n'en veut plus ou n'en mange qu'un peu du bout des lèvres. La mère et son enfant sont bloqués dans un conflit épuisant.

Que ferait un parent expert?

Réaction. Ne saurait s'appliquer ici. Ce qu'il faut, c'est prendre du recul, cesser de répéter la même chose et appliquer une action concertée.

Action concertée. Le problème de Jackie est lié à son caractère. Ses *rythmes irréguliers* l'empêchent d'avoir faim selon un horaire prévisible. Du fait qu'il est *peu adaptable,* il n'aime guère que sa mère varie ses aliments ou les prépare de façon différente; son *seuil sensoriel bas* renforce son impression que ce qu'on lui donne à manger n'est pas agréable et a un « drôle de goût ». La mère de Jackie doit faire une autocritique. Se préoccupe-t-elle de la santé de son fils ou est-elle blessée de voir qu'il refuse de manger ce qu'*elle* lui a préparé? Si elle se fait du souci pour sa santé, il lui suffit d'aller voir un pédiatre. Au praticien de décider dans quel état se trouve l'enfant sur le plan nutritionnel. Quand arrive l'heure du repas familial, les parents doivent insister pour que Jackie vienne s'asseoir à table, même s'il n'a pas faim. C'est lui qui fixera l'heure de son repas chaque fois qu'il aura faim. Et si ses goûts ou ses horaires posent trop de problèmes, sa mère peut lui préparer une « assiette gourmande ».

Si votre enfant se révèle mauvais mangeur, vous avez intérêt à vous montrer plus décontracté à propos de son régime alimentaire. Peut-être avez-vous l'impression d'entendre une hérésie nutritionnelle, particulièrement si, comme beaucoup de parents aujourd'hui, vous vous inquiétez à l'idée que les habitudes irrégulières de votre enfant dans ce domaine contribuent peut-être à rendre son comportement difficile.

Avec un enfant difficile, une grande partie des problèmes qui entrent dans le cercle vicieux tournent autour de ce qu'il absorbe. Vous devez prendre vos distances à l'égard de ces problèmes avant de pouvoir passer aux autres. Un enfant peut s'investir à tel point dans un conflit de volonté concernant son alimentation qu'il refusera de manger les plats qu'il aime. Votre première tâche consiste à extraire l'alimentation du cercle vicieux. Demandez d'abord l'avis de votre pédiatre, mais efforcez-vous de prendre vos distances chaque fois que vous sentez croître votre inquiétude ou votre colère. Lorsque vous y serez parvenu et que votre vie familiale aura retrouvé son calme, vous pourrez revenir à vos préoccupations diététiques, avec des résultats plus positifs.

EN VOITURE

Alexandra passe beaucoup de temps dans sa voiture, car elle habite en grande banlieue. Pour gagner le centre commercial le plus proche, elle doit emprunter l'autoroute. Les trajets ne sont pas longs, mais la circulation est généralement assez dense et l'allure rapide. Elle a le sentiment qu'elle doit faire très attention à sa façon de conduire, particulièrement quand elle a ses deux enfants à bord. L'aîné, âgé de six ans, est un petit garçon assez sage, mais le cadet, quatre ans, est une terreur : un enfant extrêmement actif, entêté et impulsif. Il est souvent impossible de l'attacher dans son petit siège spécial et il prend place sur la banquette arrière, à côté de son frère. Ce jour-là, il est encore plus bruyant et agité que d'habitude, car sa mère l'a interrompu alors qu'il faisait de la balançoire dans le jardin. De l'arrière du véhicule, il n'arrête pas de protester. Alexandra essaie de se concentrer, lui crie : « Tais-toi! » L'enfant commence à se déchaîner. Il attrape un des jouets de plage que sa mère laisse dans la voiture en prévision des excursions au bord de la mer et se met à cogner sur son frère. Des jouets volent dans tous les sens. Avant d'avoir compris ce qui se passait, Alexandra reçoit sur la tête un coup de seau en métal.

Que ferait un parent expert?

Réaction. En voiture, la première chose à faire lorsque la sécurité est en jeu est de s'arrêter le plus vite possible. Ranger votre véhicule sur le bas-côté; ou, sur une autoroute, gagnez l'aire de repos la plus proche. Calmez-vous. Prenez conscience du fait que votre enfant est « déchaîné ». Efforcez-vous de décider si c'est une question de caractère. Ici, ça l'est indubitablement. Vous avez interrompu votre fils très actif au milieu d'un jeu de plein air. Il est perturbé non seulement parce qu'il a été dérangé, mais parce qu'il se retrouve confiné dans un petit espace. À partir de là, c'est l'escalade. L'enfant se déchaîne et perd le contrôle de lui-même. Faites-le passer sur le siège avant, captez son regard et calmez-le avec douceur. « Je sais que tu es fâché d'avoir dû quitter la balançoire. J'ai fait ça trop vite et puis tu n'as pas été content de te retrouver dans la voiture. Calme-toi. Ce n'est pas grave. »

Action concertée. Il est évident qu'une bonne préparation aurait facilité les choses. Vous pourrez tirer partie de l'heure limite pour arrêter la partie de balançoire. Laissez l'enfant choisir quelques jouets appropriés pour s'amuser tranquillement sur son siège. Il serait sage d'en avoir toujours une provision dans la voiture, peut-être sous l'un des sièges, et de prévoir aussi, pour les trajets plus longs, un sac où vous mettrez l'en-cas préféré de votre enfant, des boîtes de jus de fruits, un jouet en peluche et quelques nouveaux objets susceptibles d'intéresser un enfant agité qui s'ennuie (un trousseau de clefs, une boîte amusante, des autocollants multicolores. Si votre enfant est surexcité, calmez-le *avant* de commencer votre trajet en voiture.

MONSIEUR COLÈRE

Par un froid matin d'hiver, une maman regarde par la fenêtre. Elle se sent prise au piège. Son enfant de quatre ans est en train de devenir enragé à force de rester enfermé. Comme il fait très froid et que le ciel est couvert, elle se demande si une promenade jusqu'au square vaut les efforts qu'il faudra déployer pour préparer son fils. Au bout de plusieurs tentatives infructueuses pour le distraire, il devient de plus en plus insupportable. Il a déjà fait deux colères. Elle entre dans sa chambre : « Veux-tu qu'on aille au square? – Non, non, non, non! hurle le petit. – Tu pourras courir tant que tu voudras, poursuit-elle en se mettant à ramasser les jouets qu'il a jetés à travers la pièce. – Non, non! » Il continue à hurler et semble au bord d'une nouvelle colère. Sa mère fait un effort pour rester calme. Elle ne comprend ni ce qu'il veut ni ce qu'il a. Elle se cuirasse. « Nous sortons », annonce-t-elle en l'entraînant jusqu'au lit. En s'asseyant à côté de lui et en lui parlant doucement, elle parvient à le calmer. Elle va alors chercher les baskets du petit et, une fois qu'elle les lui a mis, elle noue les lacets. « Non, maman, c'est pas bien comme ça », s'écrie-t-il et elle recommence. « Non, maman, ça me serre », pleurniche l'enfant et elle relace les chaussures. La scène se répète plusieurs fois de suite : la mère noue les lacets, son fils proteste. Cela se termine par de nouveaux hurlements de la part de l'enfant tandis que la mère, épuisée, attend le prochain épisode. Elle persiste parce qu'elle sait que s'il reste calfeutré dans l'appartement, il va la rendre enragée. L'enfant refuse d'enfiler son gros manteau d'hiver : nouvel éclat de rage. Sa mère le lui met de force, puis elle le traîne hors de l'appartement jusqu'à l'ascenseur. Quand ils arrivent devant l'entrée du square, il s'arrête net et refuse d'aller plus loin. Il se remet à hurler. Les autres mères s'arrêtent pour le regarder. Sa mère à lui est à bout : « Ah non! Ça ne va pas recommencer! » Elle le traîne à l'intérieur du jardin public. Après avoir renâclé, il finit par céder. Dès qu'il est entré, il part jouer avec les autres enfants. Sa mère se laisse tomber sur un banc. Quelques instants plus tard, il vient la trouver pour réclamer son gros camion. « Il est resté à la maison, lui dit-elle. Va demander aux autres petits garçons s'ils veulent bien te prêter le leur. – Mais c'est le mien que je veux. Va le chercher. – Certainement pas. Allez, va jouer! » Il pique une nouvelle colère. Sa mère, excédée, se sent martyrisée.

Que ferait un parent expert?

Réaction. Cet enfant fait des colères de deux sortes : spontanées et manipulatrices. Une colère du premier type (provoquée par la façon dont il se sent dans ses chaussures ou son manteau) s'imbrique parmi celles qu'il pique pour avoir ce qu'il veut (son camion, par exemple). Sa mère les traite de la même façon. Quand la colère est provoquée par le caractère de l'enfant, vous manifesterez votre compréhension; quand il s'agit d'une tentative de manipulation, vous n'y prêtez pas attention et vous refusez de céder. Les mères d'enfants de ce genre ont intérêt à insister sur leur fermeté : « Quand je dis non, c'est non! » S'il continue sa crise au square, ramenez-le à la maison. La mère aurait aussi dû mettre fin beaucoup plus vite à l'épisode des lacets. Par contre, à leur arrivée au square, elle aurait dû étiqueter le recul initial de son fils et lui donner un peu de temps pour dominer son appréhension.

Action concertée. Cette mère et son enfant sont pris dans un cercle vicieux. Supposons qu'elle ait assimilé certains de nos principes : la première chose utile qu'elle aurait pu faire aurait été d'organiser leur après-midi. Elle aurait dû décider plus tôt d'aller au square afin d'avoir le temps d'y préparer son enfant. Cette femme devrait s'efforcer d'adopter un état d'esprit plus neutre. Ses décisions ne devraient pas être prises en désespoir de cause, car cela ne peut que l'inciter à attribuer des mobiles à son fils. *Ne mêlez surtout pas vos émotions à l'affaire.* Décidez de façon neutre : faut-il l'emmener au square ou non? L'heure limite l'aiderait à changer d'activité. En ce qui concerne les baskets, précisez à l'enfant que vous ne les relacerez que *tant* de fois. S'il continue à protester, mettez-lui d'autres chaussures. Ou achetez des baskets garnis de Velcro (comme nous l'avons déjà dit). S'il fait très froid et que votre enfant refuse de mettre son manteau, demandez-lui de l'emporter avec lui. S'il fait vraiment froid, il aura vite envie de le mettre. S'il a trop chaud à la maison (parce que son *seuil sensoriel* est *bas*), en l'obligeant à le mettre tout de suite, vous provoquerez une colère spontanée. Arrivés là où vous avez choisi d'aller, même si le lieu vous est familier, il est possible que votre enfant ait une *réaction initiale de recul* et éprouve le besoin d'être rassuré. Dites-lui que vous comprenez et encouragez-le à rester à vos côtés jusqu'à ce qu'il soit habitué.

AUJOURD'HUI, ON SORT

Ces parents sont fiers de leur fillette de cinq ans, bien qu'elle soit beaucoup plus active que la plupart des enfants de leurs amis. Sensible à tous les changements qui surviennent dans son environnement, elle peut être impulsive et bruyante, mais c'est une enfant extravertie et positive. Le fait qu'elle ait deux frères aînés a aidé ses parents : leur style de vie familiale permet à la petite d'être plus turbulente que ne le tolérerait une autre famille. Les parents n'ont de problème avec Stéphanie que lorsqu'ils veulent l'emmener dans des endroits où elle se trouve confinée, par exemple au restaurant. C'est pourquoi, au lieu d'aller dans un restaurant classique avec des serveurs, ils ont décidé d'aller déjeuner dans un self-service. C'est commode et il y a une sympathique aire de jeux pour les enfants. Quand ils arrivent, Bob entre le premier pour passer leur commande, tandis que sa femme surveille Stéphanie déjà occupée à jouer. Très vite, la petite s'excite et elle est bientôt déchaînée. Une autre petite fille veut lui prendre sa poupée neuve; Stéphanie la frappe de toutes ses forces. Christine, sa mère, intervient : « Stéphanie, tu es une très vilaine petite fille. Puisque c'est comme ça, tu n'as plus le droit de jouer avec les autres. » Et elle emmène la petite pour la faire asseoir à table. Stéphanie, très énervée, refuse de s'asseoir. Sa mère, fâchée, tente de l'y obliger. L'enfant renverse son verre, jette ses frites par terre et crache ce qu'elle a dans la bouche. Ses parents sont furieux. Leur sortie est gâchée et ils n'ont même pas la possibilité de laisser Stéphanie se défouler dans l'aire de jeux.

Que ferait un parent expert?

Réaction. Dès que Christine a constaté que Stéphanie commençait à être surexcitée, avant le déjeuner, elle aurait dû intervenir pour laisser l'enfant se calmer un peu. Elle aurait pu l'emmener s'asseoir quelques instants dans la voiture, aux toilettes, dans un endroit calme, loin des autres enfants. Il faut adopter une attitude neutre, aller trouver votre enfant, l'extraire du groupe qui joue, capter son regard, lui dire : « Tu es surexcitée » et l'emmener ailleurs. Jamais la maman n'aurait dû entraîner Stéphanie à table sans l'avoir calmée. Ensuite, si elle commence à s'agiter pendant le repas, il faut la laisser sortir de table et se promener un peu dans la salle.

Action concertée. D'une façon générale, en utilisant la technique « on se calme », vous devriez être capable d'intervenir plus tôt dans des situations comme celle que nous venons de décrire. Le parent qui surveille son enfant saura quand il est temps de se manifester avant qu'il ne soit trop tard. Vous apprendrez à reconnaître le bon moment. Si vous vivez dans un appartement en ville avec un enfant au *niveau d'activité élevé*, veillez à le sortir assez souvent pour qu'il puisse se défouler. Vous pouvez lui faire faire du sport, de la danse ou de la gymnastique après l'école.

« C'EST PAS JUSTE »

David a sept ans. Sa petite sœur en a quatre. David est persuadé qu'il vit dans la famille la plus injuste du monde, parce que c'est *toujours* à sa chipie de sœur qu'on donne raison. Jamais elle n'est punie. Pourtant elle fait des choses qu'on lui interdit. C'est une vraie peste, mais il n'a pas le droit de la toucher. Elle est bruyante et brutale. Elle refuse de partager. Elle veut toujours les jouets des autres. Quand elle a envie de quelque chose, elle continuera à le réclamer pendant des heures. Leur mère estime qu'un grand frère doit être capable de tolérer les caprices de sa petite sœur. Les sentiments qu'elle éprouve envers sa fille sont d'ailleurs ambivalents. Elle sait que la petite est très pénible et qu'elle mène la vie dure à son frère, mais elle ressent aussi le besoin de protéger cette enfant si jeune et qui lui semble fragile. Le père, qui n'est pas très souvent à la maison, estime que son fils doit se conduire comme un « petit homme » et trouve qu'un grand frère qui se laisse tourmenter par sa petite sœur est une « mauviette ». Cette situation est l'un de ses grands sujets de dissension avec sa femme. Le jouet favori de David est un train électrique avec beaucoup de rails, une gare, des mécaniciens, des wagons de marchandises, un tender et un fourgon rouge. Ce train, il tient à le garder pour lui, d'autant plus qu'il a dû céder à sa sœur sur tout le reste : bonbons, jeux, jouets et même les émissions de télévision qu'il a envie de regarder. Il est convaincu qu'elle obtient toujours ce qu'elle veut. Bien entendu, la petite fille polarisée sur le train guigne par-dessus tout le fourgon rouge. Elle a déjà fait plusieurs tentatives pour le subtiliser. Un jour, elle entre dans sa chambre, alors qu'elle est censée jouer dans la sienne, et surprend David avec son train. « Ça, c'est à moi! » hurle-t-elle en empoignant le fourgon. Le petit garçon explose. « Non! » crie-t-il. Elle lui envoie le fourgon à la figure. Il le reçoit en plein front. Avec un cri de douleur, il assène de toutes ses forces un coup sur la tête de sa petite sœur. Leur mère arrive pour trouver ses deux enfants qui hurlent et s'écrient : « maman! » en la voyant entrer. Comme c'est la petite fille qui fait le plus de simagrées, la maman prend son parti. « Voyons, ma chérie, tu sais bien que tu ne dois pas venir dans la chambre de ton frère, lui dit-elle, sans la moindre colère. – Il m'a tapée, dit la petite fille. – Oui, mais c'est elle qui m'a envoyé mon train à la figure », proteste son frère. Voyant que la petite fille sanglote plus fort et semble avoir vraiment mal, la mère réprimande son fils : « Tu sais que tu ne dois pas frapper ta sœur », lui dit-elle d'un ton tranchant. David est ulcéré : « C'est toujours elle qui a raison. C'est pas juste. Pourquoi tu es toujours contre moi? » Quand le père rentre à la maison, son fils boude et refuse de manger. Il a une énorme bosse sur le front. La petite fille, sereine, est en train de regarder son émission préférée à la télévision. En apercevant David, le père demande ce qui s'est passé et sa femme lui fournit sa version de l'incident où il n'est question que de « ma pauvre petite chérie » et de son méchant grand frère qui ne veut pas s'en occuper. Le père laisse éclater son indignation : « Mais enfin, cette petite n'est pas en verre! Regarde un peu le front de David. Il n'a donc pas le droit d'avoir un peu la paix de temps en temps? » La discussion se poursuit durant le dîner, sans aboutir à la moindre solution. Le petit garçon a l'impression que son père peut dire tout ce qu'il veut : la plupart du temps, il se trouve seul à la maison entre sa mère et sa sœur.

Que ferait un parent expert?

Réaction. Si vous tombez au milieu d'une querelle d'enfants sans avoir assisté au début, il faut prendre vos distances et rester neutre. Ne tentez pas de vous ériger en juge, de décider qui a tort et qui a raison. Contentez-vous de séparer les combattants. Vous vous demanderez ensuite si pour votre enfant difficile, c'était une affaire de caractère. Pour le moment, il faut vous occuper du comportement et, dans ce cas précis, la réponse est de faire preuve de sens pratique mais de ne surtout pas prendre parti. Adressez-vous d'abord à l'aîné : « Je sais que tu préfères jouer avec ton train tout seul. Laisse-moi d'abord calmer ta sœur. » Donnez-lui une petite tape rassurante et reportez votre attention sur votre fille qui est hors d'elle. C'est du bon sens. Étant donné que cette petite est en train de piquer une véritable colère, il est préférable de la calmer et de l'installer quelque part avec un de ses jouets préférés ou la télévision. Après quoi, vous pourrez revenir à l'aîné. N'essayez pas de départager les adversaires et ne punissez ni l'un ni l'autre, à moins d'avoir assisté à l'incident depuis le début.

Action concertée. Tâchez de découvrir quel est le schéma qui conduit à ces bagarres entre vos enfants. Cela vous aidera à trouver une solution. Dans le cas que nous venons d'évoquer, c'est la cadette qui mène son frère et la maisonnée à la baguette. Elle estime qu'elle a le *droit* de jouer avec le train de son frère et s'acharne à vouloir s'en emparer. Elle se bloque sur la possession du fourgon. Il faut prendre très fermement position : il lui est strictement interdit de toucher au train de son frère sans la permission expresse de ce dernier.

Parmi les autres solutions aux problèmes qui peuvent surgir entre frères et sœurs :

- Pour les enfants qui se disputent à propos des émissions de télévision que chacun veut regarder, il est souvent plus simple d'acheter un second poste, le meilleur marché possible.
- S'il y a une escalade dans les rapports de force de vos enfants chaque fois qu'ils jouent ensemble, observez-les et tâchez de discerner quel genre de situation finit par dégénérer. Efforcez-vous d'être présent quand les choses vont mal. Si vous entendez que la dispute s'envenime, intervenez, mais n'oubliez pas : *Il ne faut pas prendre parti.*
- Expliquez à l'aîné ce qu'est le caractère. Faites-lui comprendre que son frère ou sa sœur ne peut pas toujours s'empêcher d'agir comme il le fait. Expliquez-

lui que c'est pour cela que vous lui accordez tant d'attention. Prenez le temps de vider la question à fond avec lui; cela peut aider les autres enfants à comprendre ce cas et à se montrer plus tolérants.

- Assurez-vous que les règles que vous avez établies sont conformes aux besoins de vos enfants et que votre petite dernière n'en « profite » pas. Ici, le fils aîné a besoin de pouvoir jouer à sa guise, seul avec son train. Veillez à ce qu'il y parvienne.
- Une bonne solution pour établir les règles en vigueur à la maison est celle du compromis. Si les deux enfants veulent le même jouet, laissez le plus jeune s'amuser avec pendant que l'aîné regarde son émission de télévision préférée. N'hésitez pas à établir des règles appropriées *pour tous les deux* et assurez-vous qu'il y a un bon équilibre.
- En général, la plupart des parents doivent prendre position de façon plus ferme à l'égard de leur enfant difficile et se montrer plus souples avec son frère ou sa sœur. Les enfants difficiles sont trompeurs : ils sont plus coriaces qu'ils n'en ont l'air et ils ne gagnent pas à être traités comme des objets en porcelaine.

« JE NE VEUX PAS ALLER A L'ÉCOLE »

Tom est un petit garçon actif, qui a tendance à se montrer réservé et à se cramponner. Il vient de passer huit semaines de vacances organisées, durant lesquelles il était pris en charge par des moniteurs avec d'autres enfants. Après un début hésitant, l'expérience l'a enthousiasmé plus que le jardin d'enfants où il vient de passer une année difficile. Il s'est montré plus sûr de lui et Rose, sa mère, a passé de son côté un été nettement plus détendu. Tom rentrait épuisé de ses huit heures d'activités organisées, prêt à avaler son dîner de bon appétit et à se mettre au lit. Les huit semaines sont terminées, cependant, et il reste une quinzaine de jours avant la rentrée des classes. Or, durant cette période, Tom s'ennuie et se montre grognon parce qu'il n'a rien à faire. On voit en outre reparaître le petit garçon apeuré loin du Tom auquel s'était habituée sa mère durant les vacances. C'est à peine si elle parvient à le persuader d'aller jouer sur son tas de sable dans le jardin. Rose réagit avec une impatience qui reflète les propres difficultés qu'elle éprouve pour s'adapter à ce changement (bien qu'elle ne s'en rende pas vraiment compte). Elle passe son temps à gronder son fils : « Pourquoi ne peux-tu pas jouer tout seul? Pourquoi es-tu sans cesse dans mes jupes à m'asticoter? » C'est comme si une ombre la poursuivait sans cesse, sans la lâcher d'une semelle. Elle a une liste d'affaires dont il va avoir besoin pour l'école. Elle s'efforce de tout préparer, mais chacune de ces corvées – lui faire couper les cheveux, lui acheter des chaussures neuves, des pantalons neufs et ainsi de suite – se transforme en bataille rangée. Tom refuse de pénétrer dans les magasins, de laisser le coiffeur le toucher, d'essayer les chaussures neuves. Il ne veut même plus jouer avec son camarade de la maison voisine qui a toujours été son grand compagnon de jeux. Sa mère commence à s'inquiéter. Durant l'été, elle avait fini par se persuader que son fils avait fait des « progrès ». Lors des activités organisées, il participait volontiers à des jeux et il s'était beaucoup amusé. Les moniteurs n'avaient pas eu à se plaindre de lui. Rose s'était même dit que la rentrée des classes ne poserait sans doute pas de problème. A présent elle commence à croire que Tom est un enfant « perturbé ». Elle se demande avec angoisse ce qui va se passer quand il entrera en classe de onzième. « Comment va-t-il pouvoir se débrouiller sans moi? »

La première semaine de classe est un enfer. Tom refuse de se séparer d'elle. Elle est obligée de rester avec lui dans la salle de classe. Chaque fois qu'elle tente de partir, il devient hystérique. Quand arrive le lundi de la deuxième semaine, c'est encore pis. Il fait des histoires pour se lever et s'habiller. Il faut le traîner de force jusqu'à l'école. Il s'agrippe aux jambes de sa mère, qui ne sait plus quoi faire. Faut-il partir? Faut-il rester? Faut-il céder et le garder à la maison un jour de plus? Le petit garçon redoute de s'endormir le soir. Il dit qu'il a peur des cambrioleurs et se plaint de faire des cauchemars.

Finalement, la maîtresse demande à Rose de quitter la salle de classe. Tom fait une colère noire. Rose regarde l'enseignante qui se montre intraitable et elle s'aperçoit que les autres enfants ont les yeux fixés sur eux. Elle regarde son fils et lui dit : « Lâche ma jambe », mais elle ne lui parle pas d'un ton convaincu.

Que ferait un parent expert?

Réaction. Pour faire face à un enfant qui refuse d'aller à l'école, il faut d'abord comprendre qu'il s'agit d'une question de caractère. Dans le cas de Tom certains aspects relèvent du caractère et ont trait au *recul initial,* mais le caractère n'est pas le fond du problème. Lorsqu'un enfant plus âgé refuse d'aller en classe, le principe directeur est de se souvenir que *l'enfant doit aller à l'école et que vous ne devez pas rester avec lui.* C'est une règle absolue. Il faut partir. Montrez-vous ferme. Ne laissez planer aucune ambiguïté. Dites-lui au revoir de votre ton le plus neutre et filez. Ne discutez pas, n'expliquez rien. Avec un enfant de ce type, plus vos actions seront claires et nettes, plus les choses seront faciles pour lui. Plus vous semblerez accepter son refus de vous quitter, plus la situation risque de dégénérer.

Action concertée. Dans ce cas, plusieurs aspects entrent en jeu :

- Les mères devraient être conscientes de leur attitude lorsque leur enfant est à la maison pendant la période de transition entre l'école et la colonie de vacances ou pendant les vacances. Vous allez vous sentir devantage prise au piège.
- Ce qui est arrivé à Tom durant cette période entre la fin de ses vacances organisées et la rentrée des classes, c'est qu'une série de progrès, durant l'été a été suivie d'une régression. C'est fréquent chez les enfants difficiles. Il faut y faire face non en cherchant à obliger

l'enfant à se montrer plus indépendant, mais en s'efforçant de le sécuriser. Ne vous acharnez pas à envoyer votre enfant seul dans le jardin s'il dit qu'il a peur d'y aller. Recommandez-lui de ne pas se tracasser : « Je sais que tu t'es habitué à bien t'amuser durant tes activités organisées et que c'est différent quand tu es seul à la maison, mais je suis sûre que tu vas trouver de quoi t'occuper ici. » Au cours de ces périodes de transition, efforcez-vous de sécuriser l'enfant et ne portez aucun jugement sur son comportement. Veillez à maintenir un certain équilibre. Il ne s'agit pas de vous montrer protectrice et de vous laisser absorber par ses besoins.

• Préparez l'enfant à la rentrée scolaire en lui parlant de l'école afin de le familiariser avec l'idée d'y aller, sans vous répandre en louanges et ne parler que de ce sujet. Faites un tour jusqu'à l'école, pour la visiter, et attardez-vous un instant dans la future salle de classe de votre enfant, si la chose est possible. Adoptez une attitude sereine et décontractée.

• Si vous pensez que votre enfant aura besoin d'une routine du matin pour être prêt à l'heure, les jours où il va en classe, instituez-en une environ une semaine avant la rentrée.

• Lorsque l'heure de la rentrée a sonné pour un enfant de cinq ou six ans et qu'il a du mal à se séparer de vous, tâchez de trouver une personne pour assurer la transition. Vous lui confierez l'enfant à l'entrée de l'école. Elle se chargera de l'emmener à l'intérieur. Il peut s'agir d'un surveillant, d'un assistant ou d'un enseignant. Ne restez pas avec un enfant de cet âge. (En revanche, si votre enfant n'a que deux ou trois ans, vous pouvez rester avec lui.) Beaucoup d'enfants refusent d'aller en classe. Ce n'est pas réservé aux enfants difficiles. Un comportement régressif est plus répandu chez ces derniers. Ils seront accrochés à vous comme des sangsues. En tant que mère, efforcez-vous de rester le plus neutre possible dans vos rapports avec l'enfant. Soyez bienveillante et compatissante, mais faites-lui savoir fermement qu'il doit aller en classe.

LA TERREUR DE LA CLASSE

Patricia vient d'inscrire Olivia, sa fille de quatre ans, à la maternelle de sa paroisse. La petite fille est un « garçon manqué », une petite brute, active, autoritaire, surexcitée. Elle déteste les changements. Ses parents ont appris de façon empirique que les routines très structurées lui réussissent le mieux. Moins d'un mois après la rentrée des classes, Patricia reçoit des coups de téléphone et des mots des enseignantes au sujet de sa fille. Olivia frappe et mord les autres enfants, jette les jouets à la volée, refuse de partager, ne veut pas faire attention ni écouter ce qu'on lui dit et refuse de participer à de nombreuses activités de groupe. Chez elle, la petite fille ne s'est jamais montrée aussi épouvantable. Elle joue volontiers avec ses deux frères aînés, très actifs eux aussi, et semble satisfaite de ses habitudes. La mère est perplexe. A mesure que les semaines passent, quelques problèmes apparaissent à la maison; Olivia devient indisciplinée et difficile. Finalement, les autorités scolaires font savoir à Patricia qu'Olivia est un « élément trop perturbateur » et qu'elle n'aura pas le droit de revenir tant qu'elle « ne saura pas se tenir ».

Que ferait un parent expert?

Réaction. Ne réagissez pas immédiatement. Gardez votre enfant quelques jours à la maison, pendant que vous essayez de comprendre ce qui se passe. Dites-lui ce que vous comptez faire : « Nous allons te garder à la maison quelque temps et essayer d'arranger les choses. » Demandez une entrevue aux responsables scolaires. Ne punissez pas l'enfant et évitez de la questionner sur ce qui s'est passé. Cette dernière recommandation est très importante. La dernière chose à faire est de lui donner l'impression qu'elle est « vilaine ».

Action concertée. Si votre enfant a des problèmes avec les transitions et les changements de routine à la maison, il est sûr que, dans un contexte scolaire, ses problèmes ne feront qu'empirer. Le *niveau d'activité élevé* et l'*étourderie* sont des traits de caractère qui comptent dans ce cas. Demandez une entrevue à la maîtresse ou aux maîtresses qui vont s'occuper de votre enfant avant la rentrée des classes. N'allez pas les provoquer en laissant entendre qu'elles ne sauront sans doute pas s'y prendre avec votre fille. Ne vous excusez pas à l'avance de la conduite de celle-ci. Abordez le problème de façon constructive, en disant à peu près ceci : « J'ai quelques informations que j'aimerais vous communiquer et qui me sont utiles quand je m'occupe de ma fille. Elle a du mal à changer d'activités. Je dois la préparer aux changements et lui laisser un peu plus de temps pour s'y habituer. Quelques minutes font une grosse différence. C'est une enfant très stimulée par les jeux turbulents. Elle a tendance à très vite se déchaîner quand elle se trouve avec un groupe d'autres enfants. Je suis obligée de la surveiller parce que, si elle passe en surmultipliée, elle perd totalement le contrôle d'elle-même. Je me suis aperçue que ce qui réussissait dans ces cas-là, c'était de l'éloigner des autres pour qu'elle se calme. J'ai du mal à me faire écouter d'elle et ça marche mieux si je parviens à capter son regard avant de lui dire quoi que ce soit. Elle fera plus attention si elle n'est pas trop loin de vous. »

Fondez vos suggestions sur votre expérience en tant que parent et votre profonde connaissance du caractère de votre enfant, plutôt que d'avoir l'air de vouloir leur apprendre leur métier d'enseignantes. Cela vous permettra d'instaurer d'excellentes communications pour l'année scolaire.

Ces anecdotes illustrent le fait que les principes de l'autorité adulte et les techniques de contrôle doivent être combinés à une authentique connaissance du caractère pour vous permettre de prendre votre enfant difficile de la meilleure manière. L'amélioration sera progressive, émaillée de rechutes tant pour l'enfant que pour les parents. Soyez patients envers vous-mêmes, aimant envers votre enfant. Apprenez à apprécier ses qualités et à prendre plaisir à sa présence. Avec le temps, le cercle vicieux sera remplacé par une affection et un respect mutuels.

10

Comment prendre un bébé difficile
La première année

Comment un si petit bébé peut-il donner autant de mal? se demandent tous les jours les parents de Suzy, cinq mois. Depuis sa naissance, elle hurle à faire tomber les murs de sa chambre. Les jeunes parents sont très préoccupés par ses pleurs stridents et ne comprennent pas pourquoi elle fait tant d'histoires, pourquoi elle est toujours si grognon et si malheureuse. Ils ont tout essayé pour la mettre de meilleure humeur : de nouveaux jouets, des mobiles multicolores, des grimaces ; ils l'ont bercée, ils l'ont changée, ils l'ont enveloppée dans des couvertures douces. Rien n'y a fait. Au contraire, leurs efforts semblent généralement la stimuler davantage et la faire pleurer encore plus fort. Ils sont convaincus d'avoir le bébé le plus malheureux du monde. Tout cela est-il leur faute? Ou y a-t-il quelque chose d'anormal chez Suzy?

A l'âge de six mois, Claude est sans cesse en mouvement. Il est beaucoup plus actif que les autres bébés que ses parents connaissent. Quand sa mère le tient dans ses bras, il se tord comme un ver. Il est déjà tombé une fois du lit et une fois de la table à langer; sa maman s'était penchée pour attraper une brassière propre sur l'étagère du dessous et aussitôt il est parti en vol plané. A présent, elle a l'impression qu'elle doit le surveiller comme le lait sur le feu et les signes indiquant qu'il ne va pas tarder à se mettre à ramper lui apportent plus d'inquiétude que de plaisir. Un autre problème surgit quand elle tente de le faire passer aux aliments solides. Il se rebiffe et recrache tous les aliments nouveaux.

Aux alentours du premier anniversaire de Patrick, son père et sa mère ont pris une calculatrice de poche et ont tenté de faire la somme des heures de sommeil auxquelles ils avaient eu droit depuis la naissance de leur bébé. Ils cherchent à établir de façon irréfutable qu'ils sont plus à court de sommeil que tous les gens de leur connaissance. Patrick ne dort jamais de façon régulière. Une nuit, il dormira dix heures d'affilée et fera deux siestes durant la journée; le lendemain, il ne fera pas de sieste et ne dormira que cinq heures pendant la nuit, en se réveillant toutes les heures pour hurler et s'agiter; la troisième nuit, il ne fermera peut-être pas l'œil, mais il fera sans doute des siestes dans la journée du lendemain. Son appétit et son transit intestinal sont tout aussi imprévisibles. Privés du moindre schéma sur lequel fonder une routine, les parents ont été incapables de mettre au point un horaire régulier pour les tétées et le sommeil. C'est un bébé geignard, agité, grognon. Le médecin a diagnostiqué les « coliques » du nourrisson et prédit qu'elles disparaîtraient vers trois ou quatre mois, mais il n'en est rien. A présent, la mère de Patrick déclare, mi-figue, mi-raisin, qu'elle est la seule femme au monde à avoir un enfant de douze mois affligé de « coliques », mais qu'elle n'en demandait pas tant.

Reconnaissez-vous votre bébé dans un de ces trois portraits de nourrissons difficiles? Suzy est excessive, d'*humeur négative* et possède un *seuil sensoriel très bas*, alors que Claude est *extrêmement actif* et manifeste un *recul initial* envers les nouveaux aliments. Quant à Patrick, avec ses *rythmes irréguliers* et son *humeur négative*, il est en train de rendre ses parents enragés.

Les recherches récentes ont fait apparaître que les

bébés naissent différents. La New York Longitudinal Study a démontré que les différences de caractère peuvent être discernées dès la toute petite enfance.

Les parents dont c'est le premier enfant sont vulnérables et peu sûrs de ce qu'il faut faire, face à un bébé de caractère difficile. Le pédiatre lui-même ne saura peut-être pas leur fournir toutes les réponses. Une grande partie du comportement doit être comprise et acceptée ou contrôlée. Avec un enfant plus âgé, le caractère difficile et les réactions parentales ont souvent pour résultat le cercle vicieux. Avec le petit bébé, l'expression du caractère est plus limpide et les parents ne connaissent pas encore le cercle vicieux.

Les préoccupations des parents à l'égard de leur enfant difficile tendent à tourner autour de la question : « Qu'est-ce qu'il a, ce petit? » plutôt qu'autour de : « Tout cela est-il ma faute? » La mère est peut-être épuisée et dépassée par les événements, mais en général elle n'est pas encore trop profondément plongée dans son sentiment d'impuissance ou dans sa dépression. Le mariage est soumis à de fortes tensions, mais on ne peut comparer six mois de travaux forcés avec trois ou quatre ans de la même peine.

LE BÉBÉ EST-IL VRAIMENT « DIFFICILE »?

Il faudra sans doute plusieurs mois avant que les parents ne soient en mesure de commencer à distinguer le caractère des autres interprétations possibles du comportement de leur bébé.

• Au cours des trois ou quatre premiers mois, les coliques sont couramment diagnostiquées. On emploie généralement ce terme pour désigner ce dont souffre un bébé irritable ou geignard qui pleure et hurle sans raison. On a avancé maintes hypothèses pour expliquer pourquoi un bébé en parfaite santé manifeste par des hurlements une soudaine et évidente détresse et refuse d'être consolé. Certains médecins assurent que les coliques ne sont qu'une étape et doivent disparaître vers l'âge de trois mois. Ma propre conviction est qu'à l'origine de ces prétendues coliques, on trouve souvent un caractère difficile.

• Le comportement difficile chez les nourrissons peut être noyé dans d'autres problèmes de la petite enfance. Si votre enfant refuse un biberon, peut-être est-ce parce qu'il fait ses dents ou qu'il commence un rhume. Il n'est pas en âge de vous le dire. C'est à vous d'éliminer les autres explications avant d'en arriver à la conclusion que son comportement est l'expression de son caractère, par exemple de son *irrégularité* ou de sa trop grande sensibilité aux saveurs, avec un *seuil sensoriel très bas.*

• Chez un bébé, le comportement difficile peut être partiellement lié aux allergies. Si votre enfant ne semble pas tolérer certains aliments (surtout le lait), s'il paraît avoir le nez pris ou bouché, s'il a des rougeurs, au visage et derrière les oreilles, ou s'il a des accès de vomissements et de diarrhée, vous devez évoquer avec votre pédiatre la possibilité d'une allergie. Il peut y avoir un certain rapport entre les allergies et les problèmes caractériels.

• Si le bébé est extrêmement irritable, ne se règle pas du tout, pleure constamment et *ne progresse pas dans les domaines de la prise de poids et des étapes du développement,* il y a peut-être quelque chose de grave. Ce n'est sans doute pas une affaire de caractère, mais un problème plus sérieux qui nécessite des soins médicaux appropriés.

PROFIL DU CARACTÈRE DE VOTRE BÉBÉ

Les parents de bébés jusqu'à douze mois trouveront peut-être utile de mener à bien leur propre période d'étude en suivant les grandes lignes exposées au chapitre 6. Commencez, chaque fois que vous le pouvez, à lier le comportement de votre bébé à de possibles traits de caractère.

Comment faire pour identifier des traits de caractère difficiles chez un nourrisson? Les traits que l'on retrouve le plus fréquemment durant la première année sont l'*irrégularité*, le *niveau d'activité élevé*, l'*humeur négative*, l'*intensité élevée* et le *seuil sensoriel bas*. Le *recul initial* et la *mauvaise adaptabilité* viennent ensuite. L'*étourderie* n'est pas évidente d'aussi bonne heure.

Voici comment se manifestent ces traits :

TRAITS DIFFICILES CHEZ LE NOURRISSON

Niveau d'activité élevé

Fœtus très agité durant la grossesse. L'enfant remue énormément dans son berceau, envoie promener ses couvertures à coups de pied, se tortille beaucoup, ce qui le rend difficile à habiller, à changer et à baigner. Peut se montrer dans l'ensemble plus éveillé et atteindre plus tôt les grandes étapes du développement moteur. Il faut le surveiller de très près pour éviter les accidents.

Mauvaise adaptabilité

N'aime pas les changements de routine ou d'horaire, proteste en geignant, pleurant ou hurlant. Même après la réaction initiale, il lui faut beaucoup de temps pour se dégeler vis-à-vis des situations et des gens qu'il ne connaît pas.

Recul initial

Recrache les nouveaux aliments, solides ou liquides. Proteste lorsqu'il est exposé à une nouvelle expérience tel qu'un bain, un nouveau landau, un nouveau jouet ou un inconnu.

Turbulence

Pleure très fort, hurle, crie de plaisir.

Irrégularité

Fonctions biologiques imprévisibles. Les heures des repas et de sommeil sont difficiles à programmer. Il risque de se réveiller souvent durant la nuit. Le transit intestinal peut être irrégulier. Ne semble pas posséder de « pendule intérieure ».

Seuil de tolérance bas

Facilement surstimulé. Sursaute souvent et peut avoir des réactions excessives aux lumières, au bruit, au contact de ses vêtements, au goût des aliments ou lorsqu'on le prend dans les bras. Très sensible aux couches mouillées ou sales.

Humeur négative

Généralement geignard ou grognon. Ce n'est pas un « bébé heureux ». Pleurniche et pleure.

VOTRE BÉBÉ

	Très difficile	*Moyennement difficile*	*Peu difficile*
Niveau d'activité	☐	☐	☐
Adaptabilité	☐	☐	☐
Approche/recul	☐	☐	☐
Intensité	☐	☐	☐
Régularité	☐	☐	☐
Seuil de tolérance	☐	☐	☐
Humeur	☐	☐	☐

SACHEZ PRENDRE VOTRE BÉBÉ

Le fait de comprendre ce qui arrive à votre bébé peut vous soulager d'un poids de culpabilité et d'anxiété, mais quelques techniques de contrôle vous aideront à résoudre certains problèmes. Voici quelques conseils pratiques concernant les différents traits de caractère. Il faudra vous fonder sur vos observations quotidiennes pour les adapter à votre nourrisson.

L'irrégularité : un bébé imprévisible

La plupart des bébés possèdent une espèce de « pendule intérieure » qui se met en marche vers l'âge de six ou huit semaines. Pas les bébés irréguliers. C'est à *vous* qu'il incombe de devenir leur pendule. Efforcez-vous, dans la mesure du possible, de créer des routines pour les tétées et les heures de sommeil. Il faut persister avec douceur pendant cinq à dix minutes chaque fois, même si le bébé refuse de se plier à votre horaire.

Comment établit-on un horaire de ce genre? Vous devez avoir conscience des deux extrêmes à éviter. Si, d'un côté, vous vous efforcez d'établir un horaire tétées/sommeil à la demande, vous allez être tellement tendu par l'irrégularité de votre enfant que vous ne saurez plus où vous en êtes. De l'autre, si vous tentez d'imposer le genre d'exactitude militaire en vogue à l'époque de vos grands-parents, vous risquez d'accroître les problèmes du bébé et les vôtres. Il faut adopter une attitude plus modérée.

Durant la journée. En gardant cette maxime présente à l'esprit, essayez de prévoir un horaire qui se rapproche le plus possible du *moindre* schéma détecté chez votre nourrisson. Dressez un tableau des tétées et des périodes de sommeil pendant une semaine pour vous guider. Peut-être n'obtiendrez-vous que la plus infime lueur, mais n'hésitez pas à vous en servir. Disons, par exemplc, que votre bébé a faim quand il se réveille le matin, même si, en ce qui concerne ses repas, le chaos le plus complet règne durant le reste de la journée. Cette découverte vous permet d'établir quelques prévisions. Il faut instituer votre horaire autour de cet unique poteau indicateur et partir de là.

Peut-être avez-vous décidé que votre bébé devrait faire une sieste tous les jours à la même heure. Il se réveille à une heure différente chaque matin. Prenez l'habitude de le réveiller tous les jours à 7 heures pour commencer à lui donner un horaire régulier, puis recouchez-le pour sa sieste à 11 heures. Établissez votre schéma, puis efforcez-vous de vous y tenir. Il ne faut pas faire la sourde oreille si le petit hurle dans son berceau. Seulement, s'il pleure entre ses tétées ou lors des siestes programmées, interdisez-vous de le prendre dans vos bras. Laissez-lui une chance de se calmer.

Voici comment pourrait fonctionner le système dans la pratique. Imaginons que vous avez décidé que l'horaire qui convient pour les tétées est le suivant : 9 heures, midi, 16 heures et ainsi de suite. Chaque fois que c'est l'heure, vous devez insister doucement pour tenter de le nourrir pendant cinq ou dix minutes, même s'il ne paraît pas intéressé. (Vous vous sentirez plus sûre de vous si vous faites confirmer votre horaire par votre pédiatre.) A 9 heures, votre bébé refuse de téter et pleurniche une dizaine de minutes. Vous n'insistez pas au-delà de ce laps de temps. Seulement, à 10 h 30, il hurle, manifestement affamé. Que faites-vous? Faut-il attendre midi ou le nourrir maintenant? La réponse est de le nourrir à 10 h 30, mais le moins possible; que ce soit un en-cas pour lui permettre de tenir jusqu'à midi. A vous de juger quelle quantité de lait saura l'apaiser momentanément.

Durant la nuit. Résoudre les problèmes de sommeil est plus difficile que de régler les irrégularités alimentaires. Si le bébé dort de façon irrégulière la nuit, il faut abréger ses siestes dans la journée. Votre but est qu'il soit plus fatigué quand vient le soir. Certains pédiatres conseillent aux jeunes parents de ne pas laisser leur bébé dormir plus de trois à quatre heures de suite durant la journée. C'est un conseil très avisé pour tous les bébés, mais qui est plus important pour les bébés irréguliers que les autres.

Voici quelques autres suggestions pour faire face aux problèmes du sommeil :

- Ne renforcez pas l'état d'éveil du bébé lorsqu'il se réveille de façon irrégulière durant la nuit. Quand vous allez dans sa chambre, entrez-y toujours de la même façon. Gardez l'éclairage au minimum. Assurez-vous qu'il n'y a rien de grave, installez le bébé aussi tranquillement et fermement que vous le pourrez dans son berceau et repartez. En général, il vaut mieux ne pas prendre un bébé de ce type dans les bras, se promener en le berçant, l'emporter dans votre chambre ou lui parler et jouer avec lui. Votre objectif prioritaire doit être de l'aider à se rendormir.

- Il faut faire preuve de sens pratique. Si vous ne parvenez pas à le rendormir et que vous avez droit à des hurlement prolongés, choisissez une méthode pour le calmer. Vous pouvez soit le nourrir, soit le prendre dans vos bras, soit vous promener avec lui, soit le bercer. Essayez plusieurs méthodes pour voir celle qui marche le mieux, puis *tenez-vous-en à celle-là.* Si vous devez sortir l'enfant de son berceau pour l'apaiser, procédez toujours de la même manière durant environ le même laps de temps.
- Si votre bébé reste éveillé toute une nuit, prévoyez comment vous ferez face. Vous pouvez vous relayer avec votre mari; pendant quelques nuits ce sera à vous de vous dévouer, puis à lui. Ou bien partagez-vous la nuit, chacun dormant tour à tour pendant que l'autre est « de garde ».
- Vous devriez avoir mis au point un horaire pour votre bébé irrégulier, plutôt que de vous contenter d'accepter son irrégularité. Soyez, pour votre part, ponctuelle et prévisible. Ne laissez jamais l'imprévisibilité du petit susciter une réaction désordonnée de la part de la famille.

Si vous avez essayé toutes ces façons d'aborder le problème et que votre bébé ne s'est pas adapté au moindre horaire, si vous pensez que vous serez soulagé que son cycle de sommeil dure cinq heures au lieu de deux, demandez à votre pédiatre s'il n'envisagerait pas de prescrire à votre enfant un sédatif très doux. On utilise d'ordinaire des médicaments légers pour les problèmes de sommeil nocturnes, mais ils peuvent aussi être utiles dans la journée pour les nourrissons difficiles et irréguliers qui n'ont aucune « pendule intérieure ». Administrés par doses fractionnées plusieurs fois par jour, ils peuvent faire office de calmant et rendre le comportement de l'enfant suffisamment égal pour vous permettre d'établir quelques schémas, après quoi vous pourrez cesser de les administrer.

Intensité élevée : un bébé bruyant

Il n'y a rien à faire contre cette propension innée à pleurer très fort. Parmi les remèdes proposés, je cite : insonoriser la chambre du bébé en tapissant les murs d'édredons et de couvertures; recouvrir le sol de moquette pour absorber partiellement le bruit ou vous procurer des boules Quiès. Ne vous inquiétez pas, vous entendrez quand même pleurer votre enfant, mais il ne vous cassera plus les oreilles.

Humeur négative : un « bébé malheureux »

Les bébés des autres parents sourient, gazouillent et roucoulent. Pas le vôtre. Il n'arrête pas de pleurnicher. Il vous est bien difficile de garder votre confiance en vous et, surtout, de continuer à vous sentir heureux et fier de votre enfant. Même si vous ne sauriez modifier l'humeur fondamentale de votre nourrisson, vous pouvez avoir recours à la technique de l'étiquetage pour vous remonter le moral. « Mon bébé est d'humeur négative. Il est né comme ça. Cela ne signifie pas qu'il soit malheureux. » Si votre pédiatre vous assure qu'il est normal, vous devez comprendre que cette humeur n'est pas le symptôme d'un trouble mais le reflet de la nature profonde de votre bébé. Ses pleurs finiront par diminuer à mesure qu'il acquerra d'autres moyens d'expression.

Seuil de tolérance bas : un « bébé sensible »

Si votre bébé a un seuil de tolérance bas, il se mettra peut-être à pleurer quand vous ferez marcher le mobile boîte à musique au-dessus de son berceau. Il sursautera en entendant claquer une porte. Il « n'aimera pas » que vous le teniez dans vos bras. Il aura un geste de recul quand vous vous pencherez brusquement vers lui en lui faisant de drôle de bruits. C'est un bébé « nerveux ». La meilleure façon de prendre cet enfant est de *réduire la stimulation* de son environnement. Pas de couleurs éclatantes ni de motifs heurtés aux murs de sa chambre, pas de mobiles en train de tournoyer au-dessus de son berceau. Pas de jouets dans le berceau. Pas de lumières vives dirigées vers lui. Ces choses, qui combleraient un autre bébé, risquent de surstimuler le nourrisson sensible. Si vous vivez en milieu urbain, dans une rue bruyante, faites insonoriser la chambre du petit, mettez des doubles vitres. Si la lumière extérieure le gêne quand il fait sa sieste, achetez des stores noirs pour sa fenêtre. Il ne sert à rien de bercer ces bébés pour les calmer, car ils n'aiment pas être tenus dans les bras et trouvent le mouvement de balancier trop stimulant. Créez autour d'eux un environnement très apaisant dans lequel tout sera simplifié.

Voici quelques autres idées pour venir en aide à un bébé trop facilement stimulé :

- Ne jouez pas avec votre enfant avant de le coucher. Trouvez quelque chose qui l'apaise : si les bains le calment, donnez-lui-en un juste avant de le mettre au lit.
- Découvrez ce qui l'apaise (par exemple, de lui chantonner une berceuse, de lui mettre la radio en sourdine ou de lui faire entendre une boîte à musique), puis mettez au point une routine cohérente, en utilisant ce moyen, à l'heure du coucher et à celle de la sieste.
- Choisissez ses jouets. Certains peuvent être trop stimulants pour un enfant tel que le vôtre. Trouvez des objets aux couleurs douces, au bruit faible, aux contours lisses.

Les bébés dont le seuil sensoriel est bas peuvent être très sensibles au contact des vêtements. Si votre enfant paraît malheureux quand vous l'habillez, vous pouvez envisager de le laisser passer la majeure partie de sa première année vêtu en tout et pour tout d'une couche et d'un tee-shirt. Les longues chemises de nuit, auxquelles vous ôterez le cordon du bas, s'il y en a un, sont excellentes, de même que les vêtements en fibres naturelles (notamment en pur coton), plus douces au toucher que les fibres synthétiques.

Si votre enfant est sensible aux saveurs, il faudra déterminer « ce qui plaît à bébé ». Pour ce qui est du lait, il peut préférer une marque plutôt qu'une autre. Lorsque vous introduirez les aliments solides, faites-lui goûter ceux qu'il ne connaît pas par petites cuillerées, les uns après les autres. Les aliments pour bébé se présentent selon une immense variété de goût et de consistance; vous serez peut-être obligé de jeter des petits pots presque pleins avant de découvrir les rares parfums qu'il aimera. Si vous préparez vous-même ce qu'il mange, vous vous sentirez peut-être particulièrement frustrée quand il refusera vos plats.

Votre bébé peut être sensible à la température des aliments et des liquides. Si vous avez des problèmes pour lui faire avaler son biberon, ils peuvent être dus à sa sensibilité à la température du contenu. Essayez de le lui donner un peu plus chaud ou un peu plus froid, puis quand vous aurez découvert ce qui lui convient, respectez-le. Ce peut être sa sensibilité non seulement au contact, mais à la température de l'eau qui est à l'origine des cris d'un bébé que l'on baigne.

Le nourrisson très actif

Un lit garni de coussins amortisseurs robustes est indispensable pour un bébé de ce type. Le lit doit avoir des parois très hautes, étant donné qu'un enfant très actif sera capable de sortir de son lit plus tôt que la plupart des bébés. Ces nourrissons sont des dormeurs très agités qui rejettent à coups de pied leurs couvertures et se propulsent pendant leur sommeil aux quatre coins du lit. Si la température qui règne chez vous est assez basse et que vous ayez du mal à empêcher votre bébé de se découvrir, mettez-lui une grenouillère (et un nid d'ange l'hiver). Ce sont des enfants qu'il ne faut pas quitter des yeux quand ils se trouvent sur la table à langer, sur votre lit ou dans leur bain.

Je ne sais si l'allaitement calme les bébés au caractère difficile. Je ne crois pas que cette question ait fait l'objet d'une étude systématique. Cependant, si vous désirez allaiter, il faut vous rendre compte que très souvent les nourrissons de ce type rendent l'expérience moins plaisante. Les bébés très actifs, les irréguliers ou ceux dont le seuil sensoriel est bas sont pénibles à allaiter. Votre bébé n'a *jamais* l'intention de vous rejeter.

Recul initial et mauvaise adaptabilité chez les petits bébés

Un bébé de ce type rejettera les nouveaux aliments la première fois que vous les lui présenterez. Cela ne signifie nullement qu'il continuera à ne pas aimer ce que vous venez de lui faire goûter. Introduisez progressivement les nouveautés et faites-lui essayer plusieurs fois les aliments solides et liquides avant de renoncer. Il vous faudra un certain temps avant de savoir si votre bébé rejette sa nourriture en raison d'une réaction de recul initial ou à cause de son seuil peu élevé en ce qui concerne les saveurs.

Il en va de même pour les autres expériences. Faites voir de loin à votre bébé un nouveau jouet en peluche avant d'essayer de le lui mettre dans les bras ou de le placer à côté de lui dans son berceau. Ayez conscience du fait que la bouteille en forme de personnage de dessin animé que vous avez achetée dans l'espoir de lui faire plaisir risque de déclencher une colère. Vous ne tarderez pas à savoir reconnaître quelles sont les déviations de la routine qui risquent de perturber votre bébé.

Bien que de nombreux enfants commencent à manifester ce qu'on appelle la « peur des inconnus » vers l'âge de huit ou neuf mois, les problèmes des bébés peu adaptables dans ce domaine apparaissent plus tôt et ils persistent au-delà de l'âge où cette fameuse « peur » se calme. Chaque fois que vous le pourrez, avertissez vos amis et parents pour qu'ils n'approchent pas trop rapidement et n'essaient pas de prendre le petit dans les bras, comme tant de gens ont envie de le faire. Même une personne familière – qui porte de nouvelles lunettes ou qui s'est rasé la barbe – peut susciter une réaction.

La routine est particulièrement importante pour le bébé peu adaptable et, avec un enfant très difficile, vous serez peut-être obligé de créer des routines pour des tâches aussi simple que de le tenir dans vos bras, le consoler, lui faire faire son renvoi, le baigner et le coucher dans son lit.

Si vous parvenez à comprendre le caractère de votre nourrisson difficile et à fonder là-dessus vos techniques de contrôle, vous serez à même d'édifier de solides bases pour l'avenir. Dès son plus jeune âge, vous commencez à mettre au point une façon de le prendre adaptée à son individualité. Même si vous trouvez votre bébé épuisant, efforcez-vous de rester ouvert à l'expression de son caractère. Il est important que vous ayez, durant cette période, de bons rapports, très francs, avec votre pédiatre. Il pourra vous aider à résoudre vos problèmes, mais n'oubliez pas de lui parler caractère.

Ne prenez pas de façon personnelle le comportement de votre bébé. Il ne signifie nullement que vous êtes un parent incapable. En adoptant une attitude plus neutre, mais toujours tendre, vous empêcherez le cercle vicieux de s'établir. Rien n'est plus important pour vous, pour votre enfant et pour le reste de votre famille.

11

La reconstruction L'orientation familiale et les groupes de soutien

Dans les descriptions que j'ai données du Programme de l'enfant difficile, je me suis concentré sur vos réactions envers votre enfant. Vous voilà devenu un expert sur son caractère. Vous travaillez à rétablir votre autorité parentale. Vous apprenez à prévoir et à contrôler le comportement lié au caractère. Il est probable que votre enfant devient plus facile et que les effets du cercle vicieux commencent à s'estomper.

Cependant, le changement dans vos rapports avec votre enfant doit s'accompagner d'autres changements. Rappelez-vous : la façon dont l'impact du comportement de votre enfant s'étalait en cercles concentriques de la mère au reste de la famille puis aux gens de l'extérieur, finissant par affecter tout l'univers de l'enfant difficile. Maintenant, vous pouvez espérer assister à un effet analogue causé par son amélioration. C'est une période de réadaptation considérable pour tous les membres de la famille. C'est une période durant laquelle l'attention que vous accorderez aux éléments clefs de l'environnement de votre enfant peut compter énormément pour renforcer et maintenir une progression régulière de sa part.

Ne vous alarmez pas si, après une période initiale de progrès dans le cadre du programme, votre enfant retombe dans certains de ses comportements difficiles ou si certaines manifestations d'usure réapparaissent.

Chez tous les enfants, les progrès se font par poussées, suivies de régression, de consolidation et de nouvelles poussées. La chose est particulièrement vraie pour les enfants difficiles. Les parents ont souvent du mal à l'accepter. « Alors que tout allait si bien! » se lamentent-ils.

Efforcez-vous de rester aussi objectif vis-à-vis de l'inégalité dans la progression du comportement que vous l'êtes à l'égard des poussées et des ralentissements dans la prise de poids. Même chez les enfants faciles, on peut constater des défaillances au cours des périodes de stress ou de bouleversement. Avec un enfant difficile, les défaillances de cet ordre peuvent aussi survenir pour des raisons moins évidentes, voire plutôt paradoxales : peut-être votre enfant aura-t-il fait des progrès pendant un certain temps, puis eu une rechute; ou bien la défaillance précédera-t-elle un progrès important, voire surprenant. Ayez foi en vous-même et en votre enfant. Vous apprenez et progressez ensemble.

Préparez-vous à ce que les progrès soient inégaux d'une zone du comportement à l'autre. Au moment où la maîtresse vous envoie un petit mot pour vous annoncer que votre enfant se conduit de mieux en mieux au jardin d'enfants, peut-être remarquerez-vous qu'il s'est mis à provoquer son petit frère ou sa petite sœur après l'école. Ou peut-être que votre fille maîtrise ses routines du matin et du soir, mais que brusquement elle refuse de porter d'autres tenues que celles qu'elle a choisies et qui sont parfois assez bizarres. Il faudra savoir être souple et adapter constamment votre attitude envers votre enfant.

Je mets les parents en garde contre une tendance très commune qui n'est autre que le désir d'aider l'enfant « à se sentir mieux dans sa peau ». Nous sommes tellement obnubilés par l'image que nos enfants ont d'eux-mêmes qu'il nous arrive de dépasser les bornes et d'assurer à ces chers petits qu'ils sont géniaux dès qu'ils lèvent le petit doigt. Leur faire ainsi de la publicité peut donner lieu à des retours de bâton. Cela crée des pressions et des espérances sous le poids desquelles votre enfant risque de se sentir écrasé, ce qui peut entraîner une régression de son comportement. Tout enchanté que vous êtes par les premiers signes de progrès, évitez de couvrir l'enfant de fleurs à la moindre amélioration. Il faut montrer que vous avez remarqué qu'il se conduit mieux et que cela vous fait plaisir, mais de là à pousser des cris d'allégresse à chaque fois que son carnet de notes est un peu moins mauvais ou qu'il a rendu visite à sa grand-mère sans esclandre, il y a une marge. La plus grande récompense pour un enfant, c'est de sentir que ses parents l'approuvent et sont fiers de lui.

RENFORCEZ LES LIENS FAMILIAUX

A mesure que vous appliquez le programme et que vos rapports négatifs avec votre enfant diminuent, d'autres réajustements surviennent dans les rapports de famille. Lorsque le programme est en voie de réussite, vous découvrez que vous avez davantage de temps libre.

Les frères et sœurs

Les frères et sœurs mettent au point leur propre manière de surmonter la présence d'un enfant difficile. Peut-être se sont-ils sentis négligés. Ou bien ils sont devenus « trop sages » à la façon d'un pseudo-adulte. Ou ils ont fait des bêtises pour attirer l'attention.

Les frères et sœurs plus jeunes dont la conduite s'était détériorée reviennent vite à la normale. Peut-être ont-ils besoin d'un peu plus d'attention et d'un traitement un peu plus cohérent fondé sur certains des principes de l'autorité parentale.

Pour un frère ou une sœur plus âgés, ce sera peut-être plus compliqué. Sachez reconnaître qu'il a été désavantagé. Expliquez-lui pourquoi. Faites-lui remarquer que l'enfant difficile est doué d'une « nature » différente et qu'il est très pénible à contrôler. Cela oblige le parent à faire plus d'efforts et à consacrer plus de temps, si bien que vous avez accordé plus d'attention à votre autre enfant. Mais alors ajoutez : « Nous sommes allés trop loin et nous allons changer. Nous avons appris des nouvelles méthodes. » Faites prendre conscience à votre aîné de certaines techniques que vous allez utiliser, par exemple l'heure limite et le système des bons points. Expliquez-lui ce qu'il y aura de nouveau dans votre façon de procéder.

C'est là que beaucoup de parents demandent : « Mais que dois-je dire à mon autre enfant pour justifier des systèmes et des routines auxquels il n'a aucune part et qui se traduisent par des cadeaux, des bons points et d'autres gâteries pour son frère (ou sa sœur)? » Expliquez à votre enfant que vous allez employer ces méthodes pour aider l'enfant difficile à changer de comportement et qu'il ne doit pas les confondre avec du favoritisme. N'hésitez pas à prévoir des faveurs spéciales pour le « laissé-pour-compte ». Trouvez des activités que lui seul partagera avec vous : un film, un dîner au restaurant, une rencontre sportive.

Veillez à lui faire comprendre qu'il n'est pas question de permettre à l'enfant difficile de « profiter » de sa situation – par exemple, en ne mangeant pas à la même heure que le reste de la famille – mais que cela *fait partie de votre programme* pour améliorer son comportement et rendre la famille plus heureuse. A mesure que les systèmes commencent à faire de l'effet ou que vous instaurez certaines modifications, tenez votre enfant facile au courant. Le rythme auquel vous lui communiquerez ces informations dépendra de son âge.)

Les frères et sœurs particulièrement sages d'enfants difficiles doivent être surveillés de très près. L' « enfant modèle » qui a été pour vous une telle aubaine a besoin d'être relevé de ses fonctions de petit saint de la famille : s'il se prend trop au jeu, il risque de connaître des déboires à l'avenir. Une fois que vous aurez mis votre enfant difficile sur la bonne voie, adressez-vous à votre autre enfant sur le chapitre de ce qu'il a pu éprouver : « Je sais que tu t'es beaucoup tracassé et que tu as fait de gros efforts pour être très sage, mais à présent tu vas pouvoir te laisser aller un peu. » Encouragez-le à exprimer ce qu'il ressent. Si, à l'occasion, il lui arrive de se rebeller ou de faire des bêtises, comme à n'importe quel enfant, ne vous inquiétez pas outre mesure, même s'il semble aller un peu trop loin.

Tous les enfants possèdent leur caractère. Ils ont chacun leur individualité et n'importe quel enfant, même facile, peut avoir un ou deux traits de caractère difficiles. Vous vous apercevrez peut-être que non seulement les principes de l'autorité adulte, mais votre connaissance experte du caractère, vous aideront à mieux prendre tous vos enfants et à respecter leur individualité.

Des instants de qualité

C'est le moment de vous pencher sur vos rapports de couple et d'accorder davantage d'attention à vos propres besoins, surtout si depuis quelques années votre mariage est soumis à d'assez fortes pressions. Prévoyez davantage de temps en tête à tête avec votre époux. Trouvez un(e) baby-sitter de confiance et introduisez-le (la) progressivement auprès de vos enfants. Recommencez à sortir le soir. Invitez vos amis chez vous. Partez de temps en temps en week-end. Lorsque vous sortez, préparez vos enfants, mais ne prolongez pas les adieux. Les parents d'enfants difficiles ont tendance à négliger leurs propres besoins. Cela n'est bon pour personne, même pas pour l'enfant. N'hésitez pas à penser à vous-même.

La mère a besoin d'élargir son horizon. Vous pourriez suivre un stage, vous adonner à un passe-temps, voir plus souvent vos amis, aller au musée ou au cinéma, ou chercher du travail. Quand vous sortez seule, ne passez pas votre temps libre à vous livrer à des corvées pour votre enfant difficile ou pour le reste de la famille. Faites des choses pour *vous-même*.

Vous pouvez envisager d'organiser davantage de sorties en famille le week-end. Il y a des endroits où un enfant bruyant et actif ne dérange pas forcément les autres : les jardins publics, les grands muséums d'histoire naturelle et d'autres musées scientifiques, la plage, les zoos.

Efforcez-vous de remplacer les pressions qui pesaient sur votre existence non par « le calme et la tranquillité », mais en profitant de façon positive l'un de l'autre, ainsi que de votre enfant difficile et de vos autres enfants. L'atmosphère familiale devrait continuer à s'améliorer lorsque vous commencerez à bien vous amuser ensemble.

La télévision

Le « baby-sitter électronique » peut être un outil pour parvenir à contrôler un enfant difficile. Dès le début de notre programme, je conseille aux parents de faire abstraction de leurs idées préconçues sur les enfants et la télévision et de se servir de celle-ci pour mieux contrôler leur enfant. Parfois, ce sera le seul moyen d'apaiser un enfant qui menace de se déchaîner. Ou bien ce sera pour la mère la seule façon de se procurer quelques instants de répit. Il est légitime de se servir ainsi du petit écran. Certes, il peut ensuite devenir difficile de « désintoxiquer » un enfant exposé à des doses excessives de télévision. A mesure que votre enfant devient plus facile à contrôler, vous pourrez commencer à limiter le nombre d'heures passées devant le poste. Cependant, n'allez surtout pas vous culpabiliser à propos du temps que l'enfant consacre à ses émissions préférées. N'hésitez pas à laisser quelques instants de télévision dans la routine du matin ou du soir, si cela s'intègre au système des valeurs de votre famille.

Les grands-parents

Dans quelle mesure devez-vous mêler vos parents et beaux-parents respectifs au nouveau programme que vous suivez pour votre enfant? Cela dépend de deux facteurs : leur souplesse et leur désir de comprendre d'une part et de l'autre la qualité de vos rapports avec eux.

Si ces rapports sont bons et que les grands-parents sont réceptifs, parlez-leur des nouvelles techniques de contrôle. Mettez l'accent sur le caractère de votre enfant et faites l'éducation de vos parents dans ce domaine de façon qu'il y ait une certaine cohérence dans la manière dont l'enfant est traité lorsqu'il se trouve avec eux.

Si les grands-parents ont des idées strictes ou rigides sur l'éducation, c'est à vous, parents, de vous demander comment votre enfant réagit envers eux. S'il accepte leur sévérité et que celle-ci s'exprime dans le contexte de rapports affectueux, laissez-les se débrouiller ensemble et ne vous en mêlez pas. Priez vos parents de ne pas vous critiquer devant le petit et de ne pas saper votre autorité.

Si vos parents ont beaucoup de mal à accepter votre nouvelle façon de faire, vous devrez peut-être vous décider à limiter momentanément vos contacts avec eux pendant que vous arrangez la situation chez vous. Autrement, leur attitude critique risque de nuire à ce que vous cherchez à entreprendre avec votre enfant. Il vaudrait mieux attendre que votre situation familiale se soit améliorée pour rétablir des relations intimes avec eux.

FAITES FACE AU STRESS ET AUX CHANGEMENTS

Les enfants difficiles sont des baromètres sensibles en ce qui concerne les ennuis, le stress ou les changements qui peuvent avoir lieu dans la famille. A de tels moments, ils ont tendance à régresser de façon temporaire. Il est important que vous ayez conscience des situations qui risquent de poser des problèmes à votre enfant difficile. Certains de ces événements sont positifs, d'autres négatifs. Parmi eux figurent :

- Noël, et toutes les autres grandes fêtes de famille
- Les vacances scolaires
- Les colonies de vacances

- Les déplacements
- La naissance d'un autre enfant
- Les premiers jours ou semaines après la rentrée des classes
- L'arrivée dans une nouvelle école
- Un déménagement
- Le chômage d'un des parents ou un revers financier
- La reprise du travail de la mère

Il y a aussi des circonstances qui affecteraient tous les enfants :

- Une maladie chez l'enfant
- Le divorce des parents
- Une maladie (physique ou mentale) dans la famille
- La mort d'une personne proche de l'enfant

En de telles circonstances, il ne faut pas tenter d'inaugurer des techniques ou d'imposer de façon rigide de nouvelles règles. Si votre enfant régresse, n'hésitez pas à *rétablir* pour quelque temps certains des systèmes ou techniques éprouvés.

Par exemple, une petite fille de cinq ans qui parvenait à suivre ses habitudes du matin et du soir sans avoir recours au système des bons points retombe brusquement dans ses comportements anciens difficiles. Au début, ses parents sont perplexes, mais, quand ils se demandent ce qui s'est passé, ils se rendent compte que leur fille ne fait que réagir aux changments et aux conflits qui les agitent. Le père vient de changer de situation contre l'avis de sa femme. Ils ont eu à ce sujet quelques discussions virulentes et même une ou deux disputes. La majeure partie a eu lieu hors de la présence de la fillette et les parents sont convaincus qu'elle ne peut comprendre de quoi il s'agit. Néanmoins, il est évident qu'elle a ressenti la tension qui existait entre eux. Une fois que les parents ont pris conscience de ce qui s'est passé, ils sont en mesure d'expliquer à leur fille en termes simples ce qui ne va pas et de rétablir le système des bons points jusqu'à ce que leurs rapports soient devenus paisibles. Certains enfants difficiles sont plus sensibles que d'autres aux rapports entre leurs parents ainsi qu'aux changements dans leur environnement.

Les événements positifs, tels que Noël ou toute autre fête de famille, doivent être organisés et préparés à l'avance. L'enfant risque de réagir à l'animation et aux changements. Efforcez-vous de vous tenir le plus possible aux routines. Réintroduisez certaines des techniques de contrôle telles que l'heure limite. Préparez votre enfant aux nouvelles situations. Familiarisez-le avec vos projets de voyage si votre famille doit se déplacer.

Lorsque des enfants difficiles régressent, ils le manifestent en se montrant plus craintifs, en dormant mal ou en faisant des bêtises. Tâchez de ne pas devenir trop angoissé, et de maintenir une attitude bienveillante. Si vous fournissez à votre enfant un refuge sécurisant lorsqu'il traverse une mauvaise passe, il en sort assez vite.

Divorce et remariage

De nouvelles structures familiales, telles que la famille à un seul parent ou la famille à un parent et un beau-parent, sont courantes dans notre société. On a beaucoup écrit sur les façons d'alléger les tensions du divorce pour les enfants. Je voudrais ajouter que c'est un domaine dans lequel il conviendrait de tenir compte du caractère des enfants. Avec les enfants difficiles, la *cohérence* est la clef des problèmes. Si tous les adultes qui comptent dans la vie de l'enfant réagissent à peu près de la même manière envers lui, en suivant quelques-uns des principes et des techniques énoncés, il supportera bien la situation. Cet objectif paraîtra difficile à atteindre à certains couples en instance de divorce, car il sous-entend la nécessité de communiquer de façon rationnelle dans un climat souvent tendu à craquer. Je ne puis que vous presser vivement, dans la mesure de vos moyens, de garder vos sentiments envers votre ex-époux (ou ex-épouse) distincts de vos rapports avec votre enfant.

Si l'enfant va passer la nuit ou le week-end chez son père, ce dernier devrait s'efforcer de conserver, fût-ce partiellement, les routines qui lui sont familières.

Si vous êtes parent unique, vous aurez appliqué le programme en lui apportant certaines modifications qui vont de soi. Si vous êtes une mère qui travaille à l'extérieur, vous devez choisir soigneusement la personne qui va vous remplacer auprès de votre enfant.

Dans une famille où le parent vient de se remarier, le nouveau conjoint doit participer au programme. S'il a lui-même des enfants, il faut leur expliquer ce que c'est qu'un caractère difficile.

Les enfants difficiles peuvent faire peser certaines pressions sur la vie de couple de leurs parents. Si j'en crois mon expérience, il est extrêmement rare que l'enfant difficile soit l'*unique* raison pour laquelle les parents décident de se séparer. Efforcez-vous de ne pas vous irriter contre votre enfant et évitez de lui laisser entendre qu'il est responsable de l'échec de votre mariage.

L'ÉCOLE ET LES ENSEIGNANTS

Le premier univers dans lequel pénétrera votre enfant, en dehors de l'univers familial, sera celui de l'école, avec les enseignants et les camarades. Il doit exister une conformité entre l'enfant et son école, comme avec sa famille. C'est aussi important pour que votre enfant continue à progresser. Le contexte qui lui conviendra le mieux n'est pas forcément celui de l'établissement considéré comme « le meilleur » de l'endroit où vous vivez; c'est plutôt l'école qui répond à ses besoins et qui assurera de bonnes communications avec les parents.

Choix de l'école et de la classe

Dans les petites agglomérations les enfants fréquentent la même école élémentaire. Il se peut que vous n'ayez guère de choix en ce qui concerne les établissements préscolaires. Quelles que soient vos options, envisagez-les du point de vue de votre enfant et de son caractère. Un enfant très actif a besoin d'une école qui lui fournit un cadre structuré et d'assez de place pour courir et jouer librement. Alors posez certaines questions : dans quelle mesure la journée est-elle organisée selon un emploi du temps fixé à l'avance? Combien de fois par jour les enfants sont-ils envoyés dans la cour de récréation ou au gymnase? Les enfants sont-ils autorisés à choisir en partie leurs activités ou bien tout le monde doit-il faire la même chose au même moment? Un enfant qui a du mal à négocier les changements a besoin d'une école où la souplesse est de mise et où on lui laissera le temps de s'adapter.

Les parents de l'enfant difficile ont besoin d'une école de tendance modérée où l'atmosphère soit chaleureuse. Votre attitude lorsque vous ferez votre choix est importante : votre enfant n'est *pas* une espèce de cas social que vous devez supplier les autorités scolaires de bien vouloir accepter, mais une personnalité individuelle qui mérite la meilleure école possible. Lorsque vous visitez un établissement où vous envisagez d'envoyer votre enfant, vous devez faire sentir que vous êtes occupé à vous faire une opinion à son sujet, de même les responsables se font une opinion sur votre enfant. Faites part avec franchise de ce qui a trait à votre enfant, mais n'hésitez pas à poser des questions concernant la philosophie de l'établissement.

S'il vous semble qu'aucune des maternelles que vous avez visitées ne convient à votre enfant, essayez-en une à titre expérimental. Cela peut très bien marcher et, à l'âge de votre enfant, il n'y aura guère de retombées si vous préférez ne pas poursuivre l'expérience.

En général, c'est le directeur de l'établissement qui choisit la classe et l'enseignant de votre enfant, mais estimez-vous libre d'avoir avec lui une discussion quant à ce qui conviendra le mieux à votre enfant. Soyez franc, mais diplomate. Vous ne voulez pas que votre enfant ne soit qu'un numéro sur la liste, mais vous ne voulez pas non plus en faire le centre du monde. Si vous savez que l'un des enseignants chargés des petites classes est plus souple et tolérant dans sa façon d'être, demandez au directeur s'il veut bien inscrire votre enfant dans sa classe. Certains enfants difficiles réussissent mieux dans une classe peu nombreuse où ils reçoivent un peu plus d'attention. Vous adoptez cette attitude non pas parce votre enfant pose des problèmes, mais parce qu'il a sa *personnalité* et que vous voulez être sûr que son individualité sera comprise, respectée et encouragée.

Sachez vous entendre avec les enseignants

Certains enfants difficiles réussissent très bien à l'école. D'autres ont besoin d'être suivis de très près. Si votre enfant a des problèmes, vous devez établir de bons rapports avec les enseignants, fondés sur les échanges d'informations et de suggestions.

Faites connaître à l'enseignant quelques-uns des problèmes et des techniques en vigueur chez vous. L'expert, c'est vous. Insistez sur les qualités de votre enfant au même titre que sur les domaines où il pose des problèmes. La grande majorité des enseignants vous remercieront de leur fournir ces informations. Méfiez-vous de l'enseignant dont l'attitude semble vous dire :« De quoi vous mêlez-vous? » ou « Ce n'est pas vous qui allez m'apprendre mon métier. »

Si, en cours d'année, vous êtes soudain bombardé de mots concernant la conduite de votre enfant ou que l'on sollicite des entrevues avec vous, c'est que quelque chose ne va pas. L'enseignant devrait être capable de résoudre la plupart des problèmes sans vous mettre en cause. Si ce n'est pas le cas, la faute en revient peut-être tout autant à l'enseignant ou à la composition de sa classe qu'à votre enfant.

Dans ma clientèle, je n'ai que trop d'enfants prétendument perturbés, voire affligés de troubles émotionnels, qui ne souffraient que d'une chose : une école ou un enseignant qui ne leur convenaient pas.

Le refus d'aller à l'école

Beaucoup de jeunes enfants ont du mal à se séparer de leur mère lorsqu'ils commencent à aller à l'école. L'enfant difficile peut traverser une mauvaise passe, tant à cause de sa réaction de *recul initial* que parce qu'il est plus angoissé. Par la faute de ces deux facteurs, la première semaine à l'école sera plus pénible pour les enfants de ce type. Si la mère s'inquiète, le problème sera d'autant plus aigu et il risque d'y avoir un phénomène de rejet de la part de l'enfant. La phobie de l'école est due beaucoup plus à la séparation d'avec la mère qu'à des difficultés d'ordre scolaire. Dans ces cas-là, la mère est mêlée à l'affaire. Il se peut qu'elle couve son enfant, qu'elle ait tendance à trop le protéger et qu'elle souffre de devoir l'envoyer à l'école. Que faire?

Avec un enfant d'âge préscolaire, vous pouvez rester auprès de lui à l'école pendant quelque temps afin de l'habituer à la séparation. Suivez le rythme auquel l'enfant s'intègre à sa classe. Les enseignants vous aideront à évaluer ses progrès.

A l'école élémentaire, c'est au jardin d'enfants et en classe de onzième que l'enfant peut refuser d'aller à l'école. A vous d'adopter intérieurement l'attitude suivante : *la place de mon enfant est à l'école.* Il doit y aller. Il n'y a pas le choix. C'est à vous de l'y envoyer. Une séparation brutale sera bien meilleure pour l'enfant. Autrement vous risquez d'être englué dans vos sentiments comme dans une toile d'araignée. Ne prolongez pas les adieux. Après votre départ, l'enfant se résigne très bien à votre absence. S'il a peur de vous quitter, demandez à l'un des responsables de venir le chercher dehors et partez vite.

Dans certains cas, l'enfant se lève le matin en se plaignant d'avoir mal à la tête ou mal au ventre et d'être trop souffrant pour aller en classe. Si la douleur existe réellement, il ne s'agit pas d'une maladie, mais d'une manifestation de son angoisse. Une excellente méthode consiste à l'envoyer quand même à l'école, en lui disant de se rendre à l'infirmerie si les symptômes persistent et de laisser la responsable décider. Cela vous permettra d'éviter de prendre une décision et de vous détacher du problème de la séparation.

Voici quelques attitudes *déconseillées* :

• Ne passez pas votre temps à chanter les louanges de l'école auprès de votre enfant. Évitez la méthode Coué : « C'est chouette, hein, d'être en onzième? N'est-ce pas qu'elle est adorable, la maîtresse? »
• Ne bombardez pas le petit de questions sur ce qui se passe à l'école. Si, quand il revient à la maison, il répond simplement « Ça va » à votre « Comment ça s'est passé aujourd'hui? » n'insistez pas. Ne lui demandez pas vingt fois s'il a été « sage ».
• Ne vous inquiétez pas si son comportement régresse de façon temporaire. Même si tout se passe bien à l'école, il peut y avoir une rechute à la maison. Pour l'enfant, c'est une période de consolidation. Veillez à lui fournir un environnement familial sécurisant. Il devrait assez vite reprendre le dessus.

Voici quelques idées :

• Restez calme, soyez bienveillant, mais faites comprendre à l'enfant que sa place est à l'école.
• S'il s'agit d'un enfant très jeune, lisez-lui des histoires d'animaux courageux.
• Achetez-lui un « compagnon courageux » (animal en peluche) qui l'aidera à surmonter sa peur.
• Donnez-lui, au contraire, un animal en peluche « peureux » et montrez-lui comment lui apprendre à être courageux.

LES PETITS CAMARADES

Si, par la faute de son comportement déroutant, votre enfant a du mal à se faire des amis ou à jouer avec d'autres enfants, votre attitude devrait aussi lui être d'un certain secours. A mesure que les choses s'arrangent à la maison et qu'il commence à comprendre son propre comportement, il aura plus de facilités pour s'entendre avec ses camarades. Inutile d'intervenir ou de vous mêler de « régenter » sa vie sociale. Vous avez tout intérêt à encourager et organiser des rencontres avec d'autres enfants et à prévoir des activités extrascolaires. En apprenant à votre enfant à connaître son caractère, vous l'aidez à le maîtriser dans ses rapports avec autrui.

Rappelez-vous que les enfants difficiles sont très individualistes et que l'amitié est souvent une question d'affinités. Ne vous alarmez pas si votre fille refuse de partager ses jeux avec un autre enfant. Si elle vous annonce : « Maman, je ne veux pas jouer avec Élisabeth », voyez-y l'expression d'une préférence personnelle plutôt que le signe que votre enfant est asocial.

VOTRE ENFANT ET SON MÉDECIN

Pour un enfant difficile, le pédiatre idéal devrait s'intéresser à ce que l'on appelle la « pédiatrie du comportement », c'est-à-dire avoir conscience des problèmes autres que ceux posés par la santé physique de son petit patient et être prêt à en parler. Si votre enfant est suivi par votre médecin de famille, le plus souvent un généraliste, peut-être le trouverez-vous sensible aux problèmes que peut connaître l'enfant au sein de sa famille. Votre médecin devrait aussi avoir des notions sur le caractère et le comportement difficile lié au caractère. Il devrait pouvoir vous servir de conseiller et de guide, surtout si vous êtes le parent d'un bébé ou d'un très jeune enfant difficile. Il devrait savoir à quel moment vous adresser à un spécialiste. Chaque fois que vous aurez besoin des services d'un autre médecin, votre pédiatre ou votre médecin de famille devra se charger de la coordination. Parfois, ils se disent que ce dernier ne sait rien en dehors des vaccins, des rougeurs ou des maux de gorge. Une fois que le docteur leur a assuré que leur enfant était normal, les parents redoutent qu'il ne leur impute la faute de son comportement difficile.

Demandez un rendez-vous spécial pour parler du comportement de votre enfant. Voyez si le pédiatre est disposé à aborder les questions de caractère. Pouvez-vous lui faire comprendre que votre enfant est affligé d'un caractère difficile inné ? Peut-être sera-t-il à même de vous donner des conseils constructifs. Est-il sensible aux problèmes qu'un tel enfant crée au reste de sa famille ? Ce n'est qu'une fois que vous aurez tenté de poser ces questions et que vous aurez été éconduit que vous pourrez envisager de changer de pédiatre.

LES GROUPES DE SOUTIEN

Les mères et de nombreux pères du Programme de l'enfant difficile, tant au Beth Israel Hospital que dans ma clientèle privée, m'ont assuré à d'innombrables reprises qu'un des aspects de leur expérience qui les avait le plus aidés avait été de faire partie d'un groupe de soutien.

« J'avais l'impression d'être totalement seule avant d'adhérer au groupe, m'expliquent les mères. – Je n'imaginais pas que d'autres que nous devaient subir un tel fléau. – J'ai cessé de me faire l'effet d'une bête curieuse. – J'ai enfin trouvé quelqu'un qui me comprenait. » Imaginez leur soulagement lorsqu'elles ont entendu une autre mère s'exclamer : « Oui, je sais. Moi aussi, j'ai connu ça et je m'en suis sortie ! »

Heureusement pour notre programme, cette mère, c'était ma femme, Lucille. Bien qu'elle ne soit pas médecin et ne possède aucun diplôme médical ou paramédical, ses références de mère expérimentée contribuent à faire des groupes de soutien l'un des points forts du programme. Sa faculté de se mettre à la place des autres crée un climat de confiance dans lequel les autres parents peuvent partager les uns avec les autres les expériences qu'ils ont connues auprès de leur enfant difficile, leurs réactions, leurs réussites et leurs revers. Lucille oriente les débats sans les diriger. Elle fait part de ses propres expériences avec Jillian. Elle offre des conseils et bientôt tous les membres du groupe commencent à en faire autant.

Théoriquement, un groupe de soutien peut être réduit au point de se composer de deux mères que rapprochent des problèmes analogues pour élever leurs enfants et qui se téléphonent leurs observations et leurs encouragements. Dans la pratique, vous préférerez peut-être former votre propre groupe auquel adhéreront six autres parents ou davantage.

Comme vous ne bénéficierez peut-être pas des services d'un spécialiste compétent dans votre voisinage immédiat, assurez-vous avant de commencer que vous possédez à fond les principes exposés dans ce livre. Mettez les techniques de mon programme en vigueur chez vous et constatez les premiers progrès. Vos encouragements aideront ensuite les autres membres de votre futur groupe de soutien.

Le meilleur moyen de trouver d'autres parents d'enfants difficiles est de confectionner une affichette et de demander aux pédiatres et aux maternelles de votre voisinage de la distribuer. Reprenez certaines questions qui figurent dans le questionnaire du début de ce livre. Demandez si les parents ont du mal à élever leur enfant, s'ils connaissent des problèmes de sommeil, de colère, d'activité intense, etc. Après avoir posé vos questions, invitez les parents intéressés à vous contacter par téléphone ou par lettre. Si vous ne souhaitez pas divulguer vos coordonnées, vous pouvez indiquer une adresse poste restante. Expliquez que vous avez l'intention de former un groupe de soutien pour les parents d'enfants difficiles (normaux mais pénibles à élever).

Le groupe peut servir de tribune pour la dissémination d'informations utiles concernant les docteurs, écoles, haltes-garderies et baby-sitters de la région, ainsi que pour les autres sujets que les parents ont en commun. La plupart des mères (et de nombreux pères) déclarent que les sentiments qu'ils ont eu le plus de mal à supporter, au sujet de leur enfant difficile, proviennent d'une sensation d'isolement, de leur impression d'être *les seuls* à endurer un tel supplice. Les principaux objectifs du groupe de soutien sont d'obtenir l'appui d'autres parents et de partager des informations sur les méthodes qui fonctionnent.

Si votre groupe décide de jouer un rôle plus actif, vous pouvez inviter des enseignants et des membres du corps médical de la région, spécialisés dans les problèmes de pédiatrie, à assister à quelques-unes de vos réunions. Les échanges d'informations sont toujours souhaitables. Faites-leur partager quelques-unes de vos découvertes sur le caractère et le comportement.

Il est important de ne pas s'en tenir à un programme. Élever les enfants avec bon sens et efficacité, tel est mon propos; mais il faut aller plus loin et chaque parent doit s'efforcer d'adapter ce programme à son propre cas. Certes, il est nécessaire de bien comprendre les principes de l'autorité parentale et les techniques qui en découlent, mais il faut ensuite les ajuster, les élargir et les modifier selon les façons qui conviendront à vos besoins. Une fois que vous connaîtrez les autres parents et que vous vous sentirez libres de vous exprimer librement, vous serez prêt à tout. Vous constaterez que, dans certains cas, vous trouverez dans votre groupe des amis pour la vie.

Quelques trucs pour organiser les groupes de soutien

- Pour lancer les débats, lors de la première séance, présentez-vous et dites quelques mots sur votre enfant, votre famille et ce que vous éprouvez. Puis demandez aux autres parents d'en faire autant et de préciser brièvement quelle est leur situation et ce qu'ils espèrent obtenir en adhérant au groupe.
- Réservez quelques instants, au début de chaque séance, durant lesquels les mères et les pères évoqueront ce qui se passe dans l'immédiat. Ils sont souvent préoccupés à ce sujet et auront peut-être besoin de s'épancher avant de pouvoir prendre part à une discussion sur un sujet ou une technique donnés.

• Veillez à ce que l'atmosphère soit détendue. Servez du café ou un apéritif avant de passer aux choses sérieuses. Ne vous croyez pas obligé d'observer scrupuleusement les règles que vous avez fixées. Tout ce qu'un parent trouvera à dire sur son enfant difficile intéressera le plus souvent les parents qui sont dans le même cas que lui.

• En tant qu'organisateur du groupe, exposez vos sentiments concernant votre situation avant de vous attendre à ce que les autres en fassent autant. Il est parfois difficile de se livrer et tout le monde n'est pas toujours disposé à s'exprimer librement.

• Dans l'idéal, les pères devraient assister aux réunions, mais vous pouvez organiser une ou deux séances sans eux. Il est important d'évoquer les efforts que vous faites pour appliquer ensemble le programme. Les mères d'enfants réellement difficiles ont souvent le sentiment que leur mari « ne sait pas *vraiment* combien c'est pénible ».

• Il peut être utile d'organiser une séance pour les mères qui travaillent à l'extérieur et les personnes qui gardent leur enfant.

• Distribuez les numéros de téléphone de tous les membres du groupe et encouragez-les à s'en servir. Ce genre de réseau de solidarité est très efficace, même lorsque vous appelez quelqu'un uniquement pour vous faire plaindre.

• Tâchez, pendant quelques mois, de vous réunir une fois par semaine, puis laissez le groupe décider de la fréquence avec laquelle il souhaite se réunir à l'avenir. Certains préfèrent un soutien continu, alors que d'autres se contentent de garder le contact en se réunissant tous les quelques mois.

S'IL VOUS FAUT D'AUTRES SOINS

Les parents qui participent à notre programme trouvent les groupes de soutien précieux, mais quelques-uns d'entre eux ont besoin d'un surcroît d'assistance médicale pour les problèmes qui continuent à perturber leur vie de famille. Comment savoir quand il faut des soins plus poussés? Comment éviter de se trouver confronté aux idées fausses concernant les enfants difficiles et leur famille?

Vous devriez envisager de réclamer des soins plus poussés dans les cas suivants :

- Si vous avez un enfant particulièrement difficile et que vous ne progressez pas au-delà d'un certain stade dans l'application du programme.
- Si votre enfant a cinq ans ou plus et continue à avoir des problèmes, alors même que vous le contrôlez mieux.
- Si des problèmes persistent, soit pour certains membres de la famille, soit pour le couple, soit pour la famille, même après que le programme a été appliqué avec succès.
- Si des problèmes individuels ou familiaux, pour la plupart sans rapport avec l'enfant difficile, vous empêchent d'appliquer le programme.

Une fois que vous aurez décidé qu'il vous faut des soins plus poussés, la première étape doit toujours être une évaluation complète de votre situation, faite par un spécialiste compétent de la santé mentale. Ce dernier doit avoir une certaine expérience des problèmes liés aux enfants et aux familles. Il doit être réceptif au concept du caractère, afin de voir chez votre enfant non seulement une expression du conflit familial ou du stress imposé par l'environnement, mais un individu nanti d'un ensemble de traits de caractère innés qui influent sur son comportement. Si ce problème n'est pas bien compris, le traitement qui vous sera proposé passera à côté de la question centrale qui est *le caractère difficile de l'enfant.*

- Ainsi, si vous avez un enfant difficile très jeune (d'âge préscolaire) et que vous allez consulter un spécialiste qui estime que les enfants sont motivés par des pulsions inconscientes, il restera dans cette optique en vous conseillant une psychothérapie individuelle à long terme pour votre enfant. Or je sais par expérience que la psychothérapie à long terme réussit très rarement aux enfants difficiles d'âge préscolaire. Le plus souvent leur comportement empire. L'accent doit être mis sur les conseils aux parents, afin de vous aider à contrôler le comportement de votre enfant, plutôt que sur une analyse de l'enfant.

• Vous constaterez peut-être que le spécialiste préfère se pencher sur vos antécédents, les rattacher à vos facultés parentales et vous conseiller à *vous* un traitement quelconque. Une psychothérapie peut aider la mère ou le père à affronter certains problèmes personnels, mais elle ne les guérira pas de l'ignorance qui marque leurs rapports avec leur enfant.

• Peut-être aussi rencontrerez-vous un praticien axé sur les problèmes familiaux qui ne verra dans le comportement de votre enfant qu'un symptôme d'une pathologie familiale. La famille entière, y compris les frères et sœurs, finira par être soumise à une psychothérapie. Cela peut faciliter l'adaptation générale à la présence de l'enfant difficile et contribuer à atténuer d'autres problèmes, tel qu'un mariage branlant, mais ça ne vous aidera pas à bien prendre le caractère qui se dissimule derrière le comportement difficile.

• Peut-être consulterez-vous un spécialiste qui diagnostiquera de l' « hyperactivité » (ou il emploiera un terme analogue) et recommandera un traitement par les médicaments. Ceux-ci sont parfois efficaces pour faire baisser un niveau d'activité très élevé et améliorer les facultés d'attention, mais jamais ils ne devraient constituer l'*unique* forme de traitement chez un enfant.

Quand votre enfant a-t-il besoin de soins individuels?

Avec un enfant un peu plus grand (en âge de fréquenter l'école élémentaire), la question sera de décider si ses « problèmes émotionnels » sont des manifestations d'usure, qui s'estomperont dès que vous saurez mieux le contrôler, ou s'il a été si profondément marqué qu'il a besoin des services d'un spécialiste.

Des symptômes tels que l'angoisse, les cauchemars, la tendance à se cramponner ou à être perturbé sont dus à l'usure et devraient diminuer à mesure que vous appliquerez le programme.

Il vaut mieux consulter si l'enfant continue à se montrer angoissé et collant, si ces symptômes sont très accentués ou s'il se replie sur lui-même à l'école, s'il est agressif, triste, s'il fuit les autres enfants; ou s'il a une mauvaise image de lui-même. Même si les autres symptômes se sont atténués, l'image qu'il a de lui-même doit servir de repère. Au début, votre enfant dira peut-être : « Je suis vilain » ou : « Je me déteste » sous l'effet de l'usure. Si la famille et lui vont maintenant nettement mieux dans d'autres domaines et qu'il semble ne pas s'aimer, que cela vous serve de signal pour le faire soigner.

La durée de la psychothérapie doit être fonction de la gravité et de l'étendue des problèmes. Pourvu que la situation familiale soit relativement stable, une mauvaise image de soi, qui est le problème que l'on rencontre le plus souvent chez les enfants difficiles un peu plus grands, sera souvent améliorée par une psychothérapie assez brève qui durera quelques mois plutôt que plusieurs années.

Quand les autres membres de la famille ont-ils besoin de soins plus poussés?

Dans notre société moderne, riche en stress, il arrive qu'un enfant difficile naisse dans une famille perturbée. Des problèmes personnels, conjugaux ou familiaux peuvent exister indépendamment du caractère de cet enfant, si bien que les interactions négatives du cercle vicieux ne feront qu'aggraver les problèmes de chacun. Vous serez peut-être contraints de faire appel à des soins spécialisés, soit pendant que vous appliquerez les principes du Programme de l'enfant difficile, soit après l'avoir fait.

Si vous constatez, après avoir mis en vigueur les techniques de contrôle, que votre enfant est plus facile, mais qu'il existe encore de graves dissensions entre vous et votre conjoint, ou si vous êtes incapables de vous entendre pour appliquer les techniques, dites-vous que ce sont probablement d'autres problèmes conjugaux qui vous compliquent la tâche. Il se peut qu'une psychothérapie de couple vous soit bénéfique.

Un traitement individuel se révélera nécessaire si la mère ou le père sont sous l'emprise de l'alcoolisme, de la dépression ou d'autres problèmes personnels. Un parent s'apercevra parfois qu'il comprend comment fonctionnent les techniques du programme, mais qu'il est incapable de les appliquer. Ou bien, il continuera à se sentir mal dans sa peau alors que l'enfant va mieux.

Si plus d'un membre de la famille a des problèmes ou si la famille dans son ensemble ne tourne pas rond, il faut peut-être songer à une psychothérapie familiale.

La décision de consulter un spécialiste ne vous obligera pas à sacrifier une énorme somme de temps et d'argent. Il est souvent possible d'appliquer des traitements brefs mais efficaces, que ce soit pour une personne seule, un couple ou une famille.

N'oubliez pas qu'aucun de ces traitements ne devrait être substitué à un contrôle éclairé de votre enfant difficile, fondé sur une profonde compréhension de son caractère.

DERNIÈRES REMARQUES SUR LES ENFANTS « HYPERACTIFS »

J'ai exposé de façon assez détaillée ce que je pense de l'hyperactivité. Dans les cas où un tel diagnostic est valable, vous aurez peut-être besoin des soins d'un spécialiste. Si cela nécessite l'intervention de plus d'une personne, il faudra que quelqu'un coordonne l'ensemble des opérations. Dans l'idéal, ce devrait être votre pédiatre ou votre médecin de famille, mais ce peut être un spécialiste possédant une vue d'ensemble de la situation.

Selon les cas, vous pourrez avoir besoin d'une aide plus poussée que celle que vous apportera le Programme de l'enfant difficile dans les domaines suivants :

Troubles de l'apprentissage. Par définition, de tels troubles ne sauraient être diagnostiqués chez un enfant d'âge préscolaire. Pour établir le diagnostic, il faut constater un décalage entre l'intelligence mesurée au moyen de tests et les résultats scolaires. Toutefois, si votre enfant d'âge préscolaire paraît éveillé, mais ne s'intéresse pas aux lettres ou aux chiffres, certains tests permettront de déceler une vulnérabilité à de futurs troubles de l'apprentissage.

Si votre enfant obtient à l'école de mauvais résultats dans certaines disciplines, des tests psychologiques et une évaluation effectués par un bon spécialiste des troubles de l'apprentissage parviendront à cerner le problème. Selon la gravité de celui-ci, l'enfant aura besoin de leçons particulières, d'être placé dans une classe spéciale dans son école ou de fréquenter une école pour les enfants souffrant de troubles de l'apprentissage.

Problèmes du comportement. Si votre enfant a été examiné par un spécialiste compétent, partisan de la modération, et que ce dernier a diagnostiqué une authentique hyperactivité (ou pour reprendre un terme plus moderne « une carence d'attention pathologique accompagnée d'hyperactivité »), il se peut qu'un traitement par les médicaments soit justifié à titre expérimental. Les médicaments ne doivent jamais être le *seul* traitement. Ils peuvent aider à stabiliser une situation difficile à la maison ou à l'école et peuvent être interrompus si tout semble rentrer dans l'ordre. En général, les produits prescrits sont efficaces et sans danger chez les enfants d'âge scolaire, mais, pour un enfant d'âge préscolaire, les médicaments doivent être considérés comme le dernier recours, si les méthodes de contrôle du comportement ont échoué.

Autres problèmes. Vous devrez peut-être consulter un orthophoniste. Il vaut mieux faire examiner votre enfant s'il ne forme pas encore de phrases à l'âge de deux ans. Envisagez de le faire soigner s'il montre un retard dans le développement de la parole à un âge plus avancé, s'il semble avoir des difficultés à comprendre ou à s'exprimer correctement ou si son articulation laisse à désirer. Les enseignants ou votre pédiatre pourront vous aider à décider s'il vaut mieux attendre ou procéder à une évaluation dans le domaine de la parole.

Il arrive parfois que l'on consulte un *neurologue*. Son intervention n'apporte pas grand-chose, à moins qu'il n'y ait eu chez votre enfant un cas de congestion cérébrale ou la possibilité de lésions au cerveau. Suivez les conseils de votre pédiatre, mais n'hésitez pas à lui demander ce qu'il espère obtenir en soumettant l'enfant à un examen neurologique.

Pour les enfants qui ont besoin d'être suivis ou rééduqués dans le domaine du petit et du grand développement moteur, les soins d'un rééducateur peuvent être utiles.

Allergies et régimes alimentaires. C'est un domaine d'avenir, semble-t-il, mais pour le moment on y trouve un étalage de solutions possibles. Bien qu'il n'y ait aucune preuve de l'efficacité d'un traitement diététique de l'hyperactivité, il existe un groupe témoin d'enfants dont le comportement s'améliore sous l'effet d'une alimentation surveillée. On trouve quelquefois chez les enfants difficiles des antécédents allergiques.

Le régime Feingold, qui interdit l'usage de certains additifs et colorants alimentaires, a été le plus étudié. Ses résultats sont ambigus, mais il paraît raisonnable de conclure qu'environ 10 pour cent des enfants hyperactifs se trouvent bien d'un tel régime. Les recherches sur les régimes sans sucre et les études sur le rôle des oligo-éléments n'ont pas livré une somme assez considérable d'informations. Le comportement difficile de certains enfants allergiques semble s'améliorer après une désensibilisation aux agents allergiques. La personne à consulter est un allergologue.

On a démontré que les doses de mégavitamines ne soulagent en rien l'enfant hyperactif. Elles présentent le danger d'avoir des effets secondaires.

Il est évident qu'une alimentation équilibrée est souhaitable. A vous d'évoquer avec votre pédiatre le rôle de l'alimentation et de possibles allergies en tant que facteurs susceptibles d'influer sur le comportement de votre enfant. Même si le pédiatre vous fait remarquer que les résultats des recherches scientifiques sont insuffisants, j'ai eu l'occasion d'entendre signaler assez d'améliorations pour avoir le sentiment qu'il ne faut décourager les parents désireux de tenter un traitement diététique, pourvu que celui-ci ne risque pas de nuire à l'enfant et qu'il ne soit pas substitué à d'autres éléments nécessaires à un traitement global.

Conclusion

Qu'est-ce que l'avenir réserve à mon enfant?

Les parents dignes de ce nom s'interrogent sur l'avenir de leurs enfants. Nous formons des espoirs, échafaudons des projets, faisons des rêves; et, si notre enfant est difficile, nous nous tracassons en nous demandant quel genre d'adulte il deviendra et s'il pourra être heureux.

Lorsqu'ils entament le Programme de l'enfant difficile, la plupart des parents sont si déroutés par le comportement de leur enfant et si étroitement enfermés dans leur cercle vicieux que leurs craintes et leurs inquiétudes sont exagérées. Après les avoir écoutés exprimer leurs angoisses, je leur suggère de nous pencher sur le présent pour l'améliorer et de s'occuper de l'avenir lorsque les choses iront mieux chez eux.

Les craintes des parents

Quand les parents me confient ce qui les angoisse le plus pour l'avenir de leur enfant, ils me disent

« Elle sera toujours difficile. »

« Elle n'aura pas d'amis. »

« Piquera-t-il toute sa vie ces terribles colères? »

« Il va être incontrôlable. Peut-être qu'il finira en prison. »

« Peut-elle avoir de bons résultats à l'école? »

« Est-ce qu'il ira à l'université? »

« Est-ce qu'elle sera toujours malheureuse? »

« Il va se droguer. »

« Il sera toujours égoïste (ou entêté, ou mal élevé, ou insatisfait). »

Les parents s'inquiètent à l'idée que leur enfant va rester comme il est au moment où ils me parlent et qu'il va avoir de plus en plus d'ennuis à mesure qu'il grandira.

A mesure que la situation s'arrange, la plupart de ces angoisses s'atténuent, mais ces parents continuent souvent à être rongés par des doutes et des préoccupations. Qu'y a-t-il au-delà de ces inquiétudes?

Beaucoup de parents redoutent d'avoir traumatisé leur enfant à vie, de ne jamais pouvoir réparer leurs erreurs initiales. Les parents éclairés sont censés ne rien ignorer des traumatismes de la petite enfance. La seule chose qui compte *vraiment*, c'est la façon dont vous avez traité votre enfant quand il était petit. On a insisté sur le rôle des parents, et de la mère, dans la formation de l'enfant. Des termes tels que « rejet » ou « surprotection » font partie de notre vocabulaire. De graves débats s'engagent sur les avantages et les inconvénients respectifs de l'allaitement et du biberon, l'âge où l'enfant doit apprendre à être propre, la surstimulation des enfants, la quantité de « moments de qualité » que l'on doit passer avec eux, etc.

Beaucoup d'entre nous sont persuadés que, si nous avons le malheur de commettre des faux pas quand notre enfant est petit, c'est terminé! Il en souffrira toute sa vie. C'est absolument faux!

Les erreurs précoces des parents ne sont pas irrévocables. Votre enfant difficile n'est pas traumatisé à vie par ce que vous avez pu faire.

Les enfants sont remarquablement souples et résistants. Leur développement suit un processus continu. La personnalité d'un enfant continue à s'enrichir au-delà de ses premières années. Si vous deviez étudier les antécédents de qui que ce soit, et même les vôtres, vous reconnaîtriez vite l'influence de nombreuses expériences vécues. Nous ajoutons à nos antécédents et à notre caractère fondamental à mesure que nous avançons dans la vie, tant par le biais de forces extérieures que par celui de nos décisions quant à la personne que nous désirons être.

La New York Longitudinal Study

Cette œuvre de pionniers sur le caractère des enfants dès leur plus jeune âge a fourni à ce livre ses théories fondamentales. Cependant, les Drs Chess et Thomas ont fait plus que de définir les traits du caractère. Ils ont suivi leurs cent trente-trois sujets pendant un quart de siècle, de la naissance à l'âge adulte. Leur étude a été saluée par les louanges unanimes de la profession médicale en raison de ses recherches et de sa méthodologie approfondies et précises. Ils sont arrivés à la conclusion que le caractère et la bonne conformité (tout au long de l'enfance et non seulement durant les premières années) sont extrêmement importants pour le développement de l'enfant. En accord avec une grande partie des recherches modernes, leur étude démontre que l'avenir d'un enfant n'est pas clairement établi dès l'âge de six ans. D'autres influences continuent à agir sur chaque être. En ce qui concerne l'influence du caractère, ces deux chercheurs ont découvert que, bien qu'elle persiste à l'âge adulte, elle devient de moins en moins importante, à mesure que l'enfant a des relations avec son environnement et que sa personnalité mûrit.

Parmi les enfants étudiés figuraient des enfants « difficiles ». Les Drs Chess et Thomas n'ont utilisé que cinq traits de caractère pour définir cette catégorie (*mauvaise adaptabilité, irrégularité, recul initial, humeur négative* et *intensité élevée)*. Ces enfants couraient plus de risques d'avoir des problèmes s'ils étaient mal contrôlés. Dans les cas où les parents recevaient l'aide d'un praticien, l'enfant sortait la plupart du temps de sa mauvaise passe et son rétablissement était durable. L'enfant était mieux dans sa peau et le demeurait.

Un autre aspect de cette étude a été de montrer qu'un état de conflit permanent entre les parents laisse présager une plus grande vulnérabilité aux problèmes futurs pour leurs enfants, difficiles ou non.

L'évolution d'une enfant parmi tant d'autres

Jillian, ma propre fille de treize ans, a été un bébé difficile classique et une petite fille extrêmement difficile. Elle manifestait un *recul initial*, une *forte intensité*, une grande *irrégularité*, une *mauvaise adaptabilité* et un *seuil sensoriel très bas* dans le domaine du toucher, des textures, de la douleur, du goût et de l'odorat. Elle était moyennement active, moyennement étourdie et son humeur était un mélange changeant à l'extrême de négatif et de positif. Il y avait des problèmes de cercle vicieux dans notre famille. Parmi les comportements pénibles de Jillian figuraient les crises de rage, les troubles du sommeil, les esclandres en public, les conflits d'ordre vestimentaire, une forte tendance à se cramponner et quelques manifestations d'angoisse. Elle a toujours été plus facile à l'école qu'à la maison. Nous avons dû faire beaucoup d'efforts envers elle et nous avons souvent appris de façon empirique, après d'innombrables erreurs, ce qui lui convenait.

Aujourd'hui, Jillian est charmante, exubérante, extravertie et bien dans sa peau. Ele est très aimée de ses camarades, tant à l'école que lors de ses activités extrascolaires. Ses résultats scolaires sont bons. Elle est travailleuse et accrocheuse et écrit des histoires originales. Elle s'habille avec goût et adore être à la dernière mode. Sa vie intérieure est riche, son imagination vive et sa nature intuitive et emphatique la sensibilise à ce que ressentent les autres.

Il lui arrive de nous étonner par ses perceptions perspicaces et originales et par sa compréhension de concepts parfois difficiles pour une enfant de son âge. Tout récemment, elle m'a questionné sur la réincarnation. Fascinée par cette idée, elle s'est mise à réfléchir tout haut : « Je ne suis pas seulement moi. Je suis d'autres personnes et même peut-être des choses... une très belle fleur par exemple. » Elle avait saisi le concept de la continuité de l'âme d'une vie à l'autre et l'a baptisé l'« âme voyageuse ».

Que reste-t-il de son ancienne nature « difficile » ? Elle est encore très excessive dans ses réactions, mais elle a appris à exprimer verbalement ses sentiments au lieu de faire des éclats. Bien sûr, par moments, elle est tout aussi capable qu'une autre de faire sa mauvaise tête. Elle a parfois encore quelques difficultés avec ce qui ne lui est pas familier ou avec les brusques changements de routine. Dans l'ensemble son humeur est positive et gaie, mais encore très changeante. Il lui arrive de se montrer assez peureuse. Cependant, parce que je suis persuadé que cela est fréquent chez les enfants doués d'une vive imagination, ma femme et moi la rassurons quand elle a peur, et ne considérons pas ces frayeurs comme un problème, si bien que Jillian ne s'en préoccupe pas trop.

Dans l'ensemble, à mesure que Jillian prend de l'âge, que son attachante personnalité s'affirme, les aspects difficiles de son caractère lui confèrent danvantage d'individualité. Nous l'avons toujours aimée, mais, plus le temps passe, plus nous l'apprécions et la respectons.

« *Comment sera-t-il plus tard?* »

Si vous réussissez à appliquer notre programme, le soulagement qui en résultera vous permettra de percevoir les qualités de votre enfant. Vous ne vous montrerez pas plus tolérants à son égard, mais vous commencerez à l'*apprécier* davantage. Vous vous amuserez ensemble. Lorsque les parents se mettent à parler de leur enfant difficile de façon positive, à prendre un authentique plaisir à sa présence, je sais que nous avons gagné la partie. C'est cela qui m'indique que la conformité entre eux est meilleure et que l'enfant est en passe de réaliser ses virtualités individuelles.

Comment sera-t-il plus tard? Il y a trois voies possibles:

1. L'enfant devient identique aux autres enfants, ce n'est plus qu'un « gosse ordinaire » parmi tant d'autres.
2. L'enfant peut connaître des problèmes vers la fin de l'enfance ou l'adolescence. C'est le cas des enfants

difficiles qui continuent à être mal pris par leur entourage, chez qui la mauvaise conformité et le cercle vicieux persistent, et en particulier de ceux élevés dans des foyers où les conflits opposent les parents.

3. L'enfant bien compris par son entourage et qui grandit dans une atmosphère de bonne conformité, avec des parents qui s'entendent, a d'excellentes chances de bien évoluer et peut manifester des qualités positives telles que la créativité, la vitalité et la compréhension. Il aura une forte personnalité et peut s'affirmer comme un meneur d'hommes.

En ce qui concerne son caractère fondamental, il y aura des améliorations dans certains domaines... mais il ne faut pas s'attendre à des miracles.

Certains traits peuvent changer. L'*adaptabilité* devient nettement meilleure si l'enfant est bien contrôlé. L'enfant apprendra à faire face tout seul aux transitions; il n'aura plus besoin d'une heure limite. Il demandera un peu plus de temps pour finir ce qu'il est en train de faire. Ce genre d'autorégulation contribue à résoudre le problème du caractère. Il y a certains traits, en revanche, qu'il faut accepter. Il n'y a rien à faire à leur sujet. Le *niveau d'activité élevé* de votre enfant entre dans cette catégorie. D'autres traits peuvent être canalisés vers des activités plus constructives.

Si l'on regarde plus loin, on peut dire que les traits de caractère qui ont posé des problèmes durant l'enfance se transforment souvent chez le jeune adulte et l'homme en caractéristiques que l'on considère en général comme des atouts.

- *Niveau d'activité élevé.* L'immense énergie et le dynamisme de ces enfants qui les poussent peuvent être canalisés vers le sport. Dans les carrières où il y a beaucoup de concurrence comme les affaires, la finance ou le commerce, cette énergie et cet élan sont indispensables à la réussite.
- *Étourderie.* Les enfants qui passent rapidement d'une activité à une autre peuvent devenir de jeunes

adultes qui s'intéressent à une foule de choses, capables de passer de l'une à l'autre avec beaucoup de facilité et d'éclectisme. En même temps, à mesure qu'ils mûrissent, ils peuvent apprendre à s'atteler à une tâche importante, surtout s'ils sont accrocheurs quand quelque chose les intéresse.

• *Mauvaise adaptabilité.* Les enfants opiniâtres qui « se bloquent » et résistent aux changements peuvent finir par se spécialiser dans une discipline qui les intéressera où leur opiniâtreté leur permettra de s'engager en profondeur. Les universitaires, les chercheurs scientifiques, les mathématiciens et les inventeurs dans de nombreux domaines se montrent souvent obnubilés par la poursuite de leur but.

• *Recul initial.* Les enfants timides qui se replient sur eux-mêmes dès qu'ils se trouvent en face de quelque chose de nouveau peuvent devenir en grandissant des gens qui évaluent avec circonspection les nouvelles situations et les inconnus, qui prennent le temps et le soin de réfléchir avant de s'engager. Ils sauront écouter les autres et seront difficiles à rouler en raison de leur prudence innée. En même temps, beaucoup d'enfants timides finissent par apprendre à surmonter leur réserve initiale. Adultes, certains d'entre eux peuvent devenir sociables.

• *Turbulence.* Les enfants extrêmement turbulents qui ont tendance à dramatiser leurs sentiments peuvent mettre ce trait à profit dans un domaine qui exige une attitude un peu « voyante ». On les retrouve dans des milieux tels que l'Opéra, le théâtre, la cinéma et la musique pop, où leur charisme et leur vitalité enchantent le public.

• *Irrégularité.* Les enfants qui refusent de manger ou de dormir selon un horaire fixe apprendront peu à peu à maîtriser leurs cycles individuels de faim et de fatigue. Adultes, ils pourront réussir dans des carrières qui comportent des horaires fantaisistes : la restauration, la musique, la programmation d'ordinateurs, ou le journalisme et les professions qui s'y rattachent, la radio et la télévision. Ils peuvent devenir des écrivains ou des peintres du dimanche. Souvent les gens qui travaillent dans ces branches supportent à merveille les horaires anarchiques qui épuiseraient les gens plus « réguliers ».

• *Seuil de tolérance bas.* Les enfants hypersensibles aux contacts, aux saveurs, aux odeurs et aux bruits peuvent utiliser cette sensibilité de bien des manières. Imaginez un peu quel grand cuisinier ils pourraient faire, avec des papilles aussi raffinées. Ceux qui sont sensibles aux couleurs, qui possèdent un don inné pour les assortir, peuvent exceller dans les professions du *design;* ceux qui sont sensibles aux textures et au décor ambiant sont prédestinés aux métiers de la mode et de la décoration.

• *Humeur négative.* Le comportement solennel de ces enfants, qui inquiète tant les parents peut devenir un authentique atout dans de nombreuses professions. Le droit, l'enseignement et la médecine, pour n'en citer que trois, sont des domaines où une gravité naturelle est un élément valorisant. Quant au présentateur des actualités d'un réseau de télévision national, c'est souvent son sérieux qui donne du poids aux informations qu'il rapporte.

Ces remarques permettent de constater à quel point l'avenir de tels enfants peut être varié. Il serait faux de croire que leurs personnalités évolueront toutes de la même manière.

Ceux qui sortent de l'ordinaire : un rêve d'avenir

Certains enfants difficiles sont destinés à devenir des membres en vue de notre société. Si l'on se penchait sur l'enfance d'hommes et de femmes de talent, créateurs, imaginatifs ou dynamiques, je suis sûr que l'on découvrirait chez eux un pourcentage de traits difficiles plus élevé que pour l'ensemble de la population.

Il y a, chez beaucoup d'enfants difficiles, un chevauchement entre une imagination créatrice et une propension à l'angoisse. Cela est dû au fait qu'ils semblent plus conscients que les autres de leurs sentiments. Leur caractère excessif leur permet de mieux saisir leurs réactions. Ils ont l'esprit ouvert, ce qui donne des enfants qui paraissent plus libres, communicatifs, intuitifs, compréhensifs, créateurs et exubérants. Ils laissent plus facilement libre cours aux qualités spirituelles et intellectuelles et ils peuvent être plus francs et plus individualistes, mieux se connaître et être moins conformistes que les enfants qui ne sont pas difficiles. Souvent la possibilité de parvenir à un remarquable mélange d'originalité et d'intensité est latente chez ces enfants.

Que l'on considère l'enfance de certaines des personnalités de notre siècle et l'on découvrira des témoignages selon lesquels ces hommes et ces femmes étaient des enfants « pas comme les autres ». Eleanor Roosevelt, timide et réservée, n'était pas « comprise » par sa famille. Albert Einstein lui aussi était timide et réservé. Il n'avait pas d'amis, a parlé très tard, était affligé de tics bizarres, ne s'entendait pas avec ses professeurs à l'école et ses parents le trouvaient « différent ». Certains proches de Thomas Edison ont fait savoir qu'il était « anormal » et sa mère l'a retiré de l'école en raison des difficultés qu'il y éprouvait. Pablo Picasso était un petit garçon entêté qui ne s'intéressait qu'à une seule et unique chose, sa peinture.

Venons-en à l'histoire d'un enfant extrêmement difficile, un petit rouquin crâneur, désobéissant et toujours en faute, qui n'arrêtait pas de bouger, de courir, de sauter, de bondir et par conséquent de tomber et de se faire mal. On a utilisé pour le décrire les mots « hyperactif » et « difficile ». On le jugeait « lent » sur le plan intellectuel, il était tout le temps enrhumé et sujet à des éruptions cutanées. C'était un enfant « malingre et manquant de coordination », souffrant d'un défaut de prononciation, dont la carrière scolaire, l'une des plus nulles parmi les garçons de son âge, semblait n'avoir été qu'une longue suite d'indiscipline et d'échecs. Son nom? Winston Spencer Churchill.

Parvenu à l'âge adulte, cet écrivain, homme politique, historien, artiste, maçon, fermier, escrimeur, chasseur, et homme d'État courageux et éminent, possédait de nombreuses caractéristiques de l'enfant difficile devenu grand. Il était intuitif, perspicace, énergique, magnanime et déterminé. Il fut l'un des grands meneurs d'hommes de son temps. Pourtant il était aussi fantasque, incohérent, enclin aux sautes d'humeur et parfois immature : il adorait jouer dans son bain, se déguiser, écouter des disques idiots et pleurait pour un rien. Ces informations et bien d'autres, figurant dans la remarquable biographie de Churchill par William Manchester, *Rêve de gloire* [1], tracent le portrait d'un enfant difficile qui a bénéficié, au cours de son éducation, de nombreux avantages, mais dont la famille était déchirée par de multiples problèmes et qui est devenu un homme extraordinaire. Il a reflété toute sa vie ce curieux mélange de réussite et d'immaturité, de chef et de « drôle de type ».

Les enfants difficiles ne deviendront pas tous de grands hommes. Chacun d'eux mérite d'avoir la possibilité d'exploiter pleinement son potentiel. Les techniques et les principes que contient ce livre vous aideront à assurer à votre enfant cette possibilité. Efforcez-vous de les appliquer dans une atmosphère de bienveillance et d'amour. Respectez l'enfant, sachez apprécier ses qualités et ses talents et n'oubliez jamais qu'il a sa personnalité à lui. Avec le temps, qui sait quel rêve pourra un jour se réaliser pour votre enfant?

1. Robert Laffont, 1985.

Appendice

Les données qui suivent ont été tirées de l'évaluation initiale de cent quarante-neuf familles ayant un enfant difficile et qui se sont adressées soit au Programme de l'enfant difficile au Beth Israel Medical Center, soit à celui de ma clientèle privée. J'ai effectué moi-même cent trois de ces évaluations et les quarante-six autres ont été faites par Carole Sands, mon associée au Beth Israel Hospital. Pour réunir les données en question, nous nous sommes servis d'un entretien clinique semi-structuré que j'ai mis au point.

I. *Identification* (échantillon total : 149)

Fourchette d'âge	1-7 ans	
Sexe	masculin	68 %
	féminin	32 %
Race	blanche	74 %
	hispanique	19 %
	noire	5 %
	autre	2 %
Situation socio-économique	supérieure	30 %
	moyenne	50 %
	inférieure	20 %

II. *Comportement des enfants*

(barème double : + = problèmes moyens ou graves
– = problèmes minime ou inexistants)

	+	–
Comportement difficile à la maison	98 %	2 %
Comportement difficile à l'école	62 %	38 %
Crises de colère	74 %	26 %

III. *Réactions familiales*

(barème double : + = oui – = non)

	+	–
Discipline inefficace	92 %	8 %
Mère dépassée par les événements	89 %	11 %
Tensions conjugales (N 120)	69 %	31 %

IV. *Traits de caractère difficiles*

(barème triple : 2 + = très difficile
1 + = difficile
0 = facile ou légèrement difficile)

Les termes sont définis dans le questionnaire du début et expliqués au chapitre 1.

	2 +	1 +	0
Niveau d'activité élevé	65 %	20 %	15 %
Étourderie	22 %	42 %	36 %
Mauvaise adaptabilité	58 %	32 %	10 %
Recul initial	16 %	38 %	46 %
Turbulence	52 %	35 %	13 %
Irrégularité	35 %	35 %	30 %
Seuil de tolérance bas	32 %	39 %	29 %
Humeur négative	20 %	32 %	48 %

V. *Traits difficiles par ordre de fréquence (N 149)*

(barème double : + = très difficile ou difficile
– = facile ou légèrement difficile)

	+	–
Mauvaise adaptabilité	90 %	10 %
Turbulence	87 %	13 %
Niveau d'activité élevé	85 %	15 %
Seuil de tolérance bas	71 %	29 %
Irrégularité	70 %	30 %
Étourderie	66 %	34 %
Recul initial	54 %	46 %
Humeur négative	52 %	48 %

VI. *Comparaison du sous-groupe « Très actif » et « Très étourdi » au sous-groupe « Peu actif » et « Peu étourdi »*

	Très actif Très étourdi	*Peu actif Peu étourdi*
Sexe : masculin	81 %	37 %
féminin	19 %	63 %
Race : blanche	69 %	90 %
hispanique	22 %	5 %
autre	9 %	5 %
Situation socio-économique :		
supérieure	28 %	42 %
moyenne	56 %	48 %
inférieure	16 %	10 %
Comportement de l'enfant :		
problèmes à la maison	94 %	95 %
problèmes à l'école	87 %	31 %
crises de colère	74 %	68 %
Cas d'allergies :	17 %	33 %
Réactions familiales :		
discipline inefficace	94 %	90 %
mère dépassée	94 %	79 %
tensions conjugales	66 %	82 %
Traits difficiles concomitants :		
mauvaise adaptabilité	88 %	100 %
recul initial	34 %	68 %
niveau d'action élevé	94 %	68 %
irrégularité	81 %	63 %
seuil sensoriel bas	72 %	63 %
humeur négative	38 %	89 %

Notre analyse des données réunies sur cent quarante-neuf familles d'enfants difficiles, venues solliciter de l'aide, nous a amenés à conclure que :

1. Les enfants difficiles de notre échantillon présentaient un taux élevé de problèmes du comportement.
2. Les parents étaient déroutés par leur enfant, si bien qu'ils ne parvenaient pas à le contrôler. Souvent des tensions conjugales s'ensuivaient.
3. On trouvait chez ces enfants des difficultés dans *toutes* les dimensions du caractère.

Nous avons comparé deux sous-groupes :
Groupe I : *Très actif* (2 +) et *Très étourdi* (2 +).
Groupe II : *Peu actif* (0) et *Peu étourdi* (0).
Très souvent, les membres du groupe I risquaient d'être

diagnostiqués comme « hyperactifs » ou « souffrant de « carence d'attention pathologique accompagnée d'hyperactivité ». Ces enfants ont davantage de problèmes à l'école et un plus grand nombre d'entre eux est de sexe masculin. Ils sont susceptibles d'être d'*humeur positive* et de ne pas manifester de *recul initial.*

Les enfants du groupe II, en revanche, manifestent plus souvent une *humeur négative* et un *recul initial.*

Les deux groupes se ressemblent sous bien des rapports. Les comportements difficiles à la maison sont très fréquents chez l'un comme chez l'autre, ainsi que les crises de colère. Les enfants de ces deux types, difficiles à élever, soumettent leurs parents à des tensions considérables. Ils sont peu adaptables, très actifs, irréguliers et possèdent un seuil de tolérance bas.

Nous pouvons en conclure que les enfants très actifs peuvent être englobés dans la catégorie générale des « enfants difficiles » et que beaucoup d'enfants « hyperactifs », sinon tous, ont des caractères difficiles.

Index

A

B

D

R

Table des matières

IMPRESSION : BUSSIÈRE S.A., SAINT-AMAND (CHER). — N° 2210
D. L. SEPTEMBRE 1990/0099/174

ISBN 2-501-01438-3

Imprimé en France